聖地雅哥
朝聖之路

區國銓 Benito Ou——著

Camino
de
Santiago

太雅

Francia 法國

Le Puy

Limoges

Bordeaux

Saint Jean Pied de Port
聖讓皮耶德波爾

Somport

Puente la Reina
皇后橋

Irún
伊倫

Logroño
洛格羅尼奧

Bilbao
畢爾包

Burgos
布爾戈斯

Barcelona
巴塞隆納

Deltebre

Castellón
de la Plana

Valencia
瓦倫西亞

Alicante

Mallorca
馬略卡島

Mar Mediterráneo
地中海

Madrid
馬德里

Spain
西班牙

Ciudad
Real

Jaén

Lorca

Almería

Málaga

Gijón
希洪

León
雷昂

Astorga
阿斯托爾加

Mérida
梅利達

Sevilla
賽維亞

Cádiz

Zamora薩莫拉

Salamanca
薩拉曼卡

Cáceres
卡塞雷斯

Portugal
葡萄牙

Huelva

Santiago de Compostela
聖地雅哥德孔波斯特拉

Finisterre
菲尼斯特雷

Lisboa

Océano Atlántico
大西洋

N

法國之路
北方海岸之路
銀之路
世界盡頭之路
其他朝聖路線

聖地雅哥朝聖路線圖

聖地雅哥德孔波斯特拉市區圖

舊城區
Casco Histórico

往公路N-550與客運站
往 Residencia de peregrinos San Lázaro
Albergue Fin del Camino

Rúa de Bonaval

Rúa das Rodas

Rúa das Trompas

Parque de Belvís

Av. de Quiroga Palacio

Albergue
Seminario Menor

Marquesiña Xoel

Rúa dos Cast

聖方濟修道院
Convento de
San Francisco

Rúa de San Francisco

聖馬汀修道院
Monasterio de
San Martín Pinario

Rúa da Acibechería

Albergue
Azabache

Albergue
The Last Stamp

金塔納廣場
Plaza de Quintana

主教座堂
Catedral de Santiago
de Compostela

Rúa de Fonseca

Rúa Nova

往火車站

國營旅館
Parador- Hotel de
los Reyes Católicos

Rúa das Carretas

Albergue Santiago Km.0

工坊廣場
Plaza de Obradoiro

警察局
Policía Local

豐塞卡廣場
Plaza Fonseca

Rúa da Raíña

Rúa do Franco

Rúa da Vilar

旅客服務處
Oficina de
Información Turística

Plaza de Galicia

Rúa do Hórreo

機場快線
搭車處

Albergue Blanco
朝聖者服務處
Oficina del Peregrino

Rúa das Hortas

郵局
Oficina de Correos

Restaurante
El Bombero
(私心推薦餐廳)

Albergue
Mundoalbergue

Albergue Roots
and Boots

Rúa Poza de Bar

Rúa do Pombal

聖塔蘇珊娜教堂
Iglesia de Santa Susana

柳樹公園
Parque de Alameda

往Rúa de San Lourenzo
前進世界盡頭之路

N

上：法國之路在旺季時，許多地方都有餐車讓朝聖者們蓋章和添購糧食，補充體力｜下：偶爾偏離路程，參觀漂亮的城鎮，本圖為北方海岸之路繞道參觀的海港小鎮 Cudillero

法國之路上，O Cebreiro 公營庇護所看出去的美景

上：北方海岸之路上，能看到西班牙雕塑大師奇義達（Eduardo Chillida）的作品，本圖為位於希洪的《地平線之頌》
（Elogio del Horizonte）｜下：北方海岸之路，Zarautz 的海灘景色

在路途中，總是能和來自世界各地的朝聖者一同前進，也產生朝聖的革命情感，儘管一個人踏上這條路，也不會感到孤單

銀之路上，常數小時走在空曠的平原上

作者序

最好的起點，就是你踏出家門的那一刻

　　回到 2016 年 6 月的馬德里，當時我正和碩士論文搏鬥，在無比的壓力下我決定安排一場出走，遠離熟悉的人、事、物。腦海中閃過放在心中已久的聖地雅哥之路，在無任何準備下我踏上第一次的 Camino（事後證明是需要事前做功課的）。沒想到一走就上癮，不是天主教徒的我成為這條路的鐵粉。

　　後來，我人生許多特別的片段中，如父親忌日對年、和西班牙男友分手……聖地雅哥之路都成了療癒自我的旅程。每一次踏上它都讓我更認識自己，不論是心靈或身體極限。而且其實一個人走並不孤單啊，反而是很有趣的！因為能從來自世界各國的朝聖者身上獲得滋養和感動，而西班牙迷人的文化，也是讓我數度重返這條路的原因。

　　Santiago 的朝聖者服務處年度報告中，台灣朝聖者比例並不高，2015 年共 176 人、2016 年共 339 人、2017 年共 649 人。直到 2018 年才首次破千，共 1,049 人。這數據代表越來越多人認識聖地雅哥之路且樂於挑戰自己，但市面上並沒有指南書，因此我便興起了「那就來寫本聖地雅哥之路旅遊工具書吧！」的念頭。感謝太雅出版社立刻 Yes, and* 我的計畫，讓這本指南書得以誕生。（*註：Yes, and 出於即興劇精神。）

　　這本書包含我走過的 4 條路線共 2,496 公里，介紹聖地雅哥之路歷史，也有實用的行前準備、路段分析、城鎮介紹和庇護所列表。希望能讓大家更認識聖地雅哥之路，也燃起更多台灣人的朝聖魂。我相信，每個人的朝聖故事，都能成為動人的詩篇。

　　總之，不論你是虔誠的天主教、基督教徒、高中大學剛畢業、離職後想重新開始、空檔年想做些不同的事情、挑戰自我或跟我一樣已上癮的同伴，這條千年歷史古道永遠都在，隨時歡迎大家開始自己的聖地雅哥之路。最好的起點就是當你踏出家門那一刻。

Caminante, no hay camino,
行者，無其他的路
se hace camino al andar.
路，一步步走出來
Al andar se hace camino
一步步走出自己的路
——**Antonio Machado 安東尼歐‧馬洽多**——

　　能夠完成這本書，我要謝謝每位在我生命中留下軌跡的朝聖者和摯友陳吟佳，也要謝謝我的家人。本書獻給我的媽媽和爸爸。

Benito Ou

作者簡介

區國銓

西班牙胡安卡洛斯大學表演藝術碩士、淡江大學西班牙語碩士。現職表演藝術西班牙語隨行口譯、微笑角即興劇團演員、內湖社區大學西班牙語講師、高中西班牙語講師。

—

出版書籍：
《開始在西班牙自助旅行》
（與李容菁合著，太雅出版社）

—

臉書粉絲專頁：
男孩與手提箱 Chico con la maleta
個人網站： www.chicoymaleta.com

目錄 Contents

❧ 編輯室提醒 ❧

出發前，請記得利用書上提供的 Data 再一次確認

　　每一個城市都是有生命的，會隨著時間不斷成長，「改變」於是成為不可避免的常態，雖然本書的作者與編輯已經盡力，讓書中呈現最新最完整的資訊，但是，我們仍要提醒本書的讀者，必要的時候，請多利用書中的網址與電話，再次確認相關訊息。

資訊不代表對服務品質的背書

　　本書作者所提供的飯店、餐廳、商店等等資訊，是作者個人經歷或採訪獲得的資訊，本書作者盡力介紹有特色與價值的旅遊資訊，但是過去有讀者因為店家或機構服務態度不佳，而產生對作者的誤解。敝社申明，「服務」是一種「人為」，作者無法為所有服務生或任何機構的職員背書他們的品行，甚或是費用與服務內容也會隨時間調動，所以，因時因地因人，可能會與作者的體會不同，這也是旅行的特質。

新版與舊版

　　太雅旅遊書中銷售穩定的書籍，會不斷再版，並利用再版時做修訂工作。通常修訂時，還會新增餐廳、店家，重新製作專題，所以舊版的經典之作，可能會縮小版面，或是僅以情報簡短附錄。不論我們作何改變，一定考量讀者的利益。

票價震盪現象

　　越受歡迎的觀光城市，參觀門票和交通票券的價格，越容易調漲，但是調幅不大（例如倫敦），若出現跟書中的價格有微小差距，請以平常心接受。

謝謝眾多讀者的來信

　　過去太雅旅遊書，透過非常多讀者的來信，得知更多的資訊，甚至幫忙修訂，非常感謝你們幫忙的熱心與愛好旅遊的熱情。歡迎讀者將你所知道的變動後訊息，善用我們提供的「線上回函」，或是直接寫信來 taiya@morningstar.com.tw，讓華文旅遊者在世界成為彼此的幫助。

太雅旅行作家俱樂部

如何使用本書

　　熟稔西班牙的區國銓,獨自走過多條聖地雅哥朝聖路段,經驗豐富。本書收錄經典的法國之路、北方海岸之路、銀之路、世界盡頭之路,從重要的行前準備、路段指南、庇護所資訊,到城鎮風光、人文歷史等,一次詳實彙整。

行前準備分享

　　哪些是必備物品?行前訓練該做些什麼?何時上路較舒適?該一次走完嗎?如需寄送行李,該如何處理?重要資訊不遺漏。

朝聖者必備知識

　　怎麼安排每日作息?公營、教區、私營庇護所的特色與服務內容為何?還有朝聖者護照與證書等,做好功課就能安心出發。

知性訊息與貼心提醒

「朝聖補給站」介紹與當地相關的知識性訊息,增廣朝聖路上的見聞;紅色Box為特別需要留意的事項。另有銀色Box提供實用資訊。

資訊使用圖例

✉ 地址	http 網址	🏛 公營庇護所
📞 電話	@ 電郵	⛪ 教區庇護所
🕐 時間	f 臉書	🏠 私營庇護所
$ 價格	❓ 注意事項	🏠 旅社
🛏 床位	MAP 地圖頁面	

地圖使用圖例

🍴 餐廳	🚉 火車站	■ 地標
🍸 酒吧	✈ 機場	✉ 郵局
🏠 庇護所	🚢 船舶	
🚌 客運站	📷 景點	

各段路線完整收錄

　　從各路線的起始站開始介紹，依照官方站數，搭配等高線地圖與路段公里數，一站一站地指引你走向聖地雅哥。

等高地圖：X 軸為公里數，Y 軸為地勢高度。地圖最右點位為起點城鎮，最左點位為終點城鎮，並點出部分的中間城鎮，以及各地的服務項目。

路段公里數：本段路程的總長度。

Etapa：官方站數。

路段指南：從每日出發點位開始，並有交叉點提醒、沿途城鎮和出發點的距離公里數，以及重要景點與當地特色的介紹等。

圖解說明：於重要交叉點的圖片上，加註箭頭和文字說明。

聖地雅哥朝聖之路 Camino de Santiago

路段公里數：23.5km

Etapa 1：Irún → San Sebastián / Donostia ★

San Sebastián
Santuario de Guadalupe
Pasaia de San Juan
Irún

★北方之海岸之路行經巴斯克自治區，當地的語言為巴斯克語，於是城鎮名通常會以西班牙語／巴斯克語的方式標示，如 San Sebastián / Donostia。

路段指南

　　從伊倫公營庇護所旁的圓環離開，接 C. Aintziondo 過橋後，左轉走 Bidasoa 河畔步道直行，沿指標行經聖雅瓜隱修院（Ermita de Santiago），朝同方向抵達瓜達露佩聖母聖殿（Santuario de Guadalupe）(5.4km)。沿指標離開聖殿，會看到交叉點。請注意：①天氣佳時，走官方路線經 Monte Jaizkibel 山，②天氣差時走公路。穿越 Jaizkibel 山吧！走在草原和略有難度的山路，沿指標前進。

　　數公里後，接地方公路，之後右轉抵達色彩繽紛的河畔小鎮 Pasaia de San Juan (17km)。在渡船頭搭船到對岸 Pasaia de San Pedro（票價約 0.8€）。到岸後，步行右轉往

天氣差時走公路

天氣好時走山路

交叉點指標

美麗小鎮 Pasaia de San Juan，要在此搭船到對岸

防波堤方向走，會先遇階梯，開始一段高難度的爬坡路，但風景非常美，很值得走。

　　經 Monte Ulia 山旁的停車場，開始下坡，欣賞海灣景色。走 Paseo Marítimo 抵達聖賽巴斯提安（San Sebastián）(25km)。

　　聖賽巴斯提安於 2016 年獲歐洲文化之都頭銜，也是著名海灘城市。每年 1 月 20 日有非物質人文遺產的鼓陣（Las Tamboradas）慶典。9 月的聖賽巴斯提安國際影展，更是電影圈盛事。地標貝殼海灘（Playa de Concha）長達 1.4km，海岸步道上高聳的白色路燈也是影展的 logo，沿著走可抵達建於 1893 年的英式觀海皇宮（Palacio de Miramar），皇宮曾為西班牙女王伊莎貝爾

104

歷史典故與相關小知識

關於聖地雅哥之路

聖地雅哥德孔波斯特拉（簡稱聖地雅哥），西班牙語原文 Santiago de Compostela 源自拉丁文「Campus Stellae」，意為 Campo de la Estrella（繁星原野）。另一說法是由拉丁文「Compositum」（墓地）演變而來，而這兩個解釋都和以下介紹的這個傳說有著密不可分的關聯。

🐚 聖地雅哥之路的由來

開始聖地雅哥之路前，先來認識聖雅各（Santiago el Mayor）。聖雅各與弟弟彼得都是耶穌十二門徒，著名的故事是雅各聽到耶穌感召「得人如得魚」，於是拋棄漁夫的身分，開始追隨耶穌傳教。但因個性暴躁，耶穌於是替他取了綽號「Boanerges」（西班牙語為「雷之子 Hijo del Trueno」）。追隨耶穌後，雅各成為一位懂得寬容的門徒。

聖雅各曾至西班牙領土傳教，西元 40 年時聖母瑪麗亞在現今薩拉戈薩（Zaragoza）某根柱子上，以肉身的形象對聖雅各傳遞她將死亡的訊息，因此聖雅各決定回到耶路撒冷見聖母瑪麗亞最後一面，這也是薩拉戈薩的「聖柱聖母聖殿主教座堂」（Catedral-Basílica del Pilar）的由來。

聖雅各在西元 44 年回到耶路撒冷。當時許多人因見證耶穌復活，歸信耶穌，但也引發當地人一波拒絕門徒傳教的反對聲浪。聖雅各在五旬節過後被當時猶太國王亞希律亞基帕王給殺害，成為耶穌十二門徒中最早殉道的一位。

亞希律亞基帕王禁止下葬聖雅各遺體，

但聖雅各的兩名門徒暗地將他的遺體運送至海邊，準備以石船載走。這艘石船抵達當時加利西亞 (Galicia，今西班牙西北部) 王國首都 Iria Flavia(現在的帕德隆 Padrón)。信徒們就從這裡將聖雅各的遺體送到西班牙境內埋葬。

數百年過去，世人已遺忘聖雅各及墓地的存在。西元 813 年隱士貝拉尤 (Pelayo) 在森林中看到一道光芒，與黑暗天空中一顆指引方向的星子，也聽見天使歌唱，一路追隨後發現了一塊墓地。這事傳到主教迪歐多米羅 (Teodomiro) 耳裡，於是他開始調查，並從墓碑文字得知此為聖雅各墓地。阿斯圖里亞斯國王阿豐索二世 (Alfonso II) 得知此事後，步行前往瞻仰聖雅各之墓，還為了紀念這發現，在墓地處蓋了教堂 (即現今聖地雅哥主教座堂 Catedral de Santiago de Compostela)，亦宣布聖雅各為國土守護神。

演變與現況

聖雅各之墓被發現後，眾多朝聖者湧入朝聖，形成宗教熱潮。聖地雅哥之路也逐漸擴張版圖，12 世紀末出現許多不同名稱，如雅各之路 (Vía Jacobea)、皇室之路 (Camino Real)，到大家熟知的法國之路 (Camino Francés) 及聖地雅哥之路 (Camino de Santiago)。聖地雅哥之路又有「銀河之路」(Vía Láctea) 之稱，這是因為中世紀時朝聖者並無黃色箭頭跟石碑指引方向，天空中的銀河則成為朝聖者們前往聖雅各之墓的唯一指引。

自 9 世紀起，歐洲天主教徒們就有徒步朝聖至聖地雅哥主教座堂，造訪聖雅各之墓的習慣。對許多歐洲人來說，聖地雅哥之路至今仍是一段信仰與心靈之旅，也成為挑戰自我極限的長途壯遊。

聖地雅哥之路得獎紀錄

1987	成為歐盟首條歐洲文化之路 (European Cultural Route)。
1993	西班牙境內的法國之路，名列聯合國教科文組織世界人文遺產名單。
1998	法國境內 4 條聖地雅哥之路 (Chemins de Compostelle en France)，名列世界人文遺產名單。
2004	獲阿斯圖里亞斯親王和平獎 (Premios Príncipe de Asturias)。
2015	西班牙境內的北方之路 4 條路線，包括海岸之路 (Camino de la Costa)、原始之路 (Camino Primitivo)、巴斯克及里歐哈內陸之路 (Camino interior del País Vasco y La Rioja)、雷巴納修道院之路 (Camino de Liébana)，以及眾多古蹟，皆擴增至 1993 年的世界人文遺產名單中。

聖地雅哥之路上能看見 UNESCO 世界人文遺產的官方標示

🐚 朝聖補給站 🐚

朝聖者 (Peregrino)

近期每年有超過 30 萬來自世界各地的朝聖者，以步行、騎單車、騎馬完成朝聖之路。相信這樣充滿信仰、心靈、體能極限挑戰和感動故事的行腳之旅，絕對會替你的人生寫下不同故事。

紀念貨幣

西班牙發行的 5、2、1 分歐元硬幣，圖案就是聖地雅哥主教座堂；2018 年發行的 2 歐元紀念套幣有聖雅各身影。

關於聖雅各之名

台灣天主教將 Jacob 譯為聖雅各伯，基督教則譯為聖雅各，皆指同一人。Jacob 的西班牙語寫法是 Santiago。為區分門徒名字及城市名，聖雅各為門徒譯名，城市名則音譯為聖地雅哥。但此聖地雅哥與美國的聖地牙哥不同，美國的聖地牙哥為 San Diego。

聖年 (Año Jubilar)

聖雅各忌日是 7 月 25 日，這天也被西班牙立為國定聖雅各之日。西元 1122 年教宗卡里斯多二世 (Calixto II) 頒布殊榮給聖地雅哥主教座堂，只要 7 月 25 日適逢禮拜天則為聖年。計算聖年基準為間隔 6、5、6、11 年，例如上次聖年為 2010 年，是第三循環，所以即將到來的聖年將為 2021 年 (+11)，接續是 2027 (+6)、2032 (+5)、2038 (+6)、2049 (+11)。7 月 24 日下午開始，聖地雅哥會有一系列的慶祝活動及夜間煙火秀，建議提早去工坊廣場 (Plaza de Obradoiro) 卡位。

聖雅各之日海報

聖雅各之夜的光雕

聖雅各日的慶祝活動

卡利克斯提諾斯抄本 (El Códice Calixtino)

12 世紀誕生共 5 冊的卡利克斯提諾斯手抄本，包括彌撒禮儀、聖雅各顯現奇蹟、聖雅各聖髑搬遷的故事、查理大帝統治時期歷史，及共 21 頁的史上第一份聖地雅哥之路指南。根據手抄本，從法國之路的聖讓皮耶德波爾 (Saint Jean Pied de Port) 到聖地雅哥，只花費 13 天，所以每天要走 70 公里。2011 年存放在聖地雅哥主教座堂保險箱的手抄本，遭到在教堂工作 25 年後被解雇的電工偷走而引起熱議。現在則安全存放在主教座堂內。

時節、訓練、裝備，打點好再出發

行前規畫與行李準備

🐚 出發季節

春秋：聖地雅哥之路最適合的季節是春、秋兩季。以 4 ～ 6 月、9 ～ 11 月氣候最為涼爽。

夏：建議不要在炎熱的 7、8 月上路，西班牙夏季的熱浪是會熱死人的。但若只能此時走，記得攜帶防曬品和隨時補充水分。**請注意**：強烈建議夏季不要走銀之路，因為安達魯西亞夏季高溫高達 48℃，每年都會有朝聖者在這條路上喪命。

冬：12 月、1 月多雨且寒冷，也可能下雪，需準備禦寒的衣物和雨具，且這時天亮得較晚，也需預先準備手電筒跟頭燈。

🐚 入出境機場

建議從馬德里機場（Aeropuerto Madrid-Barajas）入境，可先在馬德里待兩天調完時差後，再搭火車或客運前往各路線起點城鎮。

🐚 行前訓練與每日行走距離

最好在出發前三個月開始訓練，不論健身房、登山、健行都是很好的方式。再說，多運動絕對是好的！

並沒有嚴格規定朝聖者一天要走幾公里，或限定天數抵達聖地雅哥。雖然大部分朝聖者會按照官方「站數」（Etapa）行走。法國之路所經的每個小鎮幾乎都有庇護所，便利安排每日步行里數。

許多西班牙人和歐洲人每年會花一週踏上聖地雅哥之路，目標 5 年內走完全程抵達聖地雅哥。而亞洲人大多因行程日數壓力，想利用單趟旅程走完，但可能因腳傷而停下來。沒關係，就讚頌失敗，明年再來吧！從過程之中認識自己的身體極限，都比抵達終點更重要，總之聖地雅各之路永遠都在。

🐚 朝聖預算

預算取決於想體驗哪一種朝聖人生。基本上食、宿與額外開銷，大約每天可預備約 27€。**住宿費**：庇護所一晚約 6 ～ 20€。**餐費**：若三餐外食，早餐約 2€，中與晚餐都有朝聖者套餐，約 9 ～ 12€；若是超市採買自理，能省下不少。

◉ 朝聖者裝備解析

　　打包行李其實也是哲學，記得打包必備物品即可。雖然有運送背包的服務，但套一句老朝聖者的話：「背包就像是你的人生，自己的人生自己背。若總依靠快遞運送背包，就像把自己人生丟給別人保管。」邊走邊丟背包內用不到的物件，絕對是斷捨離最好的實踐法。(但請勿隨意丟棄)

❶ **登山鞋**：絕對不要穿新鞋，因為會磨腳。建議選擇高筒防水登山鞋。高筒能夠保護腳踝，防水功能則是因應加利西亞自治區多雨天氣。若是冬天走聖地雅哥之路，因下雪的機率高，建議選擇雪地用登山鞋。也可多帶雙涼鞋，讓雙腳適時透氣休息一下。此外，穿雙好的襪子很重要，可完整保護雙腳，避免磨破皮或是起水泡。

❷ **背包**：建議選擇背部支撐力強、有腰帶，盡量使用 50 公升內的登山包。加上攜帶水的重量後，建議負重為 7kg 內，理想的負重則是**體重的 9%**，例如體重 70kg，最理想是只帶 6.3kg 內的物品。背太重會造成肩膀、背、腰和膝蓋的傷痛。水壺太大會很重，建議可準備 1 ～ 1.5L 的水壺。

❸ **登山杖**：建議選擇輕巧鋁合金材質且好收納的登山杖，下坡時能夠減低膝蓋的衝擊力且能協助步行。路上也會看到販售木製健行杖，或是在路途中撿樹枝當作臨時登山杖的人，也很朝聖者 Style。

❹ **頭燈**：通常都是天微亮才開始步行，但有些朝聖者為了搶庇護所床位，而選擇摸黑上路(個人非常不建議這樣做)，又或者因為冬天天亮較晚，不得已走在黑暗中，這時記得戴上頭燈並注意安全。

❺ 服裝：衣服越簡單越好，建議帶兩套盥洗衣物即可，洗完後馬上曬乾。夏季衣服建議選擇快速排汗的材質，也別忘了帽子、太陽眼鏡。冬季走聖地雅哥之路記得帶高領排汗內衣和登山外套，西班牙的天氣乾冷只要擋風夠徹底就不會那麼冷。手套、頭巾也要記得帶。

❻ 護具類：朝聖者會碰到膝蓋痛、扭到腳的狀況。護膝、護踝能減輕膝蓋和腳踝的疼痛，走起來較舒服，也能完整保護這兩個部位。

❼ 雨具：加利西亞氣候多變，午後時常會下大雨，斗篷式雨衣或兩截式雨衣為必需品。

❽ 急救箱：急救箱是必備的。聖地雅哥之路上會碰到雙腳痠痛或起水泡的狀況，肌樂、痠痛貼布都可準備。優碘、生理食鹽水、OK繃、水泡貼、棉花棒、紗布更是摔倒擦傷需及時處理

藥局販賣的床蟲藥

傷口的必備品。當然少不了伊布芬消炎藥（El iboprufeno）和床蟲藥。

❾ 睡袋：不論夏季和冬季都一定要帶睡袋。西班牙夏季日夜溫差大，加上並非每間庇護所都會提供毛毯（或需要另外付費），沒有保暖可是會著涼感冒的。冬季大部分庇護所都會開暖氣和提供毛毯，而公營庇護所因衛生起見，會提供拋棄式床包，但還是睡自己的睡袋比較安心，才不怕被床蟲（Chinches）咬。

❿ 盥洗用品：庇護所不會提供沐浴用品和洗衣粉，要自己準備。可帶不占空間的肥皂和洗衣皂，也不怕打翻弄濕背包。

⓫ 防曬用品：太陽不是你的好朋友。每天乖乖擦防曬非常重要，因為西班牙太陽很大，加上長時間步行，若無防曬絕對會曬傷。

⓬ 現金：現金建議放腰包且隨身攜帶。

水泡該如何處理？

朝聖者的敵人就是水泡（ampolla），然而每位朝聖者處理水泡方式也都不同。有人用消毒過的針刺穿水泡，或刺破水泡後縫個 X 避免惡化。也可在水泡剛生成前，貼上**水泡貼 Compeed**，不只可隔絕水泡和靴子的摩擦，且會在 3、4 天內自然地將水泡內液體吸乾。若水泡很嚴重記得去醫療中心（Centro de Salud）尋求醫生協助，千萬不可亂貼任何東西在快爆開的水泡上。最重要是在上路前塗抹**凡士林**緩衝摩擦，平時也記得保持雙腳清潔並按摩一下！

西班牙藥局販賣的好用水泡貼

❀ 朝聖補給站 ❀

運送背包

　　背包是朝聖者的必備物品，但背著好幾公斤、每天走超過 5 小時以上的山路，連有經驗的人都會感覺到疲憊。因此西班牙郵局 (Correos) 和許多快遞公司在法國之路上提供運送背包的服務，每天以站為單位運送。目前其他路段服務較少。

西班牙郵局背包運送服務 (El Camino con Correos)

　　郵局運送背包服務費用為每站 4€ 起。可線上、電話或電郵預約（每日 08:00 ～ 21:00）。說明取件及送達的庇護所即可，重量限制 20kg。隔天 14:00 前會送到指定庇護所。費用可以放在專用信封中（免費信封在每個庇護所都能索取），夾在背包上，不用痴痴等待快遞公司人員，他們會來庇護所收件。此外郵局對朝聖者還有另一個非常重要的功用，就是可將身外之物裝箱寄回家。

▶DATA◀ 郵局背包運送

☎ +34 683 44 00 22（也是 whatsapp 號碼）

@ paqmochila@correos.com

西班牙郵局

如何填寫運送信封

Jacotrans 私人快遞公司

　　服務範圍包括法國之路全程。費用每站 7€。可打電話、電郵或線上預約填寫取件庇護所，以及送達的庇護所。接受信用卡付款和庇護所信封付款。行囊與費用（夾在背包上）交給庇護所人員就可以離開了。

▶DATA◀ Jacotrans 預約服務

🌐 www.jacotrans.es/reserva.html

@ jacotrans@gmail.com

完成聖地雅哥之路的榮譽證明

朝聖者信物與證書

🐚 扇貝 Vieira

朝聖者象徵的扇貝，據信是中世紀時罪犯們為重獲自由而踏上聖地雅哥之路，抵達聖地雅哥主教座堂後，會帶走一枚當地盛產的扇貝，視為無罪釋放的唯一證明，扇貝也成了「朝聖者證明」（La Compostela）的前身。因此有許多朝聖者在朝聖時並不會帶著扇貝，而是直到抵達聖地雅哥後才會購買。

1. 扇貝上寫著打氣話語 | 2. 朝聖者也會帶著自己設計的扇貝朝聖 | 3. 沿路也有鎮民販賣的扇貝

🐚 朝聖者護照 Credencial

記名制的朝聖者護照上蓋滿小鎮教堂、庇護所、餐廳、咖啡廳的章。這本護照除見證自己走過的路,可拿來與朝聖者交流外,它也是換取朝聖者證明的唯一憑據。聖地雅哥之路規定,護照上每天至少要蓋一個章,最後100km每天要蓋兩個章。

請注意:至少要步行100km至聖地雅哥,才可換取朝聖者證明(騎自行車、騎馬至少200km)。請將它放在防水袋裡,保存避免下大雨淋濕。

北方海岸之路護照

如何填寫朝聖者護照

護照上的姓名
護照號碼
英文地址
朝聖起點
騎自行車
騎馬
開船
步行
Cumplió la peregrinación
(sello)

抵達聖地雅哥的朝聖者服務處會在此蓋章,證明你完成聖地雅哥之路

朝聖者護照哪裡辦?

各路段起點城市的「聖地雅哥之路之友協會」(Asociación de Amigos del Camino de Santiago)、特定教堂或庇護所皆可辦理。若要幫朋友辦理,需出示朋友的護照電子檔登記。朝聖者護照費用為 1 ~ 2€。若朝聖者護照用完,也可在各小鎮庇護所辦理。

🐚 其他護照

❶ 世界盡頭之路護照:前往菲尼斯特雷(Finisterre)和慕西亞(Muxía)的世界盡頭之路,有專屬朝聖者護照,或是使用沒蓋完的朝聖者護照也可以。在聖地雅哥的朝聖者服務處 1 樓免費索取。和朝聖者護照不同的是,世界盡頭護照只要按照護照上標示城鎮所在地,各蓋一個章即可。

❷ Credencial Universitaria 大學生朝聖護照:納瓦拉大學(Universidad de Navarra)推出的大學生朝聖護照。全球大學生、大學畢業生與大學職員皆可申請此護照。護照和跨國郵寄費用為 8€。可出發前兩個月在納瓦拉大學網站申請與付款,之後護照會寄到所留的地址。

此外,取得「大學生朝聖證明」資格如

下：①獲得各路線指定大學的章（若大學沒開，可用小鎮章代替）；②每天一個章（最後 100km 至少每天兩個章）；③畢業或就讀的大學章（也可用學生證或畢業證書電子檔等代替）；④聖地雅哥朝聖者服務處的章。如此就可換取大學生朝聖證書（La Compostela Universitaria）。

▶DATA◀ **大學生朝聖護照申請網站**

🌐 www.unav.es/alumni/campusstellae/solicita.html

🐚 聖地雅哥之路證書

❶ La Compostela 朝聖者證明：聖地雅哥主教座堂發行的朝聖者證明。由於在 9、10 世紀時扇貝為免罪的證明，許多奸商抓住此商機在聖地雅哥販賣假冒品。這樣的情況越來越嚴重，因此 13 世紀發行難以複製的證明文書（Cartas Probatorias），即為朝聖證明的前身。

現今規定為步行至少 100km，騎馬、騎單車至少 200km，就可帶著蓋滿章的朝聖者護照，到朝聖者服務處（Oficina del Peregrine）領取赦免罪孽的朝聖者證明。抵達人潮眾多的朝聖者辦務處會被詢問「朝聖動機」，可分為宗教、文化和運動。過去朝聖者間流傳著謠言：「如果你朝聖動機不是宗教，服務處不會給你朝聖者證明。」因此大部分朝聖者皆填選前兩者，但其實這是舊資訊。

20 世紀開始，聖地雅哥之路就像是扇開放的門，有純粹為宗教信仰也有為找到自己，更多人是因為喜歡這經驗而不斷地踏上這條遠行的旅程。朝聖者只要符合公里數抵達聖地雅哥主教座堂，都可以拿到朝聖者證明。

這張證明以拉丁文書寫，內容大致如下：

守護聖雅各主祭壇之章的聖地雅哥主教座堂教士會，致來自世界各地虔誠的朝聖者們，因信仰、祈願或承諾而步上朝聖之路，並抵達西班牙國土守護神聖雅各之墓前。在所有教士會成員見證下授予此證明給○○○（名字）已參觀神聖的聖地雅哥主教座堂。（信仰之由）

特立本書為證，並頒發附有神聖教堂之章的證明給該信徒

頒發自聖地雅哥德孔波斯特拉
日／月／西元年

教士會祕書

❷ **Certificado de distancia 朝聖路程證明**：朝聖者服務處販售的朝聖路程證明，同樣需抵達聖地雅哥才符合購買資格，但並無赦免罪孽的功能。證明書上標註朝聖總里數和路線，證明自己曾走過數百公里的紀念。費用 3€。

❸ **La Fisterrana 世界盡頭證書**：從聖地雅哥主教座堂出發前往菲尼斯特雷完成世界盡頭之路的人，抵達終點後在公營庇護所可憑朝聖者護照，換取世界盡頭證書證明曾抵達世界的盡頭；證書免費。

❹ **La Muxiana 慕西亞證書**：世界盡頭之路行經慕西亞，這個城鎮有著名的聖母船聖殿（Santuario de la Virgen de la Barca）及死亡海岸（La costa de la muerte）。抵達慕西亞後可帶著蓋好蓋滿的護照，在旅客服務處申請慕西亞證書。慕西亞的風景和無法言諭的海景，帶給朝聖者的感動其實比證

書更重要，不過還是很推薦帶張證書回家，紀念你在此留下的軌跡；證書免費。

❺ **La Compostela Universitaria 大學生朝聖證明**：大學生朝聖證明沒有免罪的功能，但也是個特殊紀念。使用「大學生朝聖護照」完成聖地雅哥之路後，符合 P.025 條件，就可取得朝聖證明。

符合上述條件後，可親自或郵寄以上資料的電子檔至納瓦拉大學校友會，審核通過後，無須付任何費用，大學生朝聖證書就會寄到你家。

▶ DATA ◀ 納瓦拉大學校友會

✉ la Oficina de Alumni
Edificio Central, Campus Universitario,
31009 Pamplona, España
🌐 www.campus-stellae.org
@ alumni@unav.es

姐妹道路

西班牙聖地雅哥之路和日本熊野古道，皆為世界人文遺產，同時也是姐妹道路，因此帶著聖地雅哥朝聖者證明走完熊野古道，還能獲得聯合朝聖之路證書喔！

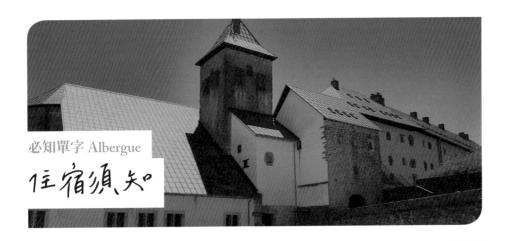

必知單字 Albergue

住宿須知

🐚 庇護所 Albergue

聖地雅哥之路上，最主要的住宿地點就是庇護所，官方規畫的路段以「站」(Etapa) 來分，每站的終點小鎮幾乎都有公營庇護所。但每條路段的現況都不太一樣，例如法國之路的公營庇護所很多；北方海岸之路部分官方路段設立的公營庇護所，則因經營不善而停止營業。

中世紀的朝聖者是在教區教堂、修道院或鎮民家中過夜。至今許多修道院、教堂仍保有接待朝聖者的傳統；由於聖地雅哥之路帶來許多觀光財，也因此誕生許多私人庇護所。庇護所列表請參考各路段介紹。

當然朝聖者們不一定要住庇護所，可按照自己身體狀況和預算選擇住宿地點。大多數小鎮不接受刷卡，付款還是以現金為優先。許多小鎮並無 ATM，有路經大城市時，記得先查看身上現金是否充足，有需要就先提款。

1. 加利西亞自治區的公營庇護所 (Albergue de la Xunta) 官方圖案 │ 2. 戴小丑紅鼻子，迎接朝聖者們的庇護所管理員 │ 3. 朝聖者們大排長龍等待庇護所開門 │ 4. 庇護所都會有曬衣場

❶ Albergue Municipal ／ Albergue de la Xunta 公營庇護所：公營庇護所憑朝聖者護照入住，每晚價格 4～8€。加利西亞自治區公營庇護所有公定價，為每晚 6€。庇護所開門時間多為 11:00～13:00，但北方海岸之路庇護所則多為 15:00～16:00，到達歇腳小鎮就先衝庇護所，若在入住時間前抵達可用背包排隊。冬季營業日期不固定，建議出發前先查詢庇護所是否有營業。通常管理員會將下鋪讓給年長或受傷的朝聖者，上鋪給年輕力壯者。

設備有上下鋪床、公共淋浴間、交誼廳、廚房、曬衣場。公營庇護所會提供拋棄式床包，隔天早上要自行拆卸，丟棄在垃圾桶。公營庇護所通常無法預約，很多朝聖者一早出發，除避開烈陽外，就是為了搶便宜的公營庇護所。朝聖旺季常會搶不到床位，若搶不到，還有私人庇護所可選擇。

西語路標與縮寫

Calle(街、路)= 加利西亞語 Rúa= 巴斯克語 Kalean：縮寫 C.
Avenida(大道)：縮寫 Av.
Plaza(廣場)：縮寫 Plz.
Sin número(無號碼)：縮寫 s/n

❷ Albergue Parroquial 教區庇護所：教區庇護所通常都在當地的教堂或修道院內，收費多以樂捐為主。會有共同晚餐和早餐，晚餐後也會有朝聖者祈福儀式、彌撒，或帶朝聖者參觀平時不開放的教堂。樂捐價格怎麼抓？基本上看個人，若只提供床位，每晚我會樂捐 5€；若包晚、早餐則會捐 10€。通常都是在隔天離開之前投下你的心意。

1. 公營庇護所內空間｜2. 還有庇護所以醫院的床當睡鋪｜3. 拋棄式床包｜4. 教區庇護所的樂捐箱｜5. 有些私人庇護所會提供朝聖者專屬行程，如圖中為參觀 1 世紀教堂

❸ **Albergue Privado 私人庇護所**：私人庇護所類似青年旅館，朝聖者之外，觀光客也能入住。優點是可預訂，但價格較高，每晚 10 ～ 20€。床位通常較少，所以睡眠品質相對較佳，環境也較舒適。附廚房、洗衣機、烘衣機、Wi-Fi，有些私人庇護所還會包洗、烘衣的服務。私人庇護所預約方式可打電話、電郵或利用 whatsapp。**請注意**：本書各大路段的庇護所列表中，電話號碼若為 +346 開頭為手機，大多也是 whatsapp 帳號；+349 開頭則為市話。

🐚 國營旅館 Paradores

聖地雅哥之路上有眾多國營旅館。國營旅館聯盟成立於 1928 年，大多設在具有藝術及歷史意義的古蹟中，為 4、5 星飯店，價格約每晚 80 ～ 150€。若預算夠並想享受奢華住宿體驗，可考慮國營旅館。（對一般的朝聖者而言，是個相當高的花費，但參觀免費。）

其中，最著名的為聖地雅哥國營旅館（又稱天主教雙國王飯店，Parador-Hotel de los Reyes Católicos）。15 世紀時天主教雙國王造訪聖地雅哥後，決定在此興建專屬於朝聖者的醫院。1953 年轉型成旅館，改名天主教雙國王飯店，成為國營旅館。旅館每天都會提供 10 份免費午餐，給前 10 名朝聖者，只要帶著朝聖者護照和朝聖者證明，就能到櫃檯詢問試試運氣！

1. A 代表 Albergue ｜ 2. 私人庇護所床位也都是上下舖床｜ 3. 私人庇護所的設備都比較新

環保庇護所 Eco Albergue

法國之路上的眾多庇護所皆響應「環保庇護所」運動，嚴格執行垃圾分類，並且提供手提袋給朝聖者在朝聖路途上淨路，或減少塑膠袋使用。有些朝聖者會以 # ecoperegrino，在社群媒體上張貼自己隨手做環保的照片。

環保庇護所官方圖案

國營旅館的朝聖者優惠：出示朝聖者護照能享有優惠，如住宿、早餐享 85 折。特定國營旅館餐廳及咖啡廳享 9 折優惠，而豪華朝聖者套餐更是只要 15 ～ 18€。

朝聖者方案

〉DATA〉 國營旅館訂房及住宿費用參考網站

http www.parador.es/es/ofertas/normal/tarifa-especial-peregrinos-del-camino-de-santiago-2019

1~5. 聖地雅哥國營旅館，這裡的章也值得收藏！（2~5. 圖片提供／ Imágenes cedidas por Parador de Santiago de Compostela）

◈ 朝聖補給站 ◈

特色國營旅館

以下列舉各大路線上，具有特色國營旅館的城鎮，供選擇參考。

❶ 法國之路上的國營旅館 Paradores en el camino francés

➡ **Santo Domingo de la Calzada**：有兩間國營旅館，一為改建自 12 世紀的醫院，另一則是改建自聖法蘭西斯可修道院 (Convento San Francisco)。

➡ **León**：改建自 16 世紀的聖馬可斯教堂 (Iglesia de San Marcos)。

➡ **Villafranca del Bierzo**：相當現代化。

❷ 海岸之路上的國營旅館 Paradores en el camino del norte

➡ **Santillana del Mar**：為當地特色傳統建築。

➡ **Gijón**：位在 Isabel La Católica 園中的舊磨坊裡。

➡ **Vilalba**：位在 15 世紀的安達拉德塔 (Torre de los Andrade) 內。

薩夫拉 (Zafra) 國營旅館內部

❸ 銀之路上的國營旅館 Paradores en la Vía de la Plata

➡ **Zafra**：改建自 15 世紀城堡。

➡ **Mérida**：改建自 18 世紀修道院。

➡ **Cáceres**：以中世紀和現代化的完美平衡著稱。

➡ **Salamanca**：能看到整個城市的風景。

➡ **Zamora**：改建自 15 世紀文藝復興風格的皇宮。

➡ **Benavente**：改建自於 12 世紀的古堡，又稱蝸牛塔 (Torre del Caracol)。

Vilalba 國營旅館

薩夫拉國營旅館前身為 15 世紀城堡

BENITO 專欄
CAMINO DE SANTIAGO

朝聖者日常

走聖地雅哥之路，早睡早起的規律作息很重要，但可能對熟悉都市生活的我們有難度。走幾天後發現，日子越過越簡單、手機使用次數變少；每一秒都活在當下、與同路朝聖者距離越來越近；甚至不到 9 點就想上床睡覺、常會想下一餐如何吃得更健康……恭喜你，你要成為真正的朝聖者了，因為你正走在逐漸擺脫原本生活方程式的 Camino 上，而這也是聖地雅哥之路帶給朝聖者的禮物之一。

每日作息

早上 5、6 點就會被此起彼落的鬧鐘聲叫醒（甚至有些朝聖者凌晨 3 點就起床上路）。起床盥洗準備吃早餐。簡單用完早餐和暖身後，開始當天的路程。朝聖者無論豔陽或雨天、無懼身體疼痛或疲憊，每天有 5～8 小時在步行。聖地雅哥之路不是競賽，所以中途休息非常重要：法國之路上會有許多咖啡廳與酒吧，可以短憩、和許多朝聖者聊天；北方海岸之路、銀之路則店家較少。常聽朝聖者們說：「聖地雅哥之路上最重要的是斷網（desconectar）。」意為擺脫網路、社群軟體等外在誘惑，專心做好當下的事情——走路與思考。步行時小鎮居民或同行朝聖者都會跟你說：「Buen Camino ／一路順風！」幫你打氣，不要害羞，也大聲回應 Buen Camino 吧！

每當抵達一個城鎮，當然也要趁機好好地認識充滿歷史的古蹟及神祕角落。每個城鎮皆有特殊的風景和人情味。許多城鎮的教堂會有朝聖者彌撒（Misa del Peregrino），不是教徒的朝聖者也能參與，當作是種文化體驗也相當有趣。

庇護所起居

聖地雅哥之路最珍貴的傳統，就是庇護所管理員

1. 中途適當休息很重要！補充體力也能和各國朝聖者聊天｜ 2. 法國之路上許多教堂都有朝聖者彌撒

朝聖者套餐的菜單

del Peregrino) 是中餐、晚餐划算的選擇，價格約 9～12€。包括第一道菜、第二道菜、酒或可樂、甜點或咖啡。

他們會給予朝聖者們無私的愛和協助。不論受傷或對隔天路段的疑慮，他們都會用熱忱和經驗解決你的問題。

朝聖者抵達庇護所的第一件事情通常是洗澡接著洗衣服，趁下午日照旺盛洗好立刻曬。完成起居類事項後，吃飽吃好也是每日要務，有些庇護所會提供早餐（需另外付費），午餐前肚子餓也能隨時在咖啡廳、酒吧吃點東西或裝水。朝聖者套餐（Menú

有些路段中途無小鎮，不會有休息飲食處，或若是想省錢，可善用超市食材事先準備三明治、點心在路上吃。到超市採買每日食材，會讓人開始思考菜色的變化，以及是否吃的健康，這也意味你正擺脫舊有生活模式。在庇護所中和大家一起煮飯、用餐聊天，分享自己的人生。一開始可能會有點害羞，但當這成為每日日常時，就是人與人之間再自然不過的連結。

晚上 9 點差不多就上床睡覺，有些人早就睡死、還會打呼。怕睡不好的人就帶個耳塞吧，明天還有很長一段路要走，睡飽睡好真的很重要。

1.2. 常見且價格便宜的 Dia 和 Eroski 連鎖超市 ｜ 3. 朝聖者抵達庇護所第一件事情，就是徹底的休息跟聊天

朝聖者常用西語

Buen camino.
➡ 一路順風。
—
Ultreia! ➡ 往前走吧！
—
La Credencial
➡ 朝聖者護照
—
El sello ➡ 章
—
¿Me puedes sellar?
➡ 你可以幫我蓋章嗎？
—
¿Se puede sellar?
➡ 這裡可以蓋章嗎？

後記

朝聖者日常其實像是種儀式，從日復一日的儀式中會慢慢地看見新的自己，也會喜歡不斷改變的自己。完成聖地雅哥之路後感受到什麼呢？有些感動也許不會那麼快就湧上心頭，但真的是會上癮的！可能在人生中的某一刻，它又浮現你心中召喚你再次上路。

Benito

石碑、扇貝及黃色箭頭

官方石碑（Mojón）上的黃色箭頭（Flecha amarilla）和扇貝（Vieira），是聖地雅哥之路數百公里路途中，不時可見的小幫手，引導你走上正確的道路。曾經有小鎮阿伯對我說：「Sigue la vieira, te ilumina el Camino. ／跟著扇貝走，它會照亮你的Camino。」

新手朝聖者可能會不知如何尋找它們。別擔心，一旦上路後很快就能養成「朝聖者視野」，你會專注且迅速地找到箭頭和扇貝。若走數公里都沒看到，可能就是迷路囉！快點往回走。以下是常見指標。

刻有支線訊息的石碑

Camino Complementario「支線」有可能帶你繞到充滿飯店、餐廳的路程外小鎮，這是刺激小鎮經濟發展的策略，也是聖地雅哥之路這幾年令人詬病的部分，指南通常都建議走官方路線，不走支線。

若看到兩個指著不同方向的石碑，且無標明哪個是主線、哪個是支線該怎麼辦？觀察其他地方是否有黃色箭頭的噴漆，不然就問路上的朝聖者或鎮民吧！

經典款石碑

自 1986 年開始擺設的石碑，現已長滿青苔，並被朝聖者放滿石頭、花朵，甚至靴子，連扇貝圖示都有年代久遠的氣息。下方標示距離聖地雅哥公里數。有些石碑會被噴上黃色箭頭，也是重要的參考指標。

1. 石碑下方註明 Complementario，代表這方向是往支線走｜2.3. 經典款石碑

新款石碑

新款石碑中有內鑲式扇貝圖示，及刻入石碑內的黃色箭頭。新款石碑保留放置里數字的空間。

人行道上的扇貝圖示

聖地雅哥之路行經許多西班牙大城市，這些城市人行道通常會有精美的銅製扇貝圖示，提醒著朝聖者們正確的道路。

黃色箭頭

「跟著黃色箭頭走就對了！」黃色箭頭的起源要感謝法國之路上，O Cebreiro 小鎮的 Elías Valiña 神父。偶然機會中他看到工人們用黃色顏料修補道路，於是買下剩餘的顏料，開著車獨自前往法國之路沿途，用顏料標上黃色箭頭。Valiña 神父去世後，留下希望親人能繼續幫聖地雅哥之路標好黃色箭頭，並且不讓黃色箭頭挪為其他用途的遺願。親人們在「聖地雅哥之路之友協會」協助之下，完成這項充滿愛的任務。O Cebreiro 當地有 Valiña 神父的紀念碑，和以他為名的聖地雅哥之路獎項「Premio de Elías Valiña」。

1.「人生短暫，但寬敞，永遠都要做自己。」| 2~5. 許多黃色箭頭漆在馬路、牆壁和民宅上

聖地雅哥之路之友協會
Asociaciones de Amigos del Camino de Santiago

西班牙各大城市都會有這個協會,可在此辦理朝聖者護照。協會志工都樂意替來自各國的朝聖者解惑,甚至有些庇護所是由協會管理的。可在抵達西班牙後,在馬德里的聖地雅哥之路之友協會辦理你的第一本朝聖者護照。

DATA 馬德里聖地雅哥之路之友協會

📧 C. Carretas,14, 7-B (Sol 地鐵站)

🕐 朝聖者護照辦理:每週二、四 19:00 ～ 21:00,週三 11:00 ～ 12:30(8 月週三早上不開放);5 ～ 7 月晚間 19:00 ～ 21:00

聖地雅哥騎士團
Orden de Santiago

騎士團主要精神是捍衛其信仰及保護朝聖者。聖地雅哥十字(Cruz de Santiago)的圖案,是由三朵鳶尾花飾和劍組合而成,鳶尾花飾象徵「無染榮耀」,同時也是聖雅各道德操守象徵;劍代表聖雅各和騎士團因堅持信仰而殉教的精神。聖地雅哥騎士團和創立自十字軍東征、保護基督徒前往耶路撒冷朝聖的「聖騎士團」(Templario)不同喔!

聖地雅哥十字為聖地雅哥騎士團的標誌

各類不同的告示牌

1.2.「聖地雅哥之路—歐洲文化之路」的告示牌 | 3. 拿著木杖的朝聖者標示 | 4. 貼滿貼紙的告示牌 | 5. 給步行與自行車朝聖者的告示 | 6. 提醒朝聖者「小心狗狗」的標示

啟程,朝聖之路

法國之路 Camino Francés

　　法國之路是聖地雅哥之路歷史最悠久、最經典的路段。法國境內有 Arles、Le Puy、París、Vezelay 等 4 條路線，Arles 路線自阿拉貢自治區 (Aragón) 小鎮 Somport 進入西班牙，故稱阿拉貢之路 (Camino Aragonés)；另外三條則在法、西交界的聖讓皮耶德波爾 (Saint Jean Pied de Port，隸屬法國) 交會後進入西班牙。上述 4 條聖地雅哥之路皆在皇后橋 (Puente la Reina) 會合。

　　聖讓皮耶德波爾為眾多朝聖者開始法國之路的起點，需穿越庇里牛斯山總長約 800km；也可從隆塞斯瓦耶斯 (Roncesvalles) 開始避開山路路段。西班牙大城市如洛格羅尼奧 (Logroño)、布爾戈斯 (Burgos)、雷昂 (León) 等也因交通便利成為朝聖者選擇的法國之路起點。從薩里亞 (Sarria) 開始最後 100km 路段為取得朝聖證明 (La Compostela) 的最低里程數，人潮變多且變得較觀光，也常被戲稱為「聖地雅哥捷徑之路」(Camino Exprés)。

　　1135 年發行的《卡利克斯提諾斯抄本》(El Códice Calixtino) 中已詳細記載西班牙和法國的聖地雅哥之路。可見法國之路悠久歷史，凝聚信仰、人民以及城鎮和藝術發展。這條中世紀朝聖者困苦進行宗教和信仰的行腳之路，曾有長達兩個世紀被遺忘，直到 19 世紀再次成為主要朝聖之路，到了 20 世紀更被視為凝聚全歐洲的象徵。

　　法國之路現今是各條聖地雅哥之路中，擁有最多庇護所、餐廳、酒吧的路線，加上每年都有超過 55% 的朝聖者選擇此路 (2018 年共 186,199 人次完成法國之路，其中 27% 是從薩里亞開始走最後 100km)，因此商業氣息較重。也許失去原始的朝聖精神，但沿路充滿歷史價值的朝聖印記，朝聖者間互相扶持、打氣和跨文化交流成為另一種朝聖文化，同時更是無形的遺產。

🐚 如何抵達聖讓皮耶德波爾

路徑：馬德里(Madrid)➡潘普洛納(Pamplona)
➡聖讓皮耶德波爾(Saint Jean Pied de Port)

◆ 第一段：馬德里➡潘普洛納

①從馬德里地鐵 6 號線 Av. América 站外的同名轉運站，搭乘 ALSA 客運抵達潘普洛納，車程約 5.5 小時。或②在地鐵 1 號線 Atocha Renfe 站外 Puerta de Atocha 火車站，搭國鐵抵達潘普洛納，車程約 4 小時。

◆ 第二段：潘普洛納➡聖讓皮耶德波爾

從潘普洛納客運站，搭乘 ALSA 客運抵達聖讓皮耶德波爾，車程約 1 小時 45 分鐘，票價約 22€。

🐚 起點小鎮：聖讓皮耶德波爾

位在法、西邊界，深受巴斯克文化影響的小鎮。主要景點有列入世界人文遺產的聖雅各門(Porte de Saint Jacques)、中世紀城堡(La Citadelle)、聖母教堂(Iglesia de Notre Dame)、漂亮老街、河畔以及熱鬧的朝聖氛圍，都是此地的迷人之處。

🧍 庇護所

◆ Saint Jean Pied de Port

🏠 Albergue de peregrinos de Saint Jean Pied de Port ✉ Citadelle, 55 ☎ +336 171 031 89
💲 10€(含早餐) 🛏 32 床 🏠 廚房│Wi-Fi│先至同街 32 號朝聖之路協會辦理朝聖者護照才能入住

🏠 Refuge Accueil Paroissial Kaserna
✉ Espagne, 43 ☎ +335 593 765 17
💲 15 ～ 20€ 🛏 14 床 🏠 廚房│Wi-Fi│可預約(僅提供前一日預約)│4 ～ 10 月營業

🏠 Gîte d'étape Ultreia ✉ Citadelle, 8
☎ +336 808 846 22 💲 22€ 🛏 11 床
🏠 廚房│Wi-Fi│可預約│4 ～ 10 月營業

🏠 Gîte Buen Camino ✉ Citadelle, 30
☎ +336 632 612 02 💲 17€ 🛏 13 床
🏠 Wi-Fi│可預約

1. 聖讓皮耶德波爾的河畔景色│2. 列為世界人文遺產的聖雅各門│3. 聖地雅哥之路在法國的指標為紅白相間的 GR-65

Etapa 1：Saint Jean Pied de Port → Roncesvalles / Orreaga

Collado de Lepoeder
Collado de Bentartea
Rocesvalles
Orisson
Huntto
Saint Jean Pied de Port

m 1,500 / 1,300 / 1,100 / 900 / 700 / 500 / 300 / 100

km 25 20 15 10 5 0

🐚 路段指南

離開聖讓皮耶德波爾後，直走能看到交叉點。**請注意：**① 4/1 ～ 10/31 走 Ruta de Napoleón 跨越庇里牛斯山（這是 19 世紀拿破崙軍隊進入西班牙的路徑），② 11/1 ～ 3/31 因積雪危險禁止翻越庇里牛斯山，故離開小鎮後務必右轉，沿指標行經 Valcarlos。有朝聖者冬季強行通過而不幸喪生，千萬不要拿生命開玩笑。

沿指標抵達 Huntto (5km) 和 Orisson (7.5km)。沿原方向前進抵達 Virgen de Biakorri 聖母像。往前走抵達海拔 1,337m 高的 Collado de Bentartea (16km)。離開法國抵達西班牙納瓦拉自治區 (Navarra)，接著抵達海拔 1,429m 的 Collado de Lepoeder。

接著連續 4km 下坡為朝聖者認證為最痛苦路段，之後抵達隆塞斯瓦耶斯 (Roncesvalles) (24km)，這個城鎮因交通方

那瓦拉人大多講巴斯克語 (Euskera)，在路上會常聽到民眾和朝聖者說：「Aupa！」就是「嗨、加油」的意思。而各城鎮名稱皆有西班牙語 / 巴斯克語的標示，如 Roncesvalles / Orreaga。

1. 看到告示牌寫著 Open / Abierto (開放)，才能翻越庇里牛斯山 ｜ 2. 海拔 1,429m 標示 ｜ 3. 庇里牛斯山的景色

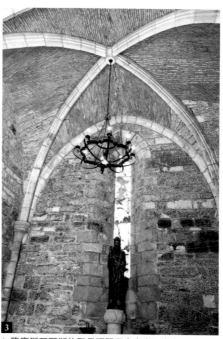

沿途庇護所

◈ Huntto

🏠 Ferme Ithurburia　✉ Huntto, s/n
📞 +335 593 711 17　💲 15～16€　🛏 17 床
🅟 廚房｜Wi-Fi｜可預約

◈ Orisson

🏠 Gîte Kayola　✉ Orisson, s/n
📞 +335 594 913 03　💲 15€　🛏 15 床
🅟 廚房｜Wi-Fi｜可預約｜4/1～10/15 營業

🏠 Refuge Orisson　✉ Orisson, s/n
📞 +335 594 913 03　💲 36€（包早、晚餐）
🛏 28 床　🅟 可預約

◈ Roncesvalles

🏕 Albergue de peregrinos de Roncesvalles
✉ 皇家大聖堂內　📞 +349 487 600 00　💲 12€
🛏 183 床　🅟 廚房｜Wi-Fi｜可預約（接受前 5 日
電郵預約 info@alberguederoncesvalles.com）

便又不用跨越庇里牛斯山，所以成為眾多
朝聖者走法國之路的起點。鎮上的聖母瑪
麗亞皇家大聖堂（Real Colegiata de Santa
María）為接待朝聖者的主要場所。重要景
點為哥德式風格的皇家大聖堂及聖物博物
館、聖雅各教堂（Iglesia de Santiago）、聖靈
小教堂（Capilla del Santo Espíritu），以上景
點能在旅客服務處洽詢導覽。「隆塞斯瓦
耶斯之戰」被重寫為中世紀史詩《羅丹之
歌》（Cantar del Roldán），小鎮立有紀念碑。
用餐建議可在庇護所加選晚餐組合，另也
推薦 Casa Sabina 餐廳。

1. 隆塞斯瓦耶斯的聖母瑪麗亞皇家大聖堂｜2. 皇家大
聖堂內部｜3. 聖雅各教堂

路段公里數：21.5km

Etapa 2：Roncesvalles / Orreaga → Zubiri

🐚 路段指南

離開隆塞斯瓦耶斯沿 N-135 右手邊方向走，經森林小路抵達海明威曾停留的小鎮 Burguete (2.6km)。當地的建築物為巴斯克風格。

沿主街離開，很快地來到森林，接著抵達 Espinal (6.5km)。穿越小鎮後左轉開始

上坡，經海拔 925m 的 Alto de Mezkiritz 峰後，穿越 N-135 抵達 Bizkarreta (11.5km)。保持與 N-135 平行，前進抵達 Lintzoain (13.5km)。主要景點為聖圖里諾教堂 (Iglesia de San Saturnino)。離開後走森林路抵達海拔 800m 的 Puerto de Erro (18km)，這裡有餐車。下山後穿越 N-135 沿同方向前進，穿越狂犬病橋 (Puente de la Rabia)，抵達 Zubiri (21.5km)。

Zubiri 在中世紀為狩獵村，舊城區保留 18 世紀建築風格。Zubiri 巴斯克語意思為「在橋旁」。據信當時動物從 12 世紀建造的狂犬病橋跨河後，狂犬病不藥而癒，讓這座橋充滿神話色彩。聖馬汀教堂 (Iglesia de San Martín) 為巴斯克建築風格。

1. 充滿神話色彩的狂犬病橋 | 2. Zubiri 的聖馬汀教堂 | 3. Burguete 小鎮街景

沿途庇護所

Burguete

🏠 Casa Rural Txiki Polit　✉ Av. Roncesvalles, 42
📞 +349 487 600 19　💲 20€　🛏 6 床
🍴 廚房｜Wi-Fi｜可預約

Espinal

🏠 Albergue-Hostal Haizea　✉ Saroiberri, 2
📞 +349 487 603 79　💲 12€　🛏 28 床
🍴 廚房｜Wi-Fi｜可預約

🏠 Albergue Irugoienea　✉ Oihanilun, 2
📞 +346 226 061 96　💲 12€　🛏 21 床
🍴 廚房｜Wi-Fi｜可預約｜4 ～ 10 月營業｜路程
500m 外

Bizkarreta

🏠 Casa Rural Batit　✉ San Pedro, 18
📞 +346 160 683 47　💲 20€　🛏 6 床　🍴 廚房｜
Wi-Fi｜可預約

Zubiri

🏠 Albergue de peregrinos de Zubiri　✉ Zubiri, s/n
📞 +346 283 241 86　💲 8€　🛏 46 床
🍴 廚房｜Wi-Fi｜3 ～ 11 月營業

🏠 Albergue El Palo de Avellano
✉ Av. Roncesvalles, 16　📞 +346 664 991 75
💲 18€ (含早餐)　🛏 57 床
🍴 廚房｜Wi-Fi｜可預約｜3 ～ 11 月營業

🏠 Albergue Zaldiko　✉ Puente de la Rabia, 1
📞 +346 097 364 20　💲 10€　🛏 24 床
🍴 廚房｜Wi-Fi｜可預約｜3 ～ 11 月營業

🏠 Albergue Río Arga Ibaia　✉ Puente de la Rabia, 7
📞 +346 801 044 71　💲 15€(含早餐)　🛏 8 床
🍴 廚房｜Wi-Fi｜可預約 (冬季務必預約)

Río Arga 河景

`路段公里數：20.5km`

Etapa 3：Zubiri → Pamplona / Iruña

路段指南

　　離開 Zubiri 需走回狂犬病橋，之後右轉
和 Río Arga 河保持平行，經大範圍鎂礦
場，繼續保持平行不穿越礦場。沿同方向
抵達 Ilarratz (3km)。往前走經著名的盜賊

橋 (Puente de los Bandidos)，抵達由石板屋
構成的 Larrasoaña (5.7km)，可右轉進入小
鎮，或是繼續直走抵達 Zuriain (9.5km)。
走 N-135 離開後，往前 600m 後左轉抵
達 Irotz (11.6km)。**繞道：**可從 Irotz 穿越

N-135，走狹長的小路抵達 Zabaldika，參觀聖艾斯特班教堂 (Iglesia de San Esteban) 和敲鐘儀式。

從 Irotz 離開，與 N-135 平行方向往前走，穿越古橋抵達三位一體宗座聖殿 (Basílica de la Trinidad de Arre) 和 Villava (16.5km)，此時已抵達潘普洛納 (Pamplona) 都會區。從 C. Mayor 離開後，經 Burlada (17.5km)，在 C. Mayor 和 C. Larrainzar 交會處右轉，沿原方向走，穿越建於 13 世紀的瑪格達蓮娜橋 (Puente de Magdalena) 和法國門 (Portal de Francia)，抵達潘普洛納 (20.5km)。

潘普洛納巴斯克語名 Iruña，意為「城市」。15 世紀時將三個城市 Navarrería、San Cernín 和 San Nicolás，整合成現今的潘普洛納，並在中心點設立市政府。

宗教建築以建立於 14 世紀、哥德式風格的聖母瑪麗亞主教座堂 (Catedral de Santa María) 內部迴廊與君王卡洛斯三世和王后蕾歐諾之墓最為知名，主教座堂內的聖母鐘 (Campana María) 是西班牙最大的鐘。如堡壘般的聖尼卡拉斯教堂 (Iglesia de San Nicolás)，以及敲響聖費爾明節期間每日奔牛活動鐘聲的聖賽寧教堂 (Iglesia de San Cernín，或稱 Iglesia de San Saturino) 都值得參觀。建於 16 世紀、外觀為星型的防禦城堡 Ciudadela de Pamplona 曾作為軍事用途，現在是漂亮的公園。

以知名小提琴家薩拉沙提 (Pablo de Sarasate) 命名的步道 Paseo Sarasate 是適合曬太陽、午餐的地方。Plaza Castillo 上的 Café Iruña 咖啡廳，是海明威長期寫作地點，咖啡廳中有海明威倚靠吧檯英姿雕像。C. San Nicolás 是小酒館聚集地。

1. 值得繞路參觀聖艾斯特班教堂 | 2. 君王和王后之墓 | 3. 朝聖者從法國門 (Portal de Francia) 抵達潘普洛納 | 4. 防禦城堡

1.Café Iruña 咖啡廳 │ 2.咖啡廳內的海明威雕像 │ 3.聖賽寧教堂的門楣 │ 4. C. San Nicolás 是條用餐喝酒的街道

❧ 朝聖補給站 ❧

聖費爾明節 Los Sanfermines

　　每年 7/6 ～ 7/14 在潘普洛納舉辦的聖費爾明節，是西班牙大型的節慶之一。海明威在《太陽照常升起》中描寫當地奔牛 (Encierro) 及鬥牛士的風采，讓該節慶聲名大噪，因此中文大多譯作奔牛節。從 7/6 在市府前放鞭炮，揭開序幕；7/7 ～ 7/14 每天早上 8 點都有奔牛活動，起點在 C. Santo Domingo，總距離 875m。

　　奔牛和鬥牛其實相當危險及殘忍，近年引起眾多動保團體撻伐。但奔牛只是聖費爾明節的一部分，節慶期間總能看見身穿白色上衣、披著紅領巾的群眾在街上狂歡、喝酒、大聲歌唱，另有巨人遊行、演唱會和煙火等活動，這些都比奔牛來的好玩且安全。避開奔牛，享受巴斯克式的傳統慶典吧！一起吶喊「¡Viva San Fermín, Gora San Fermín!/ 聖費爾明萬歲！」

聖費爾明節奔牛雕像

沿途庇護所

◇ Ilarratz

🏠 Albergue Ezpeleku ✉ San Martín, 3
📞 +346 968 088 94 💲 15€ 🛏 6 床 📶 Wi-Fi │
可預約│4 ～ 10 月營業

◇ Larrasoaña

🏠 Albergue de peregrinos de Larrasoaña
✉ San Nicolás, s/n 📞 +346 267 184 17 💲 8€
🛏 52 床 📶 廚房│Wi-Fi │每年 9 月當地慶典間有
4 天休息，需打電話確認

🏠 Albergue Bide Ederra ✉ San Nicolás, 27
📞 +346 256 730 57 💲 15€ 🛏 4 床 📶 廚房│
Wi-Fi │可預約

🏠 Albergue San Nicolás ✉ Sorandi, 5-7
📞 +346 195 592 25 💲 12€ 🛏 40 床
📶 廚房│Wi-Fi │可預約│4 ～ 10 月營業

◇ Zuriaín

🏠 Albergue La Parada de Zuriain ✉ Landa, 8
📞 +346 995 567 41 💲 10€ 🛏 8 床 📶 Wi-Fi │
3 ～ 10 月營業

◇ Zabaldika

🏠 Albergue de Zabaldika
✉ San Esteban de arriba, 8 📞 +349 483 309 18
💲 樂捐 🛏 18 床 📶 廚房│4/15 ～ 10/15 營業│
傍晚有禱告儀式

◇ Trinidad de Arre

🏠 Albergue de Trinidad de Arre
✉ Puente del Peregrino, 2 📞 +349 483 329 41
💲 8€ 🛏 34 床 📶 廚房│Wi-Fi │冬季需確認營
業日期│早上有朝聖者彌撒

◇ Villava

🏠 Albergue municipal de Villava
✉ Pedro de Atarrabia, 17-19 📞 +349 485 177 31
💲 13.5 € 🛏 54 床 📶 廚房│Wi-Fi │可預約

◇ Pamplona

🏠 Albergue Jesús y María 👍 ✉ Compañía, 4
📞 +349 482 226 44 💲 10€ 🛏 112 床
📶 廚房│Wi-Fi │聖費爾明節期間不營業

🏠 Albergue Plaza Catedral ✉ Navarrería, 35 bajo
📞 +346 209 139 68 💲 15 ～ 18€ 🛏 24 床
📶 廚房│Wi-Fi │可預約│聖費爾明節期間價格會調漲

🏠 Albergue de Pamplona-Iruñako
✉ Carmen, 18 bajo 📞 +346 857 342 07
💲 15€(含早餐) 🛏 22 床 📶 廚房│Wi-Fi │可
預約│聖費爾明節期間價格會調漲

🏠 Albergue Casa Ibarrola ✉ Carmen, 31
📞 +346 922 084 63 💲 16€(含早餐) 🛏 20 床
📶 廚房│Wi-Fi │可預約│聖費爾明節期間不營業

路段公里數：24km

Etapa 4：Pamplona / Iruña → Puente la Reina / Gares

🌀 路段指南

走 C. Mayor 和 Av. de Pío XII，經納瓦拉大學 (Universidad de Navarra)，離開潘普洛納。穿越 Puente de Azella 橋。沿原方向通過高速公路 AP-15 上方，抵達 Cizur Menor (4.9km)。沿同方向前進，之後穿越 NA-6004，來到 Zariquiegui (11km)。爬坡抵達海拔 735m 的 Alto del Perdón 峰 (13.3km)，這裡為電影《朝聖之路》(The Way) 拍攝場景。傳說惡魔試圖在這山中提供三次新鮮的水，來誘惑口渴的朝聖者背棄耶穌、聖母瑪麗亞和聖雅各，但被意志力堅強的朝聖者拒絕。惡魔消失後，聖雅各顯現，指引朝聖者前往 Fuente Reniega 水井。

離開山頂後開始一段中等難度的下坡，抵達 Uterga (16.8km)。走 C. Mayor 穿越小鎮抵達 Muruzábal (19.5km)，繼續沿指標走抵達 Óbanos (21.3km)。若偶數年 7 月底在此過夜，能觀賞自 14 世紀至今的神祕劇《Misterio de Óbanos》，這是為了紀念公爵 Guillén 和在路上喪生的姐姐 Felicia。

繞道：可從 Muruzábal 前往參觀知名的聖母瑪麗亞隱修院 (Ermita de Santa María de Eunate)，雖需多走 2.5km 但很值得，也能沿指標從這抵達 Óbanos。

穿越 NA-6064 離開 Óbanos 後，左轉接 NA-1110 旁小路，行經農田抵達皇后橋 (Puente la Reina)(24km)，再經漂亮的羅曼式古橋 Puente Románico，穿越 Río Arga 河抵達小鎮中心。聖地雅哥之路的法國之路和阿拉貢之路 (起點 Somport) 在皇后橋交會，匯集成單一路線前往聖地雅哥。

小鎮裡有眾多 12 世紀宗教建築，如十字架教堂 (Iglesia del Crucifijo)；羅曼式、摩爾式兼具的聖雅各教堂 (Iglesia de Santiago)，原始立面和牆面皆有著細緻的雕刻風格。

聖貝德羅教堂 (Iglesia de San Pedro) 中的聖母像，原始位置在橋上的小教堂，1834 年移至聖貝德羅教堂。傳說中每天都有鳥叼著河水幫聖母洗臉，因此得名「小鳥聖母」(Virgen del Txori，巴斯克語「Txori」是鳥的意思)。

1. 充滿神話色彩的 Alto del Perdón 峰 | 2. 聖母瑪麗亞隱修院

🐚 朝聖補給站 🐚

羅曼式建築
Arquitectura Románica

又稱仿羅馬式建築，為 12 世紀最著名的建築風格。11 世紀聖地雅哥朝聖之路成為熱潮，許多城鎮因此開始興建大量羅曼式教堂。特徵為半圓拱和堅固的主體，平面結構為拉丁十字架。內部以拱型穹頂和許多柱子支撐建築物重量；西立面鐘塔則可分為尖塔、平塔，4 角或 8 角。宗教建築翼側通常為半圓形。

🧑 沿途庇護所

◆ Cizur Menor

⛪ Albergue de la Orden de Malta　✉ San Juan 教堂
📞 +346 166 513 30　💲 7€　🛏 27 床　🍳 廚房
5 ～ 9 月營業 | 由馬爾他騎士團創立經營

🏠 Albergue de Maribel Roncal
✉ Plz. Lurbeltzeta, 1　📞 +346 703 232 71
💲 12€　🛏 52 床　🍳 廚房 | Wi-Fi | 可預約

◆ Uterga

🏠 Albergue Camino del Perdón　✉ Mayor, 61
📞 +346 908 419 80　💲 10€　🛏 16 床
🍳 Wi-Fi | 可預約

🏠 Albergue Casa Baztán　✉ Mayor, 46
📞 +346 025 457 91　💲 10€　🛏 24 床　🍳 廚房 |
Wi-Fi | 可預約 | 冬季需要提前預約

◆ Muruzábal

🏠 Albergue El Jardín de Muruzábal
✉ Monteviejo, 21　📞 +346 966 883 99　💲 10€
🛏 14 床　🍳 廚房 | Wi-Fi | 可預約 | 下午 2 點後抵
達，需事前打電話告知

🏠 Albergue Mendizabal
✉ Mayor, 7　📞 +346 780 101 19　💲 18€　🛏 10 床
🍳 廚房 | Wi-Fi | 可預約 | 自行車出租

◆ Óbanos

🏠 Albergue Usda　✉ San Lorenzo, 6
📞 +346 765 609 27　💲 8€　🛏 42 床　🍳 廚房

🏠 Albergue Atseden　✉ Camino de Santiago, 2
📞 +346 469 249 12　💲 12€　🛏 12 床　🍳 廚房 |
Wi-Fi | 可預約 | 3/15 ～ 10/15 營業

◆ Puente de la Reina

⛪ Albergue de los Padres Reparadores
✉ Crucifijo, 1　📞 +349 483 400 50　💲 5€
🛏 100 床　🍳 廚房 | Wi-Fi | 19:30 庇護所旁聖十
字教堂有朝聖者彌撒儀式

🏠 Albergue Jakue　✉ Irunbidea, s/n
📞 +349 483 410 17　💲 12€　🛏 40 床　🍳 廚房 |
Wi-Fi | 可預約 | 在 Hotel Jakue 地下室

🏠 Albergue Santiago Apóstol　✉ Paraje El Real
📞 +349 483 402 20　💲 12 ～ 14€　🛏 100 床
🍳 Wi-Fi | 可預約 | 在小鎮 400m 外

🏠 Albergue Puente　✉ Plz. de los Fueros, 57
📞 +346 617 056 42　💲 13€　🛏 30 床
🍳 廚房 | Wi-Fi | 可預約 | 3/15 ～ 11/15 營業

🏠 Albergue Estrella Guía　✉ Paseo de los Fueros,
34-2º　📞 +346 222 624 31　💲 15€　🛏 8 床
🍳 廚房 | 可預約 | 聖誕節和新年期間不營業

路段公里數：22km •

Etapa 5：Puente la Reina / Gares → Estella / Lizarra

路段指南

C. Mayor 走到底，接著穿越羅馬橋後左轉，與 NA-1110 保持平行。約 3km 處挑戰上坡後，緩緩下坡抵達 Mañeru（5km），走 C. de Forzosa 離開後，直走葡萄園旁抵達 Cirauqui（7.5km）。沿指標前進，行經羅馬橋後，走路橋穿越 A-12。繼續前進，數公里後走地下通道穿越 A-12（需穿越 3 次），抵達 Lorca（13km）。

直走離開後保持 NA-1110、A-12 在你的右手邊。穿越 A-12 地下道後抵達 Villatuerta（17.7km）。C. Mayor 走到底，穿越古橋後左轉，經漂亮的聖母升天教堂（Iglesia de la Asunción），之後走小路離開。

經聖米格爾隱修院（Ermita de San Miguel）不久後，走地下道穿越 N-632，經工廠和農地後抵達意為「星星」的 Estella（22km）。這裡與通往繁星原野的 Santiago de Compostela 有密不可分的淵源。鎮徽以 8 角星為標誌。因為有著眾多宗教建築和猶太區，因此獲得北方托雷多（Toledo）之稱。

宗教建築包括聖米格爾教堂（Iglesia de San Miguel），和有著名羅馬式晚期風格的立面、位於山壁的聖貝德羅教堂（Iglesia de San Pedro de la Rúa），12 世紀建立的聖墓教堂（Iglesia del Santo Sepulcro）及聖多明哥修道院（Monasterio de Santo Domingo）。同為羅馬式風格，且有 4 座拱門的納瓦拉國王皇宮（Palacio de los Reyes de Navarra），改建成古斯塔沃美術館（Museo de Gustavo de Maeztu）。

Estella 的
聖墓教堂

沿途庇護所

◇ **Mañeru**

🏠 Albergue El Cantero　✉ Esperanza, 2
📞 +349 483 421 42　💲 10€　🛏 26 床　🍴 廚房｜
Wi-Fi｜預約｜4 ～ 10 月間營業

◇ **Cirauqui**

🏠 Albergue Maralotx　✉ San Román, 30
📞 +346 786 352 08　💲 11€　🛏 28 床　🍴 廚房｜
Wi-Fi｜可預約｜4 ～ 10 月間營業

◇ **Lorca**

🏠 Albergue de Lorca　✉ Mayor, 40
📞 +349 485 411 90　💲 7€　🛏 12 床　🍴 廚房｜
Wi-Fi｜可預約｜4 ～ 10 月間營業

🏠 Albergue La Bodega del Camino　✉ Placeta, 8
📞 +349 485 411 62　💲 10€　🛏 30 床　🍴 廚房｜
Wi-Fi｜可預約｜4 ～ 10 月間營業，其他月分可打
電話詢問

◇ **Villatuerta**

🏠 Albergue La Casa Mágica　✉ Rebote, 5
📞 +349 485 360 95　💲 14€　🛏 40 床
🍴 Wi-Fi｜可預約｜3 ～ 10 月間營業

◇ **Estella**

🏠 Albergue de peregrinos de Estella　✉ Rua, 50
📞 +349 485 502 00　💲 6€　🛏 96 床　🍴 廚房｜
Wi-Fi｜12/15 ～ 1/15 不營業

🏠 Albergue de la fundación ANFAS
✉ Cordeleros, 7　📞 +346 390 116 88　💲 7€
🛏 34 床　🍴 廚房｜Wi-Fi｜可預約

Estella 小鎮街景

🏠 Albergue parroquial San Miguel

✉ Mercado Viejo, 18　📞 +349 485 504 31　💲 樂捐
🛏 32 床　🍴 廚房｜Wi-Fi｜4 ～ 10 月間營業｜每晚 19:00 在聖米格教堂有朝聖者彌撒

🏠 Albergue Capuchinos Rocamador

✉ Rocamador, 6　📞 +349 485 505 49
💲 13 ～ 16€　🛏 30 床　🍴 廚房｜Wi-Fi｜可預約｜全年營業，1、2 月需透過電郵，確認營業時間
reservas.estella@alberguescapuchinos.org

🏠 Albergue La Hostería de Curtidores

✉ Curtidores, 43　📞 +346 636 136 42
💲 15€　🛏 30 床　🍴 廚房｜Wi-Fi｜可預約

🏠 Hostel Ágora　✉ Callizo Pelaires, 3
📞 +346 813 468 82　💲 20€　🛏 20 床
🍴 廚房｜Wi-Fi｜可預約｜3 ～ 10 月營業

路段公里數：21.5km

Etapa 6：Estella / Lizarra → Los Arcos

🐚 路段指南

走 C. de la Rua 轉 C. San Nicolás 後，接著走 C. Carlos VII，遇圓環右轉、直走抵達與 Estella 相連的 Ayegui (1.8km)。有當地酒莊贊助的紅酒泉 (Fuente de Vino)，許多朝聖者也會在此喝一點或裝滿紅酒後繼續上路。

直走至 Plaza de San Pelayo，右轉離開後直走，與 NA-1110 保持平行，抵達 Irache (4.1km)。直走抵達 Azqueta (7.3km)。走 C. Carrera 離開後，接國道前右轉，沿小路走經倉庫後左轉，直走抵達 Villamayor de Monjardín (9.1km)。接著走 C. de Urtala 離開後，與 NA-1110 保持平行。從這裡開始約 12km 都走在葡萄園旁，沿同方向前進抵達 Los Arcos (21.5km)。

Los Arcos 最重要的宗教建築，是建於 12 世紀的聖母瑪麗亞教堂 (Iglesia de Santa María)，教堂內主祭壇只能用「嘆為觀止」來形容，是自治區內巴洛克藝術代表作品。

Los Arcos 小鎮的聖母瑪麗亞教堂有精緻裝潢和祭壇畫

教堂廣場有許多酒吧、餐廳。Los Arcos 曾被城牆圍繞，教堂旁有保存完整的城門 Portal de Castilla。

🚶 沿途庇護所

◈ Ayegui

🏠 Albergue de peregrinos San Cipriano
✉ Polideportivo, 3　📞 +349 485 543 11　💲 10€
🛏 42 床　🍴 廚房｜Wi-Fi｜可預約

◈ Villamayor de Monjardín

🏠 Albergue Hogar de Monjardín　✉ Plz. de Iglesia
📞 +349 485 371 36　💲 8€　🛏 23 床　🍴 廚房｜
Wi-Fi｜4 ～ 10 月營業

🏠 Albergue Villamayor de Monjardín　✉ Mayor, 1
📞 +346 776 605 86　💲 15€　🛏 26 床　🍴 廚房｜
Wi-Fi｜可預約｜3 ～ 10 月營業，其他月分需預約

◈ Los Arcos

🏠 Albergue de peregrinos Isaac Santiago
✉ San Lázaro, 6　📞 +349 484 410 91　💲 6€
🛏 70 床　🍴 廚房｜Wi-Fi

🏠 Albergue Casa de la Abuela
✉ Plz. de la Fruta, 8　📞 +346 306 107 21　💲 10€
🛏 24 床　🍴 Wi-Fi｜可預約｜3 ～ 10 月營業，其他月分需預約

🏠 Albergue La Fuente - Casa de Austria
✉ Estanco, 5　📞 +346 360 183 48　💲 9 ～ 11€
🛏 42 床　🍴 廚房｜Wi-Fi｜可預約｜聖誕節及新年期間不營業

🏠 Albergue Casa Alberdi
✉ El Hortal, 3
📞 +346 509 652 50
💲 10€　🛏 30 床
🍴 廚房｜Wi-Fi
可預約（夏天不接受預約）

Los Arcos 聖母瑪麗亞教堂廣場

路段公里數：27.6km

Etapa 7：Los Arcos – Logroño

🐚 路段指南

從 Los Arcos 公營庇護所離開，走 C. Ruta Jacobea，接上黃土路。經石頭屋右轉後，往前走接 NA-7205 後左轉，直走抵達 Sansol (6.8km)。穿越 NA-1110 後走地下道穿越 NA-6310，抵達城鎮 Torres del Río (7.6km)，當地有 12 世紀的聖墓教堂 (Iglesia del Santo Sepulcro)。

走 C. Mayor 離開，接下來 10km 無休息點。經聖貝拉尤隱修院 (Ermita San Pelayo) 保持原方向前進後，抵達 Viana (17.6km)，這是為了防禦外敵而建的中世紀古城。鎮內的聖母瑪麗亞教堂 (Iglesia de Santa María)、聖法蘭西斯可修道院 (Convento de San Francisco)，和漂亮的市府廣場都很值得參觀。

從 C. San Felices 和 C. Fuente Vieja 離開，

之後穿越 NA-7220 和 N-111。經聖母隱修院 (Ermita de la Virgen de las Cuevas) 後，從路橋穿越 N-111 並走人行道，經 Papelera del Ebro 紙廠，走在紅色人行道保持同方向前進，經 19 世紀石橋 Puente de Piedra 抵達洛格羅尼奧 (Logroño)（27.6km）。

洛格羅尼奧是里歐哈自治區 (La Rioja) 首府，也是西班牙葡萄酒知名產區。主要宗教建築如聖母瑪麗亞聯合主教座堂 (Concatedral de Santa María de la Redonda，16 世紀)、聖巴爾多羅梅教堂 (Iglesia de San Bartolomé，12 世紀)，精美的羅曼式風格立面不可錯過、聖雅各教堂 (Iglesia de Santiago el Real，15 世紀)，及聖母瑪麗亞教堂 (Iglesia de Santa María de Palacio，13 世紀) 的尖塔最具代表性。亦可參觀中古世紀城牆 Muralla del Revellín，開放時間需洽詢旅客服務處。

小酒館集中在 C. Laurel 和 C. San Juan 兩條路上，能盡情享用葡萄酒和 Tapas。參觀附近的酒莊、品酒也是很好的選擇。還有好吃的 DellaSera 手工冰淇淋，而 Río Ebro 河畔大片綠地公園，非常適合野餐，悠哉度過美好下午。

洛格羅尼奧的聖母瑪麗亞聯合主教座堂

❧ 朝聖補給站 ❧

聖米揚修道院
Monasterio de San Millán de Suso y Yuso

若在洛格羅尼奧停留 2、3 天，建議將位於 San Millán de Gogolla 的聖米揚修道院排入行程。建於 11 世紀、羅曼式風格的聖米揚修道院分為上方 (Suso) 及下方 (Yuso)。其中，上方修道院是卡斯提亞語 (Castellano，正統西班牙語) 起源地。當時一名修士用拉丁文、巴斯克語和古西班牙語將口語文字化，並加以註釋撰成《聖米揚古籍》(Glosas Emilianenses) 及第一首卡斯提亞語詩詞，成為了卡斯提亞語的起源。下方修道院館藏了這些珍貴的古籍。

▶DATA 公車資訊

洛格羅尼奧 (Logroño) 到 San Millán de Gogolla 公車時刻表：週一～五去程 13:00，回程 19:45。週末去程 08:00，回程 20:00。搭車處請洽旅客服務處 Oficina de Turismo。

聖米揚下方修道院

沿途庇護所

◈ Sansol

Albergue Sansol ✉ Barrio Nuevo, 4
☎ +346 092 032 06 💲 10€ 🛏 26 床
Wi-Fi ｜ 可預約 ｜ 4 ～ 10 月營業

Albergue Codés ✉ Los Bodegones, s/n
☎ +346 898 040 28 💲 12 ～ 15€ 🛏 24 床
Wi-Fi ｜ 可預約 ｜ 4 ～ 10 月營業

◈ Torres del Río

Albergue-Hotel La Pata de Oca 📍 Mayor, 5
☎ +346 922 217 10 💲 10 ～ 14€ 🛏 32 床
Wi-Fi ｜ 可預約

Albergue Casa Mariela
✉ Plz. Padre Valerino Ordónez, 6
☎ +349 486 482 51 💲 10€ 🛏 70 床
Wi-Fi ｜ 可預約

◈ Viana

Albergue de peregrinos Andrés Muñoz
✉ Medio de San Pedro, s/n ☎ +346 091 417 98
💲 8€ 🛏 46 床 廚房｜冬季需確認營業時間

Albergue Santa Maria ✉ Plz. de los Fueros
💲 樂捐 🛏 17 床 廚房｜Wi-Fi｜6 ～ 9 月營業｜
20:00 有朝聖者彌撒

Albergue Izar ✉ El Cristo, 6
☎ +349 480 900 02 💲 10€ 🛏 38 床
廚房 ｜ Wi-Fi ｜ 可預約 ｜ 3 ～ 10 月營業

◈ Logroño

Albergue de peregrinos de Logroño
✉ Rua Vieja, 32 ☎ +349 412 486 86 💲 7€
🛏 88 床 廚房｜Wi-Fi

Albergue Santiago El Real ✉ Barriocepo, 8
☎ +349 412 095 01 💲 樂捐 🛏 30 床 廚房｜
Wi-Fi ｜ 6 ～ 9 月營業，其他月分投宿空間移至同條
街 58 號

Albergue Santiago Apóstol 👍
✉ Rua Vieja, 42 ☎ +349 412 569 76
💲 10 ～ 15€ 🛏 78 床 Wi-Fi ｜ 可預約

Albergue Logroño ✉ Capitán Gallarza, 10
☎ +346 082 347 23 💲 10€ 🛏 30 床
廚房 ｜ Wi-Fi ｜ 可預約 ｜ 12/25 ～ 1/1 不營業

Albergue Albas ✉ Plz. Martínez Flamarique, 4
☎ +349 417 008 32 💲 12€ 🛏 22 床
Wi-Fi ｜ 可預約

洛格羅尼奧知名的紅酒街 C. Laurel

路段公里數：29km

Etapa 8：Logroño → Nájera

m
800
700
600
Ventosa
Nájera
Navarrete
Logroño
500
400
300

km
25   20   15   10   5   0

🐚 路段指南

走 C. Rua Vieja 至聖雅各教堂（Iglesia de Santiago el Real），沿同方向抵達圓環，走 Av. Marqués de Murrieta。在天使聖米格爾教堂（San Miguel Arcángel）左轉抵達 Parque San Miguel 公園後，直走穿越鐵橋。之後走地下道穿越 A-12 抵達 La Grajera Reservoir 水庫。靠右走至 Alto de la Grajera 峰有著名的公牛告示板。

從天橋穿越 AP-68，可看見朝聖者醫院（Hospital de San Juan de Acre）遺址。走 C. Mayor Baja 抵達 Navarrete（12.4km）。聖母升天教堂（Iglesia de la Asunción）及上述的朝聖者醫院皆為此鎮重要景點。

走 C. Belén 和 C. Arrabal 接 N-120 離開。**請注意：**約 18km 處有交叉點：①左轉走官方路線，②往前走則省 600m。左轉走官方路線吧！之後來到 Ventosa（19km）。抵達海拔 640m 的 Alto de San Antón 峰後，走地下道穿越 N-120，走木橋穿越 Río Yalde 河經工廠區。抵達 Nájera 之前能看到牆壁上寫滿給朝聖者打氣的詩詞。走 N-120 接 Av. de Logroño 走 Puente de San Juan de Ortega 橋，穿越 Río Najerilla 河左轉接 C. Mayor，抵達 Nájera 舊城區（29km）。Nájera 11 世紀曾為納瓦拉王國首都。聖母瑪麗亞修道院

1. Nájera 的聖母瑪麗亞修道院 │ 2. 聖母瑪麗亞修道院內部 │ 3. 修道院迴廊

（Monasterio de Santa María la Real）有巴洛克式立面和哥德式教堂。19 世紀曾為軍營、劇場和倉庫，直到列入國定古蹟後，才恢復修道院用途。

此外，小鎮的 Malpica 山上有王宮 Alcázar de Nájera，雖然只剩遺址，但可從高處一覽小鎮全景。洞窟之家（Casas de Cuerva）中古世紀時為當地居民躲避戰火的避難處，目前洞窟不對外開放，只能從遠方觀看這特殊的景色，不建議跨越柵欄進入。

👤 沿途庇護所

◆ **Navarrete**

🏠 Albergue de peregrinos de Navarrete
✉ San Juan, 2　📞 +349 414 407 22　💲 7€
🛏 48 床　🍴 廚房 │ Wi-Fi │ 4 ～ 12 月中營業

🏠 Albergue El Cántaro　✉ Herrerías, 16
📞 +349 414 411 80　💲 10€　🛏 17 床　🍴 廚房｜
Wi-Fi｜可預約

🏠 Albergue La Casa del Peregrino
✉ las Huertas, 3　📞 +346 309 829 28　💲 10€
🛏 18 床　🍴 廚房｜Wi-Fi｜可預約｜4～10月營業

🏠 Albergue El Camino de las Estrellas
✉ Ctra. de Burgos, 9　📞 +346 180 513 92
💲 10€　🛏 40 床　🍴 Wi-Fi｜可預約

◈ Ventosa
🏠 Albergue San Saturnino　✉ Mayor, 33
📞 +349 414 418 99　💲 10€　🛏 42 床　🍴 廚房｜
Wi-Fi｜可預約

◈ Nájera
🏠 Albergue de peregrinos de Nájera
✉ Plz. de Santiago　📞 N/A　💲 樂捐　🛏 92 床
🍴 廚房｜Wi-Fi

🏠 Albergue Puerta de Nájera 👍
✉ Ribera del Najerilla, 1　📞 +346 836 168 94
💲 10～15€　🛏 35 床　🍴 廚房｜Wi-Fi｜可預約｜
3～10月營業

🏠 Albergue Nido de Cigüeña
✉ Cuarta San Miguel, 4　📞 +346 110 951 91
💲 10～15€　🛏 19 床　🍴 廚房｜Wi-Fi｜可預約｜
4～10月營業

🏠 Albergue Las Peñas　✉ Costanilla, 56
📞 +346 212 094 32　💲 10€　🛏 11 床
🍴 Wi-Fi｜可預約

路段公里數：21km •

Etapa 9：Nájera → Santo Domingo de la Calzada

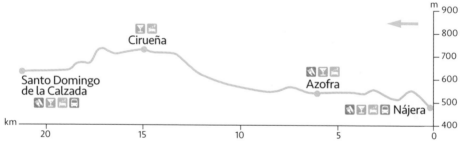

🐚 路段指南

從聖母瑪麗亞修道院 (Monasterio de Santa
María) 正門前走 C. Costanilla，經農田、
葡萄園路且走地方公路的左側，不久抵達
Azofra (5.7km)。走 C. Mayor 和 Av. Virgen de
Valvanera 旁小路在 Los Romeros 泉處左轉，
直走會經過中世紀的 Rollo de Azofra 審判
柱。接著走與 A-12 平行的小路，經高爾夫
球場後抵達 Cirueña (15km)。

走 C. de Bari 右轉接地方公路沿指標走，

Santo Domingo de la Calzada 小鎮風景

1. Catedral de Santo Domingo de la Calzada 主教座堂
│ 2. 主教座堂內部 │ 3. 聖法蘭西斯可修道院改建的國
營旅館

下了長坡後，經 Av. Torrecilla 抵達 Santo Domingo de la Calzada (21km)。這個鎮名的來源是為了紀念 11 世紀幫朝聖者們鋪路、搭橋的修士，故在他的名字之後冠上「Calzada」（古道）一字成為地名。

小鎮必訪之處為建於 12 世紀的主教座堂 Catedral de Santo Domingo de la Calzada，也可付費參觀一旁的鐘塔。廣場聖母隱修院（Ermita de la Virgen de la Plaza）也很漂亮。2019 年是聖者 Santo Domingo de la Calzada 誕辰千年故為聖年，到 2020 年 1 月有一系列慶祝活動。在教區庇護所 Albergue de la Cofradía del Santo 還可以取得聖年章。小鎮內的 12 世紀舊醫院，和聖法蘭西斯可修道院（Convento de San Francisco）皆改建成國營旅館。

朝聖補給站

Santo Domingo 奇雞神話

14 世紀時一對德國夫婦帶著兒子踏上聖地雅哥之路，抵達 Santo Domingo 客棧。老闆女兒愛上德國少年，不料被少年拒絕後由愛生恨，在他行囊中藏銀酒杯以示報復。少年隨即被警察以偷竊罪逮捕，捆綁在絞刑架上，絕望的父母到獄中探訪，兒子說：「聖雅各保護著我，這是個奇蹟。」父母親和法官陳情，法官說：「你的兒子如同我盤中烤雞，準備受死吧！」瞬時盤中烤雞拍打翅膀飛起來，快樂地啼著歌。少年因奇蹟顯現無罪釋放，從此，此地流傳著「Santo Domingo de la Calzada, donde cantó la gallina después de asada./Santo Domingo de la Calzada，烤熟的雞會歌唱。」這句話，主教座堂內也在下圖窗櫺裡面祀奉著兩隻活跳跳的奇雞。

沿途庇護所

◆ Azofra

🏠 Albergue de peregrinos de Azofra

✉ Las Parras, 7　📞 +349 413 793 25　💲 10€

🛏 30 床　🍳 廚房｜Wi-Fi｜全年營業，冬天換到較小空間 (16 張床)

◆ Cirueña

🏠 Albergue Virgen de Guadalupe　✉ Barrio Alto, 1

📞 +346 389 240 69　💲 7〜10€　🛏 35 床

🍳 Wi-Fi｜可預約｜3 月中〜10 月中營業

🏠 Albergue Victoria　✉ San Andres, 10

📞 +349 414 261 05　💲 10€　🛏 10 床

🍳 廚房｜Wi-Fi｜可預約｜3〜10 月營業

◆ Santo Domingo de la Calzada

🏠 Albergue de la Cofradía del Santo 👍

✉ Mayor, 38-42　📞 +349 413 43 90

💲 7€　🛏 217 床　🍳 廚房｜Wi-Fi｜

可預約｜4〜10 月營業

🏠 Albergue de la Abadía Cisterciense

✉ Mayor, 31　📞 +349 413 407 00

💲 8€　🛏 78 床

🍳 廚房｜Wi-Fi｜5〜9 月營業

路段公里數：22.5km

Etapa 10：Santo Domingo de la Calzada → Belorado

Belorado 🔹🍴📷

Villamayor del Río 🔹🍴📷

Redecilla del Camino 🔹🍴📷

Grañón 🔹🍴📷

Santo Domingo de la Calzada 🔹🍴📷🏠

🐚 路段指南

由 C. Mayor 出發接 Av. La Rioja，穿越 Puente de Santo Domingo 橋，不遠處右轉且和公路平行，行經「勇者十字架」(Cruz de los Valientes) 後與 N-120 平行方向前進，抵達 Grañón (6.5km)。位於聖約翰教堂 (Iglesia de San Juan) 附近的教區庇護所，是朝聖者們心中最好的庇護所之一。

從 C. Mayor 離開後走在農田路，不遠處左轉。沿同方向直走抵達 Redecilla del Camino (10.5km)。在街道教堂 (Iglesia de la Calle) 內，有個 12 世紀的羅曼式受洗池 Pila Bautismal，是個一體成形的傑作。

走 C. Mayor 離開小鎮後，不久後抵達

Grañón 的聖約翰教堂

Castildelgado (12km)。沿 N-120 旁人行道離開，不遠處左轉接地方公路，直走抵達 Viloria de Rioja (14km)。順著地方公路離開，走 N-120 旁人行道，接著抵達

1. 沿途的罌粟籽田｜ 2. Belorado 漂亮的廣場壁畫｜
3. 聖塔克拉拉修道院

Villamayor del Río (17.4km)。這裡為 P.056 介紹的 Santo Domingo de la Calzada 修士出生地。繼續走 N-120 旁人行道離開，遇到 Camino los Paúles 右轉沿這條路直走，行經歐洲烘焙常見的罌粟籽 (Poppy Seed) 田抵達 Belorado (22.5km)。

　　Belorado 重要宗教建築有 17 世紀的聖貝德羅教堂 (Iglesia de San Pedro)，和 16 世紀的聖母瑪麗亞教堂 (Iglesia de Santa María)，內部有漂亮的主祭壇畫。教堂後方山丘有聖卡布拉西歐洞窟 (Cuevas de San Caprasio)，據信聖卡布拉西歐在此遺世。聖尼可拉斯教堂 (Iglesia de San Nicolás) 可見原始門面；而聖塔克拉拉修道院 (Monasterio de Santa Clara) 可買到知名的修女手工巧克力。

🏠 沿途庇護所

◈ Grañón
🏠 Albergue San Juan Bautista 👍　✉ Mayor, 1
📞 +349 414 208 18　💲 樂捐　🛏 40 床
🍴 廚房｜Wi-Fi

🏠 Albergue La Casa de las Sonrisas　✉ Mayor, 16
📞 +346 878 778 91　💲 樂捐　🛏 27 床
📶 Wi-Fi｜聖誕節期間不營業

🏠 Albergue Ave de Paso　✉ El Caño, 18
📞 +346 668 010 51　💲 10€　🛏 14 床
📶 Wi-Fi｜可預約 (冬季需要事先打電話預約)

◈ Redecilla del Camino
🏠 Albergue de peregrinos San Lázaro
✉ Mayor, 24　📞 +349 475 880 78　💲 5€
🛏 52 床　🍴 廚房｜Wi-Fi

🏠 Albergue Essentia　✉ Mayor, 34
📞 +346 060 462 98　💲 10€　🛏 10 床
📶 Wi-Fi｜可預約

◈ Castildelgado
🏠 Albergue Bideluze　✉ Mayor, 8
📞 +346 166 471 15　💲 10€　🛏 16 床　🍴 廚房｜
Wi-Fi｜可預約｜3 ～ 10 月營業

◈ Viloria de Rioja
🏠 Refugio Acacio e Orietta　✉ Nueva, 6
📞 +346 799 411 23　💲 6€　🛏 10 床　📶 Wi-Fi｜
可預約 (冬季需事先打電話預約)｜由《牧羊少年奇幻之旅》作者 Paulo Coelho 贊助經營

🏠 Albergue Parada Viloria　✉ Bajera, 27
📞 +346 394 516 60　💲 5€　🛏 16 床　🍴 廚房｜
Wi-Fi｜可預約｜3 ～ 10 月營業

◆ **Villamayor del Río**

🏠 Albergue San Luis de Francia　✉ Quintanilla, s/n
📞 +349 475 805 66　💲 5€　🛏 26 床　📶 Wi-Fi │
可預約 │ 3 ～ 10 月營業 │ 小鎮 300m 外

◆ **Belorado**

🏠 Albergue El Corro　✉ Mayor, 68
📞 +349 475 814 19　💲 10€　🛏 45 床　📶 廚房 │
Wi-Fi │ 可預約

🏠 Albergue Cuatro Cantones 👍
✉ Hipólito López Bernal, 10　📞 +349 475 805 91
💲 8 ～ 12€　🛏 65 床　📶 廚房 │ Wi-Fi │ 可預約 │
3 ～ 11 月營業

🏠 Albergue-Pensión Caminante　✉ Mayor, 36
📞 +346 568 739 27　💲 6€　🛏 22 床　📶 Wi-Fi │
可預約 │ 3 ～ 10 月營業

🏠 Albergue A Santiago　✉ Camino Los Paules, s/n
📞 +346 778 118 47　💲 5 ～ 7€　🛏 98 床
📶 廚房 │ Wi-Fi │ 可預約 │ 4 ～ 10 月營業

🏠 Albergue El Salto　✉ Camino de los Cauces, s/n
📞 +346 694 156 36　💲 15€　🛏 24 床　📶 廚房 │
Wi-Fi │ 可預約 │ 在小鎮 1.5km 外

⛺ Albergue de Belorado
✉ Iglesia de Santa María 旁　📞 +349 475 800 85
💲 樂捐　🛏 20 床　📶 廚房 │ 4 ～ 10 月營業

> 路段公里數：27.5km •

Etapa 11：Belorado → Agés

🐚 路段指南

走 C. Hipólito López Bernal 離開後，穿越 N-120 後，順著旁邊人行道，直走抵達 Tosantos (4.8km)。建在懸崖的巖石隱修院 (Ermita de la Peña) 和聖艾斯特班教堂 (Iglesia de San Esteban) 為主要景點。走 C. Real 離開後左轉行經農田，抵達 Villambistia (6.7km)。沿原方向走且穿越 N-120 抵達 Espinosa del Camino (8.3km)。在 C. Santa Cecilia 的盡頭左轉走農田，右手邊有修道院遺址。繼續沿 N-120 旁小路前進，穿越 Río Oca 河，抵達 Villafranca Montes de Oca (12km)。聖雅各教堂 (Iglesia de Santiago) 是主要景點。從 C. de

la Plaza 接上小路離開，之後開始爬坡抵達海拔 953m 的 Monte de Oca 山，不久可見西班牙內戰紀念碑。

象徵和平的西班牙內戰紀念碑

之後走過許多上下坡，直到抵達海拔 1,157m 的 Alto de la Pedraja 峰。接著走入松樹與橡樹林，再下坡抵達 San Juan de Ortega (24km)。哥德式風格、與鎮名同名的修道院為國定古蹟，內部有精緻壯觀的主祭壇，值得停留參觀。這家修道院每年春分 (3/21) 與秋分 (9/21) 的前後兩天，因陽光會自唱詩班的窗戶，直射主祭壇旁的聖母升天柱 (Capitel de la Anunciación)，因而有被稱為「奇蹟之光」的特殊景觀。

San Juan de Ortega 教區庇護所床位雖然多，但整潔度欠佳、空間狹窄，不建議在此過夜。可以沿原路離開後保持直走，抵達不到 30 人的小鎮 Agés (27.5km) 投宿。當地有聖塔艾梧拉里亞教堂 (Iglesia de Santa Eulalia)，運氣好的話會遇到吟唱彌撒 (Misa Cantada)，不要錯過！另有一座保存完整的單拱羅馬橋。小鎮兩間庇護所皆可登記 Atapuerca 考古園區的參觀行程，每人 5€。

沿途庇護所

Tosantos
Albergue San Francisco de Asís
Santa Marina, s/n　+349 475 803 71　樂捐
30 床　廚房｜Wi-Fi｜3 ～ 11 月中營業

Albergue Los Arancones　La Iglesia, s/n
+349 475 814 85　10€　16 床
Wi-Fi｜可預約

Villambistia
Albergue de peregrinos San Roque
Cayetano Ortiz, 39　+346 569 302 20　6€
12 床　Wi-Fi｜冬季需要打電話確認營業時間

Espinosa del Camino
Albergue Espinosa del Camino　Barruelo, 23
+346 301 049 25　5€　10 床　廚房｜
Wi-Fi｜可預約｜每週二不營業

Albergue La Campana　Villafranca, s/n
+346 784 793 61　17€（早餐或午晚餐擇一）
10 床　廚房｜Wi-Fi｜可預約｜12/15 ～
1/15 不營業、冬天的每週二不營業

1.San Juan de Ortega 修道院｜2. 迷你小鎮 Agés｜3. 聖塔艾梧拉里亞教堂

◆ **Villafranca Montes de Oca**
🏠 Albergue San Antón Abad　📧 Hospital, 4
☎ +349 475 821 50　💲 9〜10€　🛏 49 床
🕐 Wi-Fi｜可預約｜3/15〜11/15 營業

◆ **San Juan de Ortega**
🏠 Albergue de San Juan de Ortega　📧 Iglesia, 1
☎ +349 475 604 38　💲 10€　🛏 60 床
🕐 Wi-Fi｜3〜10 月營業｜18:00 有祈福儀式，結束後提供蒜頭湯

◆ **Agés**
🏠 Albergue La Taberna de Agés　📧 Medio, 21
☎ +349 474 006 97　💲 8〜10€　🛏 36 床
🕐 Wi-Fi｜可預約｜冬季需預約

🏠 Albergue El Pajar de Agés
📧 Medio Paralela, 12　☎ +349 474 006 29
💲 10€　🛏 34 床　🕐 Wi-Fi｜可預約｜3〜10 月營業｜El Pajar 有另一棟庇護所（紅色建築物），價格樂捐，共 16 張床

> 路段公里數：22.5km •

Etapa 12：Agés → Burgos

Burgos｜Cardeñuela Riopico｜Atapuerca｜Orbaneja Riopico｜Villafría｜Agés
m 1,200 / 1,100 / 1,000 / 900 / 800 / 700
km　20　15　10　5　0

🐚 路段指南

　　穿越羅馬橋沿 BU-V-7012 走抵達 Atapuerca（3.6km），與鎮名同名的山上有世界人文遺產的考古園區和博物館。這裡出土了西歐最早的人類亞科遺址，每年都有眾多考古團隊在此挖掘出更多與人類源頭有關的古物。

　　沿續抵達的方向，依著指標左轉開始上坡，走石頭路登高至海拔 1,074m 的 Alto de Atapuerca 峰。依著指標走，抵達 Cardeñuela Riopico（8.7km）。維持同方向前行，到達 Orbaneja Riopico（10.7km）。

　　走原路離開後穿越 AP-1 路橋，並經過布爾戈斯（Burgos）機場腹地、穿越鐵路橋抵達 Villafría（14.5km）。C. Victoria 路上的 Buenos Aires 咖啡廳前面，有前往布爾戈斯的公車，每半小時一班，只要 1.2€ 即可省下 8km 的路。選擇繼續步行的話，則會經過長達 4km

1. Atapuerca 考古遺址｜2. 往 Burgos 的公車站牌｜
3. 聖母瑪麗亞拱門，內部有博物館可參觀

的工業區。離開工業區後經過 Gamonal 區，在 C. San Roque 右轉直走，抵達布爾戈斯（22.5km）。

進入布爾戈斯舊城區之前，需先通過聖母瑪麗亞拱門（Arco de Santa María），這道拱門是中世紀以來進入該城的唯一通道。走過拱門，號稱西班牙最美的主教座堂——布爾戈斯主教座堂（Catedral de Burgos）旋即映入眼簾。它是西班牙唯一獨立列入世界人文遺產名單的主教座堂，內部共 15 個華麗的禮拜堂，突顯出當年貴族的勢力。在主教座堂服務處，購買觀光手環（Pulsera turística，價格約 13€），可免費參觀教堂主座和以下三座教堂。

聖希爾教堂（Iglesia de San Gil），有精美的耶穌誕生主祭壇（La Natividad）；聖尼可拉斯教堂（Iglesia de San Nicolás），主祭壇畫誇張地精緻；聖艾斯特班教堂（Iglesia de San Esteban），珍藏了 18 幅 16～18 世紀的經典祭壇畫。

布爾戈斯市郊有兩個歷史悠久的修道院，分別為皇家休耕修道院（Real Monasterio de Las Huelgas de Burgos）和米拉芙洛斯修道院（Cartuja de Miraflores）。

人類進化博物館（Museo de la Evolución

1. 布爾戈斯主教座堂｜2. 舊城區主廣場｜3. 聖希爾教堂的耶穌誕生主祭壇｜4. 聖艾斯特班教堂現為祭壇畫美術館

Humana) 和當代藝術中心 (Centro de Arte Contemporáneo de Burgos) 也是受歡迎的場所。C. Lorenzo 是當地人喝酒小聚的主要街道，記得嘗嘗聞名全西班牙的黑血腸！

🚶 沿途庇護所

◆ Atapuerca

🐟 Albergue El Peregrino
✉ Camino de Santiago, 25　　📞 +346 615 808 82
💲 9€｜🛏 30 床｜🍳 廚房｜Wi-Fi｜可預約｜3 ～ 10 月營業｜可登記參觀 Atapuerca 考古遺址，每人 5€

🐟 Albergue La Hutte　　✉ Enmedio, 36
📞 +349 474 303 20　　💲 5€｜🛏 18 床｜🍳 廚房｜
Wi-Fi｜可預約｜冬季需要打電話預約

◆ Cardeñuela Riopico

🏠 Albergue municipal La Parada　　✉ Real, 28
📞 +346 614 380 93　　💲 5€｜🛏 12 床｜🍳 Wi-Fi｜
12 月最後兩週不營業

🐟 Albergue Vía Minera　　✉ La Iglesia, 1
📞 +346 529 416 47　　💲 5 ～ 8€｜🛏 38 床
🍳 Wi-Fi｜可預約｜3 ～ 10 月營業

🐟 Albergue Santa Fe　　✉ Los Huertos, 2
📞 +346 263 522 69　　💲 8 ～ 10€｜🛏 15 床
🍳 Wi-Fi｜可預約

◆ Orbaneja Riopico

🏠 Albergue El Peregrino　　✉ Principal, 1
📞 +349 474 309 80　　💲 5€｜🛏 18 床
🍳 廚房｜可預約

◆ Burgos

🏠 Albergue de peregrinos Casa del Cubo y de los Lerma 👍　　✉ Fernán González, 28
📞 +349 474 609 22　　💲 5€｜🛏 150 床｜🍳 廚房

⛪ Albergue Santiago y Santa Catalina
✉ Lain Calvo, 10　　📞 +349 472 079 52　　💲 6€
🛏 16 床｜🍳 Wi-Fi｜3 ～ 11 月營業｜18:00 有朝聖者彌撒儀式

⛪ Albergue Casa de Peregrinos de Emaús
✉ San Pedro Cardeña, 31　　📞 +349 472 528 51
💲 5€｜🛏 20 床｜🍳 Wi-Fi｜4 ～ 10 月營業，其他月分只接受團體預訂｜離主教座堂 1.5km，路程 800m 外

🐟 Hostel Burgos　　✉ Miranda, 4
📞 +346 544 929 79　　💲 16.5€(含早餐)｜🛏 68 床
🍳 Wi-Fi｜可預約

著名的黑血腸 (Morcillas)

路段公里數：21km •

Etapa 13：Burgos → Hornillos del Camino

Hornillos del Camino

Rabé de las Calzadas

Tardajos

Burgos

m
1,100
1,000
900
800
700
600

km
20　　15　　10　　5　　0

🐚 路段指南

這段路的遮蔽處較少，夏天要注意曝曬，冬天則風很大。離開布爾戈斯走 C. Fernán González，經過馬拉托斯橋 (Puente de Malatos) 後右轉走在公園內，沿布爾戈斯大學 (Universidad de Burgos) 校區外牆走，接 N-120，在第二個圓環不遠處右轉直走。

走地下道穿越 AVE 鐵路後，在圓環處右轉且與 N-120 平行，抵達 Tardajos (11.5km)。沿公路直到過河後左轉，離開後直走抵達 Rabé de las Calzadas (13.4km)。小鎮的 Bar La Fuente 酒吧有來自世界各地朝聖者留下的訊息和紙鈔，也可見新台幣。

從 C. Badomero Pampliega 離開後，走石頭路 (緩和上坡)，保持同方向前進就能抵達 Hornillos del Camino (21km)。主要景點為聖羅曼教堂 (Iglesia de San Román) 及廣場上可愛的公雞雕像。

🏠 沿途庇護所

◈ Tardajos

🏠 Albergue de peregrinos de Tardajos
✉ Asunción, s/n　📞 +349 474 511 89　💲 樂捐
🛏 18 床　🗓 3 月中～ 10 月營業

🏨 Albergue-Hotel La Casa de Beli
✉ General Yagüe, 16　📞 +349 474 512 34
💲 10€　🛏 34 床　📶 Wi-Fi｜可預約

◈ Rabé de las Calzadas

🏨 Albergue Liberanos Domine
✉ Francisco Riberas, 10　📞 +346 951 169 01
💲 9€　🛏 24 床　📶 Wi-Fi｜可預約

◈ Hornillos del Camino

🏠 Albergue de peregrinos de Hornillos del Camino
✉ San Román, 3　📞 +346 897 846 81
💲 5€　🛏 32 床　📶 廚房｜Wi-Fi

🏨 Albergue Hornillos Meeting Point
✉ Cantarranas, 3　📞 +346 081 135 99
💲 9 ～ 10€　🛏 32 床　📶 廚房｜Wi-Fi｜可預約
3 月～ 12 月中營業

🏨 Albergue El Alfar de Hornillos　✉ Cantarranas, 8
📞 +346 542 638 57　💲 9€　🛏 20 床　📶 廚房｜
Wi-Fi｜可預約｜4 月～ 10 月營業

1. 布爾戈斯大學主門 ｜ 2. 公雞雕像 ｜ 3. Hornillos del Camino 鎮的聖羅曼教堂內部

路段公里數：20km

Etapa 14：Hornillos del Camino → Castrojeriz

🐚 路段指南

　　這天路程的前半段要注意曝曬，記得帶滿水。從小鎮主街離開後，右轉走在石頭路和田野路上。沿庇護所指標左轉，抵達有「小綠洲」之稱的 San Bol（5.7km）。（許多朝聖者在前一站會延長路線，直接到 San Bol 庇護所投宿。）

　　繼續沿指標前進，穿越地方公路 BUP-4041，直走抵達 Hontanas（10.5km）。從 C. Real 離開小鎮，穿越公路，走右手邊小路往前行。數公里後接回地方公路並右轉直行，行經聖安東修道院（Convento San Antón）遺址（16km）。同名庇護所就設在遺

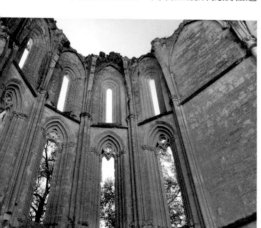

聖安東修道院遺址

址中，散發出與世隔絕的幽靜感。

　　沿同一條公路離開修道院，直走抵達蘋果樹聖母大聖堂（Colegiata de Virgen del Manzano），進入 Castrojeriz。沿 Av. Colegiata 和 C. Real de Oriente 抵達舊城區（20km）。小鎮在中世紀是個熱鬧的地方，共有 7 間朝聖者醫院和 9 間教堂，目前只保存了建於 13 世紀、歌德式風格的蘋果樹聖母大聖堂，內部有著名的聖母像及蕾歐諾公主（Reina Leonor de Castilla）之墓。聖約翰教堂（Iglesia de San Juan）與聖多明哥教堂（Iglesia de Santo Domingo），都有聖地雅哥之路的展覽。歷經不同文化占領的城堡（Castillo de Castorjeriz）非常值得一看。小鎮 1.5km 外的聖塔克拉拉修道院（Monasterio de Santa Clara）也是當地的重要古蹟。

👣 沿途庇護所

◈ San Bol

🏠 Albergue de peregrinos de San Bol
📞 +346 068 934 07 　💰 5€ 　🛏 10 床 　🍳 廚房 ｜
可預約 ｜ 4 月～ 10 月中營業 ｜ 小鎮 300m 外

◈ Hontanas

🏠 Albergue Antiguo Hospital de San Juan
✉ Real, 26 　📞 +346 869 084 86 　💰 6 ～ 10€
🛏 42 床 　🍳 廚房 ｜ Wi-Fi ｜ 4 月～ 10 月營業

Castrojeriz 鎮內的蘋果樹聖母大聖堂

🏠 Albergue El Puntido　✉ Iglesia, 6
📞 +349 473 785 97　💲 6€　🛏 32 床
🆓 廚房│Wi-Fi│可預約│3 ～ 11 月營業，其他月
分需打電話詢問

🏠 Albergue Juan de Yepes　✉ Real, 1
📞 +346 389 385 46　💲 8€　🛏 35 床　🆓 廚房│
Wi-Fi│可預約│3 ～ 10 月營業

🏠 Albergue Santa Brígida　✉ Real, 15
📞 +346 289 273 17　💲 7€　🛏 16 床　🆓 廚房│
Wi-Fi│可預約

◆ **Convento de San Antón**
🏠 Albergue Hospital de peregrinos de San Antón
✉ 修道院內　💲 樂捐　🛏 12 床　🆓 5 ～ 9 月營
業│沒電、沒熱水

◆ **Castrojeriz**
🏠 Albergue de peregrinos San Esteban 👍
✉ Plaza Mayor, 16　📞 +349 473 770 01　💲 5€
🛏 35 床　🆓 Wi-Fi│4 ～ 10 月營業

🏠 Albergue-Casa Rural del camping Camino de
Santiago　✉ Virgen del Manzano, s/n
📞 +349 473 772 55　💲 6€　🛏 30 床　🆓 Wi-Fi│
可預約│3 ～ 11 月營業

🏠 Albergue Rosalía　✉ Cordón, 2
📞 +349 473 737 14　💲 10 ～ 12€　🛏 30 床
🆓 廚房│Wi-Fi│可預約│4/1 ～ 10/20 營業

🏠 Albergue Ultreia　✉ Real de Oriente, 77
📞 +349 473 786 40　💲 10€　🛏 28 床
🆓 Wi-Fi│可預約│3 ～ 10 月營業

🏠 Albergue Orión　✉ La Colegiata, 2
📞 +346 494 816 09　💲 11€　🛏 22 床　🆓 廚房│
Wi-Fi│可預約│3/15 ～ 11/15 營業

🏠 Albergue-Hotel A Cien Leguas
✉ Real de Oriente, 78　📞 +349 475 623 05
💲 10€　🛏 18 床　🆓 Wi-Fi│可預約

聖安東修道院
庇護所

路段公里數：24.5km

Etapa 15：Castrojeriz → Frómista

🐚 路段指南

從 Castrojeriz 主廣場 (Plaza Mayor) 旁的馬路 C. Real de Poninete 朝西，穿越 BU-404 往前走，過橋穿越 Río Odra 河後，開始爬坡至海拔 913m 的 Alto de Mostelares 峰，在旺季時有臨時咖啡廳。**請注意**：5.5km 處有交叉點：①直走官方路程，②右轉經 Itero del Castillo。直走吧。經 Fuente Piojo 後走抵達建於 13 世紀的聖尼可拉斯隱修院 (Ermita de San Nicolás de Puente Fitero) (9km)，內有庇護所。走 Puente Fitero 進入巴倫西亞省 (Provincia de Palencia)。

直走抵達小鎮 Itero de la Vega (10.8km)。走 C. Santa Ana 朝西離開後，沿公路 P-4311 前進，一路直走抵達 Boadilla del Camino (19km)。16 世紀的聖母瑪麗亞教堂 (Iglesia de Santa María)，和 13 世紀執行審判和懲罰的石柱 (Rollo Jurisdiccional) 為主要景點。

走 C. Mayor 到底左轉離開後，保持同方

向前進經過 18 世紀建立的卡斯提亞水道 (Canal de Castilla) 後，左轉抵達芙洛米斯塔 (Frómista) (24.5km)，這地名是源自拉丁文「Frumentum」，意為穀物。

芙洛米斯塔有巴倫西亞省「羅曼式建築之都」的美譽。首推建於 11 世紀的聖馬汀教堂 (Iglesia de San Martín)，為西班牙羅曼式建築典範，外觀線條簡潔、比例完美，內部細節豐富，令人忍不住久待。建於 15 世紀的聖貝德羅教堂 (Iglesia de San Pedro) 和聖母瑪麗亞教堂 (Iglesia de Santa María del Castillo)，內有聖地雅哥之路展覽，但需事先預約，且會視人數開放。

🚹 沿途庇護所

◈ **Itero de la Vega**

🏠 Albergue de peregrinos de Itero de la Vega
✉ Plz. Ayuntamiento　📞 +346 050 34 347　💲 5€
🛏 13 床　🍳 廚房 | Wi-Fi

🏠 Albergue La Mochila　✉ Santa Ana, 3
📞 +349 791 51 781　💲 6～10€　🛏 28 床
🍳 廚房 | Wi-Fi | 可預約

🏠 Albergue-Hostal Puente Fitero
✉ Santa María, 3　📞 +349 791 518 22　💲 8€
🛏 22 床　🍳 Wi-Fi | 可預約

1. 卡斯提亞水道 | 2.3. Frómista 市鎮內的聖馬汀教堂

◆ **Boadilla del Camino**

🏠 Albergue de peregrinos de Boadilla del Camino
✉ 舊學校內　📞 +349 798 103 90　💲 5€
🛏 12 床　📶 Wi-Fi

🏠 Albergue En el Camino　📍 Plz. del Rollo
📞 +346 191 051 68　💲 8€　🛏 70 床　📶 Wi-Fi｜
可預約｜3～10 月營業

🏠 Albergue Putzu　✉ Las Bodegas, 9
📞 +346 772 259 93　💲 8€　🛏 16 床　📶 廚房

◆ **Frómista**

🏠 Albergue de peregrinos de Frómista
✉ Plz. San Martín　📞 +346 865 797 02　💲 8€
🛏 56 床　📶 可預約｜12～1 月不營業

🏠 Albergue Luz de Frómista
✉ Ejército Español, 10　📞 +346 351 401 69
💲 9€　🛏 26 床　📶 廚房｜Wi-Fi｜可預約｜聖誕
假期間不營業

🏠 Acogida de invierno Betania
✉ Ejército Español, 26　📞 +346 388 460 43
💲 樂捐　🛏 9 床　📶 廚房｜Wi-Fi｜可預約｜冬季
限定營業，建議前兩天打電話詢問營業時間和日期

🏠 Albergue Estrella del Camino　✉ Francesa, 26
📞 +346 537 515 82　💲 10€　🛏 32 床
📶 Wi-Fi｜可預約｜3～10 月營業

🏠 Albergue Canal de Castilla　✉ La Estación, 2
📞 +346 934 657 37　💲 17€（含早餐，與午餐／晚
餐 2 選 1）　🛏 16 床　📶 Wi-Fi｜可預約｜3～11
月營業

清晨破曉的
Alto de Mostelares 峰

路段公里數：19km

Etapa 16：Frómista → Carrión de los Condes

（高度圖）

Carrión de los Condes
Villalcázar de Sirga
Villarmentero de Campos
Revenga de Campos
Población de Campos
Frómista

m 1,100 / 1,000 / 900 / 800 / 700 / 600

km　20　15　10　5　0

🧭 路段指南

走臨時道路 P-980 離開，上路橋穿越 N-611
和 A-67 後，走人行道並且與 P-980 保持平
行，抵達 Población de Campos（3.5km）。沿
原路繼續走，在穿越 Río Ucieza 河前有交叉
點。**請注意**：①左轉經 P-980 公路走官方
路線，②右轉經 Villovieco 可遠離公路。左
轉走官方路線吧！沿公路 P-980 旁的人行

（右側照片）

並排的石碑迎接大家

道前進，依序行經小鎮 Revenga de Campos (7km)、Villarmentero de Campos (9km)，再右轉進入 Villalcázar de Sirga (13.5km)。這三個小鎮都有酒吧可休息。

從白聖母瑪麗亞教堂 (Iglesia de Santa María la Blanca) 前方的 C. Real 離開，沿 P-980 旁人行道前進，直到左轉接 Av. de los Peregrinos，抵達 Carrión de los Condes (19km)。自中世紀以來成為聖地雅哥之路必經市鎮，Carrión de los Condes 有眾多宗教建築和三個教區庇護所。主要景點為 12 世紀的聖母瑪麗亞教堂 (Iglesia de Santa María del Camino)、立面有著精緻雕刻的聖雅各教堂 (Iglesia de Santiago)，和現為飯店的佐伊洛修道院 (Monasterio de San Zoilo)，修道院內壯觀的迴廊屬銀匠式風格 (Plateresco，介紹見 P.189)。

🧑 沿途庇護所

◆ Población de Campos

🏛 Albergue de peregrinos de Población de Campos
✉ Escuelas, 17　📞 +349 798 110 99　💲 5€
🛏 18 床　🍴 廚房｜可預約

🏛 Albergue La Finca　✉ P-980 公路 16km 處
📞 +349 790 670 28　💲 10€　🛏 20 床
🍴 Wi-Fi｜可預約

◆ Villarmentero de Campos

🏠 Albergue Amanecer　✉ Francesca, 2
📞 +346 291 785 43　💲 6€　🛏 20 床　🍴 廚房｜
可預約｜3 ～ 10 月營業

◆ Villalcázar de Sirga

🏛 Albergue de peregrinos Casa del Peregrino
✉ Plz. del Peregrino　📞 +349 798 880 41　💲 樂捐
🛏 20 床　🍴 附廚房｜4 ～ 10 月營業

🏛 Albergue Don Camino　✉ Real, 23
📞 +346 203 990 40　💲 8€　🛏 26 床　🍴 Wi-Fi｜
可預約｜3 ～ 10 月營業

◆ Carrión de los Condes

🏠 Albergue Santa María 👍　✉ Clérigo Pastor, 2
📞 +349 798 807 68　💲 5€　🛏 58 床　🍴 廚房｜
3 ～ 10 月營業｜有彌撒和歌唱祈福儀式

🏠 Albergue Convento de Santa Clara
✉ Santa Clara, 1　📞 +349 798 808 37　💲 5 ～ 7€
🛏 30 床　🍴 廚房｜Wi-Fi｜3 ～ 11 月營業

🏠 Albergue eclesial Espíritu Santo
✉ San Juan, 4　📞 +349 798 800 52　💲 5€
🛏 96 床　🍴 廚房｜Wi-Fi｜17:30 有朝聖者祈福儀式

1. 佐伊洛修道院迴廊　｜ 2. 聖雅各教堂

Etapa 17：Carrión de los Condes → Moratinos

Terradillos de los Templarios

Moratinos

Ledigos

Calzadilla de la Cueza

Carrión de los Condes

🐚 路段指南

前 17 公里沒有休息點，記得裝滿水和食物，有時候路旁會有臨時攤位。走 C. Esteban Collantes 左轉接 N-120 後，過橋離開，沿原方向前進，走在充滿歷史的羅馬古道 Vía Aquitania。行走約 10km 後，運氣好的話會遇到夏季限定營業的臨時咖啡廳。再往前，抵達 Calzadilla de la Cueza 的聖馬汀教堂 (Iglesia de San Martín)(17.2km)。

走 C. Mayor 離開後，經過一處 12 世紀修道院的遺址。N-120 的 222km 標示處有交叉點，請注意：①沿 N-120 走官方路線，②走泥土路後爬山路。走官方路線吧！抵達 Ledigos (23.4km)，這裡有建於 13 世紀的聖雅各教堂 (Iglesia de Santiago)。從 C. de la Carretera 離開，走 N-120 路肩過

Río Cueza 河，抵達曾為聖騎士團軍營的 Terradillos de los Templarios (26.3km)。

這座小鎮有個中世紀故事。當地神父每年會帶著「金雞蛋」，前往聖地雅哥的教士會議。有一天，教士們要求神父帶會生金雞蛋的母雞前去，聖騎士團得知後，憤而將金雞埋葬在山上，不讓任何人有機會得到牠。當地 Jacques de Mola 庇護所的名字，就是取自聖騎士團傳奇領袖之名。

沿指標離開，接 P-905 左轉，500m 再右轉直走抵達 Moratinos (30km)。山丘上有許多儲存酒和食物的地窖，以及建於 16 世紀的聖多瑪士教堂 (Iglesia de Santo Tomás de Aquino)。庇護所老闆跟我說：「你抵達 Moratinos 前看到的藍色水井，是法國之路的半程中點。」而下一站的路途中，抵達薩阿貢 (Sahagún) 時也會看到兩個半程中點地標！總之這三個地標都不要錯過喔。

👤 沿途庇護所

◆ **Calzadilla de la Cueza**

🏠 Albergue de peregrinos de Calzadilla
✉ Mayor, 36　📞 +346 705 589 54　💲 5€　🛏 32 床
⏰ 冬季需詢問營業時間

🏠 Albergue Camino Real　✉ 在公營庇護所旁
📞 +349 798 831 87　💲 5€　🛏 80 床　⏰ Wi-Fi

Moratinos 鎮一隅

◆ **Ledigos**

🏠 Albergue El Palomar　📮 Ronda de Abajo, 23
📞 +349 798 833 60　💲 6～7€　🛏 47 床
🍴 廚房｜Wi-Fi｜可預約｜3～11 月營業

🏠 Albergue La Morena　📮 Carretera, 3
📞 +346 269 721 18　💲 8€　🛏 18 床　🍴 廚房｜
Wi-Fi｜可預約

◆ **Terradillos de los Templarios**

🏠 Albergue Jacques de Molay　📮 Iglesia,10
📞 +349 798 836 79　💲 8～10€　🛏 50 床
🍴 廚房｜Wi-Fi｜可預約｜聖誕節及新年期間不營業

🏠 Albergue Los Templarios　📮 N-120 旁
📞 +346 672 522 79　💲 8～10€　🛏 52 床
🍴 可預約｜3～10 月營業

◆ **Moratinos**

🏠 Albergue Hospital San Bruno 👍　📮 Ontanón, 9
📞 +349 790 614 65　💲 9～12€　🛏 38 床
🍴 Wi-Fi｜可預約｜2～3 月不營業｜提供道地義
式晚餐

🏠 Hostal-Albergue Moratinos　📮 Real, 12
📞 +349 790 614 66　💲 10€　🛏 16 床
🍴 Wi-Fi｜可預約

法國之路
半程證書

路段公里數：20km

Etapa 18：Moratinos → Bercianos del Real Camino

🐚 路段指南

走 C. Ontanón 離開 Moratinos，直走抵達
San Nicolás del Real Camino (2.6km)。走 C.
de la Era 離開小鎮後，與 N-120 保持平行，
穿越 Río Valderaduey 河後右轉，會遇到法國
之路半程中點的聖母橋隱修院 (Ermita de la
Virgen del Puente)，左轉經地下道穿越 N-120
後，經 C. Ronda de la Estación 抵達漂亮的薩
阿貢 (Sahagún)(9.5km)。

從聖貝尼多拱門 (Arco de San Benito) 進
入薩阿貢，一旁有聖曼西歐小教堂 (Capilla
de San Mancio)，和已不復見鐘塔的聖貝尼
多修道院 (Monasterio de San Benito) 古址。

薩阿貢有眾多穆德哈式建築 (Mudéjar)，
如 13 世紀的朝聖聖母聖殿 (Santuario de la
Peregrina)，內部有聖地雅哥之路展覽，**也**

聖母橋隱修院是法國之路半程中點

1. Sahagún 的聖貝尼多拱門｜2 . 庇護所 Albergue Casa Rectoral 用餐氛圍溫馨

可在此憑朝聖者護照換取法國之路半程證明 (Carta Peregrina)；還有聖堤索教堂 (Iglesia de San Tirso)，以及聖羅倫佐教堂 (Iglesia de San Lorenzo)。以上宗教建築皆為世界人文遺產。

　　走 Puente de Canto 橋離開，保持 N-120 在右手邊的方向，直走在朝聖者專屬的綠林徒步區。經 AVE 鐵路下方，及 17 世紀的梨樹聖母隱修院 (Ermita de la Virgen Perales)，直走抵達 Bercianos del Real Camino (20km)。這座小鎮是中世紀皇家之路 (Camino Real) 必經之地，現在是朝聖者歇腳過夜之處。鎮中最好的庇護所是由志工管理的 Albergue Casa Rectoral。志工會邀請朝聖者一同準備、享用晚餐，大聲唱著朝聖者之歌、分享彼此的故事，讓這晚畫下完美句點。

沿途庇護所

San Nicolás del Real Camino

Albergue Laganares　Plaza Mayor
+349 791 881 42　9€　20 床
可預約｜3 月中 ～ 10 月營業

Sahagún

Albergue de peregrinos Cluny　Arco, 87
+349 877 810 15　5€　64 床　廚房｜冬天投宿地點為 C. Antonio Nicolás, 55

Albergue de peregrinos de la Santa Cruz
Antonio Nicolás, 40　+346 506 960 23
5€　58 床　廚房｜Wi-Fi｜可預約｜2 ～ 11 月營業｜18:30 有朝聖者彌撒

Albergue Viatoris　El Arco, 25
+349 877 809 75　5 ～ 7€　50 床
廚房｜Wi-Fi｜可預約｜3 ～ 11 月營業

Albergue El Labriego
Doctores Bermejo y Calderón, 9
+346 226 461 36　8€　19 床　廚房｜Wi-Fi｜可預約

Bercianos del Real Camino

Albergue Casa Rectoral　Santa Rita, 11
+349 877 840 08　樂捐　44 床
Wi-Fi｜4 ～ 10 月營業｜有朝聖者彌撒和祈福儀式

Albergue Santa Clara　Iglesia, 3
+346 058 399 93　8€　10 床　廚房｜Wi-Fi｜可預約｜8 月有幾天不營業

Albergue Bercianos 1900　Mayor, 49
+346 692 828 24　15 ～ 25€　20 床
Wi-Fi｜可預約｜3/1 ～ 11/31 營業

Albergue La Perala　Camino Sahagun
+346 858 176 99　10€　58 床
Wi-Fi｜可預約

路段公里數：26.5km

Etapa 19：Bercianos del Real Camino → Mansilla de las Mulas

🐚 路段指南

走 C. Mayor 離開小鎮，進入綠林徒步區，走公路下方通道穿越 A-231，抵達 El Burgo Ranero（7.4km）。走 C. Real 離開，**之後約 13km 無休息點，記得裝滿水**。看到右轉前往 Villarmarco 的指標，不要進這個小鎮，沿同方向繼續前進。直到走過地下通道，穿越鐵路抵達 Reliegos（20.6km）。直行 C. Real 離開，一路直走，會經路橋穿越 A-60 和 N-601，再穿越 Canal del Porma 水道，繼續直走抵達 Mansilla de las Mulas（26.5km），這座被城牆圍繞的小鎮有著獨特的風景。

東北方有座完整的聖母受孕門（Puerta de la Concepción），官方路線則經東南方城堡門（Puerta del Castillo）的狹長小路，指引朝

聖者進入舊城區。建於 13 世紀的聖馬汀教堂（Iglesia de San Martín）、聖母瑪麗亞教堂（Iglesia de Santa María），和改建為民族博物館的聖奧古斯丁修道院（Convento de San Agustín），皆為重要古蹟。舊城區中也能參觀中世紀城牆（Muralla），和 6 座圓塔（Cubo）。

舊城區外的恩典聖母隱修院（Ermita de la Virgen de Gracia），內部裝潢華麗，也不能錯過。Mansilla 最好的野餐休憩地點在 Río Esla 河畔，往下一站會經過的古橋也非常美。

👤 沿途庇護所

◆ El Burgo Ranero

🏠 Albergue de peregrinos Domenico Laffi
✉ Plaza Mayor, s/n　📞 +349 873 300 23　💲 樂捐
🛏 30 床　🍴 廚房　│　Wi-Fi

1. Mansilla de las Mulas 的聖母瑪麗亞教堂 │ 2. 聖母受孕門

🏠 Albergue La Laguna　📧 La Laguna, 24
📞 +346 031 786 27　💶 9～12€　🛏 18床
🍳 廚房｜Wi-Fi｜可預約｜3～11月營業

🏠 Albergue Gil　📧 Cantas, 28
📞 +346 204 242 71　💶 8€　🛏 14床　📶 Wi-Fi｜
可預約｜4～11月營業

◆ **Reliegos**

🏠 Albergue de peregrinos de Reliegos
📧 La Escuela, 24　📞 +346 865 275 05　💶 5€
🛏 44床　🍳 廚房

◆ **Mansilla de las Mulas**

🏠 Albergue de peregrinos de Mansilla de las Mulas
📧 Puente, 5　📞 +346 619 773 05　💶 5€　🛏 74床
🍳 廚房｜Wi-Fi

🏠 Albergue La Parada　📧 la Escuela, 7
📞 +349 873 178 80　💶 7€　🛏 36床　🍳 廚房｜
Wi-Fi｜可預約｜4～11月營業

🏠 Albergue Gaia 👍　📧 Constitución, 28
📞 +346 999 113 11　💶 8€　🛏 18床　🍳 廚房｜
Wi-Fi｜可預約｜2月不營業

私 Albergue de Ada　📧 Real, 42
📞 +346 911 530 10　💶 8～12€　🛏 20床
📶 Wi-Fi｜可預約｜4～10月營業，其他月分需預約

🏠 Albergue El Jardín del Camino
📧 Camino de Santiago, 1　📞 +346 004 715 97
💶 5～10€　🛏 40床　📶 Wi-Fi｜可預約｜冬季需
確認營業日期

🏠 Albergue Vive tu Camino　📧 Real, 56
📞 +346 102 93 986　💶 9€　🛏 20床　📶 Wi-Fi｜
可預約｜3～10月營業

恩典聖母
隱修院

路段公里數：18.5km ●

Etapa 20：Mansilla de las Mulas → León

(海拔剖面圖：橫軸 km 20, 15, 10, 5, 0；縱軸 m 600–1,100)
León　Arcahueja　Puente Villarente　Mansilla de las Mulas

🐚 路段指南

從市府廣場 (Plaza de Ayuntamiento) 接 C. de los Mesones，走石橋穿越 Río Esla 河離開小鎮，沿著 N-601 旁的徒步區，抵達 Villamoros de Mansilla (4.6km)。朝著原方向離開，可接著走 N-601 公路橋，穿越 Río Porma 河，進入 Villarente。在 C. Romero 右轉，抵達 Puente Villarente (6km)。沿 N-601 路肩走，直到在 Mapfre 辦公室處走右手邊小路。之後經地下通道穿越 A-60，抵達 Arcahueja (10.4km)。保持原方向離開，經汽車經銷商區後左轉，走在與 N-601 平行的小路上。過海拔 870m 的 Alto de Portillo 峰後，經藍色路橋穿越公路，沿 Av. Madrid

雷昂城市街景

進入雷昂 (León) 市郊。**請注意：**若遇藍色路橋施工，需順著指標繞道約 3km。

在 C. Victoriano Martínez 左轉，直走過了堡壘橋 (Puente de Castro) 之後，沿 Av. Alcalde Miguel Castañón 走，在 C. Escurial 右轉，抵達雷昂舊城區 (18.5km)。

舊城區中有壯觀的哥德式雷昂主教座堂 (Catedral de León)，除精細的立面外，內部有 13 世紀興建的彩繪玻璃花窗 (Vidrieras)，出自幾位法國彩繪花窗大師之手，總面積達 1,800m²。

改建成飯店的聖伊西德羅大聖堂 (Colegiata de San Isidoro)，是西班牙知名的羅曼式建築；聖馬可斯教堂 (Iglesia de San Marcos) 現為國營旅館。聖馬可斯廣場上有標示法國之路和薩爾瓦多之路 (Camino del Salvador) 的方向。舊城區的中世紀城牆 (Muralla Medieval) 保存狀況良好。

完工於 1892 年的波堤內斯之家 (Casa Botines)，原為銀行家族的住宅和倉庫，現為美術館，是高第建築迷絕不能錯過的景點。波堤內斯之家外面，還有高第遠觀此

作品的紀念雕像。潮濕區 (Barrio humédo) 的主要道路是 C. Ancha，可體驗雷昂酒館文化。

沿途庇護所

◈ Puente Villarente

🏨 Albergue San Pelayo ✉ Romero, 9
📞 +346 509 182 81 ⑤ 8 ～ 10€ 🛏 57 床
🅿 廚房｜Wi-Fi｜可預約｜冬季需事先電話預約

🏨 Albergue-Hostal El Delfín Verde
✉ Ctra. N-601, 15 📞 +349 873 120 65 ⑤ 5€
🛏 20 床 🅿 Wi-Fi｜可預約｜3 ～ 10 月營業

◈ Arcahueja

🏨 Albergue La Torre ✉ La Torre, 1
📞 +346 696 609 14 ⑤ 10 ～ 15€ 🛏 22 床
🅿 Wi-Fi｜可預約｜11/15 ～ 3/15 間需打電話確認營業日期

◈ León

🏠 Albergue del convento de las carbajalas 👍
✉ Plz. Sta. María del Camino, 1 📞 +346 806 492 89 ⑤ 5€ 🛏 134 床 🅿 Wi-Fi｜冬季需要事前打電話詢問營業日期｜19:00 有朝聖者彌撒｜4 人以上可預約

🏠 Albergue-Residencia San Francisco de Asís
✉ Alcalde Miguel Castaño, 4 📞 +346 374 398 48
⑤ 10€ 🛏 146 床 🅿 Wi-Fi｜可預約

雷昂主教座堂

🏠 Albergue Muralla Leonesa　✉ Tarifa, 5
📞 +349 871 778 73　💲 15€　🛏 60 床　🍳 廚房｜
Wi-Fi｜可預約｜3 ～ 10 月營業，其他月分週四～
日營業

🏠 Albergue-Residencia Miguel de Unamuno
✉ Plz. San Pelayo, 15　📞 +346 013 774 23
💲 13 ～ 18€　🛏 86 床　🍳 Wi-Fi｜可預約｜為大
學宿舍，7 ～ 9 月中提供朝聖者使用

🏠 Albergue Santo Tomás de Canterbury
✉ La Lastra, 53　📞 +349 873 926 26　💲 8 ～ 10€
🛏 48 床　🍳 廚房｜Wi-Fi｜可預約｜3 ～ 11 月營
業｜市中心 3km 外

🏠 Albergue Check in León
✉ Alcalde Miguel Castaño, 88
📞 +346 869 568 96　💲 10€　🛏 40 床　🍳 廚房｜
Wi-Fi｜可預約｜市中心 1.6km 外

路段公里數：32km •

Etapa 21：León → Hospital de Órbigo

🐚 路段指南

　　本路段由 N-120 陪伴著朝聖者們，是法
國之路上風景最單調的一段。主教座堂前沿
指標至 C. Cid 右轉，接 C. Ramón y Cajal，
再接 C. Renueva 左轉，直走至圓環和國營
旅館處左轉。過 Puente de San Marcos 橋走
人行道，穿越鐵路抵達 Trobajo del Camino
（3.3km）。直走，左轉進入 C. Sira Sampedro
繼續往前。經工業區後接 N-120 抵達 La
Virgen del Camino（7.1km）。特殊造型的聖母
聖殿（Santuario de la Virgen del Camino），於
2018 年名列西班牙國定古蹟。

　　走 Av. Astorga 與 N-120 保持平行，請
注意：近圓環處有交叉點：①沿同方向
走在官方路線，②左轉經 Mazarife。走
官方路線吧！之後走 A-66 下方右轉，
回到 N-120 旁，直行抵達 Valverde de la

Virgen（11.4km）。與 N-120 平行直走抵
達 San Miguel del Camino（12.9km），以及
Villadangos del Páramo（20.4km）。

　　走 C. Real 離開小鎮，左轉接 N-120 直
走抵達 San Martín del Camino（24.6km）。
這是許多朝聖者選擇停留的地方，鎮內有

La Virgen del Camino 的聖母聖殿

聖馬汀教堂 (Iglesia de San Martín)，但最特別的景點是飛碟造型的水塔。

沿 N-120 走約 6km，遇到 Calle el Paso Honroso 右轉直走，穿越榮耀步橋 (Puente del Paso Honroso)，抵達 Hospital de Órbigo (32km)，這座中世紀風情小鎮中有座聖約翰教堂 (Iglesia de San Juan)，而小鎮入口 310m 長、19 座橋拱的榮耀步橋，是鎮上最重要的景點。

1434 年，當地貴族騎士蘇維羅 (Don Suero de Quiñones) 率領 9 名騎士夥伴，向國王請願，要在此挑戰任何想通過此橋的人，輸的人需戴上象徵懦夫的手套，並渡河離開。他還身戴鐵頸環，宣示要得到雷歐諾女士 (Leonor de Tovar) 的愛 (當然女方不理睬他)。他成功防禦該橋長達一個月後，滿身是傷地前往聖地雅哥，完成朝聖之路，並將鐵頸環獻給聖雅各之墓。據說，這傳說也是賽凡提斯 (Miguel de Cervantes) 創作《唐吉軻德》的靈感之一。

1. San Martín del Camino 鎮有飛碟造型水塔｜2. 通往 Hospital de Órbigo 必經的榮耀步橋｜3. 聖約翰教堂

🚶 沿途庇護所

◈ La Virgen del Camino

🏠 Albergue de peregrinos Don Antonino y Doña Cinia
✉ Padre Eustoquio, 16　📞 +349 873 028 00
💲7€　🛏40 床　🍳廚房｜Wi-Fi｜4 ～ 10 月營業

◈ Valverde de la Virgen

🏠 Albergue La Casa del Camino
✉ Camino El Jano, 2ª　📞 +346 698 747 50
💲8 ～ 10€　🛏20 床　🍳廚房｜Wi-Fi｜可預約｜在路程 400m 外

◈ Villadangos del Páramo

🏠 Albergue de peregrinos de Villadangos del Páramo
✉ Ctra. de León, s/n　📞 +346 710 107 86　💲7€
🛏56 床　🍳廚房｜Wi-Fi｜可預約

◈ San Martín del Camino

🏠 Albergue de peregrinos de San Martín del Camino
✉ Ctra. de Astorga, s/n　📞 +346 760 203 88
💲5€　🛏46 床　🍳廚房｜Wi-Fi｜可預約
4 ～ 11 月營業

🏠 Albergue Vieira　✉ Peregrinos, s/n
📞 +349 873 785 65　💲8€　🛏36 床　🍳Wi-Fi｜可預約

🏠 Albergue Santa Ana　✉ Peregrinos, 12
📞 +346 541 115 09　💲7€　🛏40 床　🍳廚房｜Wi-Fi｜可預約

🏠 Albergue La Casa Verde　✉ La Estación, 8
📞 +346 468 794 37　💲 10€　🛏 10 床　🍳 廚房｜
Wi-Fi｜可預約｜冬季需事先打電話詢問營業時間

◆ **Hospital de Órbigo**
🏠 Albergue Karl Leisner　✉ Álvarez Vega, 32
📞 +349 873 884 44　💲 5€　🛏 92 床　🍳 廚房

🏠 Albergue San Miguel 👍　✉ Álvarez Vega, 35
📞 +346 181 834 20　💲 10€　🛏 30 床　🍳 廚房｜
Wi-Fi｜可預約｜3 ～ 10 月營業｜提供材料給朝聖
者作畫

🏠 Albergue Casa de los Hidalgos
✉ Álvarez Vega, 36　📞 +346 991 987 55　💲 10€
🛏 18 床　🍳 廚房｜Wi-Fi｜可預約｜3 ～ 10 月營業

🏠 Albergue La Encina
✉ Av. Suero de Quiñones, s/n　📞 +349 873 610 87
💲 10€　🛏 16 床　🍳 Wi-Fi｜可預約｜聖誕節期間
不營業

🏠 Albergue Verde
✉ Fueros de León, 76
📞 +346 899 279 26
💲 11€　🛏 26 床
🍳 Wi-Fi｜可預約｜素食
庇護所｜在小鎮 500m 外

Hospital de Órbigo
美食鱒魚湯 (Sopa de
trucha)

路段公里數：17km •

Etapa 22：Hospital de Órbigo → Astorga

🌀 **路段指南**

　　自小鎮主街離開，直走到路的盡頭後，
右轉直走抵達 Villares de Órbigo (2.6km)。聖
雅各教堂 (Iglesia de Santiago) 內部主祭壇非
常壯觀！沿指標離開後，接 LE-6451 抵達
Santibáñez de Valdeiglesias (5km)。走 C. Real
右轉接小路，一路行經牧場、森林景色，
有上下坡但不困難。抵達位於海拔 905m 的
Crucero Santo Toribio 十字架，能看見遠方
的阿斯托爾加市鎮 (Astorga)。繼續前進，接
C. Real 抵達 San Justo de la Vega (12.9km)。

　　走 C. Real 離開後，上鐵橋過 Río Tuerto
河，右轉走小路，與 N-120 平行。經羅馬
橋後回到 N-120，接著走天橋避開鐵路。

阿斯托爾加主教座堂

圓環處左轉，不久後上坡抵達 Plaza de San
Francisco 廣場，公營庇護所在此。順著指標
往前走，抵達阿斯托爾加主教座堂 (Catedral
de Astorga) (17km)。

羅馬帝國時期，阿斯托爾加曾為軍營所在地，古名為 Asturica Augusta。11 世紀起成為朝聖者必經之地，也因此開始了市鎮發展。建於 15 世紀的阿斯托爾加主教座堂，主立面為當地巴洛克風格的代表，而壯觀精緻的雕塑，也絕對是西班牙最具代表性的教堂立面之一，教堂內眾多祭壇畫和雕塑品，都值得細細欣賞。主教座堂旁有高第設計、哥德復興式的阿斯托爾加主教宮（Palacio Episcopal de Astorga），現為聖地雅哥之路展覽館。

🚶 沿途庇護所

◈ Villares de Órbigo

🏠 Albergue Villares de Órbigo ✉ Arnal, 21
📞 +349 871 329 35 💲 8€ 🛏 18 床 🍴 廚房
Wi-Fi ｜ 可預約 ｜ 12/15 ～ 1/31 不營業

🏠 Albergue el Encanto ✉ Camino Santiago, 23
📞 +346 828 602 10 💲 14€(含早餐) 🛏 10 床
🍴 廚房 ｜ Wi-Fi ｜ 可預約 ｜ 4 ～ 10 月營業

1. 高第設計的阿斯托爾加主教宮 ｜ 2. 阿斯托爾加主教宮內部華麗的裝潢

◈ Santibáñez de Valdeiglesias

🏠 Albergue de Santibáñez de Valdeiglesias
✉ Carromonte, 3 📞 +349 873 776 98 💲 6€
🛏 20 床 🍴 3 ～ 10 月營業
🏠 Albergue Camino Francés ✉ Real, 68
📞 +349 873 610 14 💲 9€ 🛏 24 床 🍴 Wi-Fi ｜
可預約 ｜ 3 ～ 10 月營業

◈ Astorga

🏠 Albergue de peregrinos Siervas de María 👍
✉ Plaza San Francisco, 3 📞 +346 182 717 73
💲 5€ 🛏 156 床 🍴 廚房 ｜ Wi-Fi

🏠 Albergue San Javier ✉ Portería, 6
📞 +349 876 185 32 💲 10€ 🛏 110 床
🍴 廚房 ｜ Wi-Fi ｜ 4.～ 11 月營業

❧ 朝聖補給站 ❧

阿斯托爾加巧克力

巧克力是阿斯托爾加名產。16 世紀 Hernán Cortés 從美洲帶回可可豆，將豆子送給女兒當嫁妝，女婿 Álvaro Pérez Osorio 知其經濟價值，便開始在阿斯托爾加種植。當地的巧克力產業在 20 世紀蓬勃發展，最多曾有 23 間工廠。旅途中不妨參觀巧克力博物館 (Museo de Chocolate)，了解阿斯托爾加的巧克力產業史。

阿斯托爾加著名的巧克力，口味多樣

路段公里數：25.5km

Etapa 23：Astorga → Foncebadón

🐚 路段指南

走 C. San Pedro 接 LE-142 離開阿斯托爾加，往前直行穿越 N-VI，抵達 Valdeviejas (2.5km)，不進小鎮繼續沿 C. de los Mártires 走。穿越 A-6 直行，沿著 LE-142 方向左轉，抵達幽靜的小鎮 Murias de Rechivaldo (4.7km)，主要景點是聖艾斯特班教堂 (Iglesia de San Esteban)。

直走離開後，穿越 LE-142 朝同方向繼續往前，抵達 Santa Catalina de Somoza (9.2km)。持續前行，抵達 El Ganso (13.3km)。沿原方向與 LE-142 保持平行，往前 4km 後左轉，很快地再右轉接小路，回到 LE-142 旁。

經朝聖者橡樹 (Roble del Peregrino) 後，來到耶穌十字隱修院 (Ermita de Santo Cristo de la Vera Cruz)，直走抵達 Rabanal

del Camino (20.2km)，小鎮居民熱情接待朝聖者的傳統，數世紀不變。

走 C. Real 離開小鎮後直走。需數次穿越 LE-142，接著再左轉接 C. Real 抵達在 Monte Irago 山的 Foncebadón (25.5km)。這裡曾被世人遺忘，成了荒村，直到 20 世紀因朝聖熱潮，才重生成為接待朝聖者的重要小鎮，所有的服務應運而生。若體力允許的話，也建議只在 Foncebadón 稍作休息，接著往前走 2km 拜訪鐵十字架 (Cruz de Ferro)，再往前走 9.2km 至 El Acebo de San Miguel 投宿。

1. Murias de Rechivaldo 小鎮街景 | 2. 聖艾斯特班教堂

👤 沿途庇護所

◆ Valdeviejas

🏠 Albergue de peregrinos Ecce Homo
✉ Del Ecce Homo, s/n　📞 +346 184 459 10
💲 5€　🛏 10 床　🍴 廚房｜可預約｜3 ~ 10 月營
業｜距 Valdeviejas 200m 外

◆ Murias de Rechivaldo

🏠 Albergue de peregrinos de Murias de Rechivaldo
✉ Santa Colomba, 53　📞 +346 384 337 16
💲 5€　🛏 18 床　🍴 3 ~ 10 月營業

🏠 Albergue-Casa Rural Las Águedas
✉ Camino de Santiago, 52　📞 +346 360 678 40
💲 12€　🛏 30 床　🍴 廚房｜Wi-Fi｜可預約｜11
月~隔年 2 月只接受團體預約

◆ Santa Catalina de Somoza

🏠 Albergue Hospedería San Blas　✉ Real, 11
📞 +346 374 648 33　💲 5 ~ 7€　🛏 20 床
🍴 Wi-Fi｜可預約｜冬季需事前預約

1. Foncebadón 小鎮｜2. 鎮內的耶穌十字隱修院

🏠 Albergue-Casa Rural El Caminante　✉ Real, 2
📞 +346 381 028 37　💲 5 ~ 8€　🛏 22 床
🍴 廚房｜Wi-Fi｜可預約

◆ El Ganso

🏠 Albergue Gabino　✉ Real, 9
📞 +346 253 185 85　💲 8€　🛏 24 床　🍴 廚房｜
Wi-Fi｜可預約｜3/1 ~ 11/15 營業

◆ Rabanal del Camino

🏠 Albergue de Rabanal del Camino
✉ Plaza Jerónimo Morán　📞 +346 552 746 13
💲 5€　🛏 36 床　🍴 廚房｜Wi-Fi｜可預約｜冬季
需打電話，確認營業日期

🏠 Refugio Gaucelmo　✉ Calvario, 4
📞 +349 876 316 15　💲 樂捐　🛏 44 床　🍴 廚房｜
3 ~ 10 月營業

🏠 Albergue Nuestra Señora del Pilar
✉ Plz. Jerónimo Morán　📞 +346 160 899 42
💲 5€　🛏 76 床　🍴 廚房｜Wi-Fi｜可預約

🏠 Albergue La Senda　✉ Real, s/n
📞 +346 968 190 60　💲 5€　🛏 3 床 4　🍴 廚房｜
Wi-Fi｜可預約｜3 ~ 10 月底營業

◆ Foncebadón

🏠 Albergue Domus Dei　✉ Real, s/n　📞 N/A
💲 樂捐　🛏 18 床　🍴 4 ~ 10 月營業

🏠 Albergue Monte Irago　✉ Real, s/n
📞 +346 954 529 50　💲 8€　🛏 35 床　🍴 廚房｜
Wi-Fi｜可預約

🏠 Albergue La Posada del Druida　✉ Real, s/n
📞 +346 968 201 36　💲 10€　🛏 20 床
🍴 Wi-Fi｜可預約｜3 ~ 10 月營業

🏠 Albergue La Cruz de Fierro　✉ Real, s/n
📞 +346 282 571 60　💲 10€　🛏 34 床　🍴 廚房｜
Wi-Fi｜可預約｜3 ~ 11 月營業，其他月分需事前
預約

路段公里數：27km ●

Etapa 24：Foncebadón → Ponferrada

🐚 路段指南

走 C. Real 離開 Foncebadón，慢慢爬坡直到接 LE-142。之後抵達海拔 1,504m 的鐵十字架 (Cruz de Ferro) (1.9km)，它是法國之路最具象徵的紀念碑。

走 LE-142 離開後抵達 Manjarín (4.2km)。這裡有自稱「最後聖騎士」的 Tomás 先生所經營的庇護所 Refugio de Manjarín。經過後繼續前進，不遠處右轉走小路與 LE-142 平行。

在不遠處穿越公路 LE-142，沿原方向走，登上法國之路最高點海拔 1,505m 後下坡。之後再次穿越 LE-142，開始艱難的石頭下坡路段，抵達漂亮的 El Acebo de San Miguel (11.2km)。若想在此過夜，推薦飯店附設的 Albergue La Casa del Peregrino。

走 LE-142 離開後，很快地需左轉，並與 LE-142 保持平行，接著抵達 Riego de Ambrós (14.5km)。直走離開小鎮，接 LE-142 的不遠處右轉，持續下坡行經憂愁聖母隱修院 (Ermita de la Virgen Angustia)，再走過漂亮的羅馬橋，抵達 Molinaseca 舊城區 (19.1km)。主要街道 C. Real 上有許多咖啡廳，17 世紀建立的聖尼可拉斯教堂 (Iglesia de San Nicolás de Bari) 為主要景點，中午 12 點鐘聲是《聖母頌》的旋律。

鐵十字架是法國之路的重要里程碑

走 C. Real 離開，接上 LE-142，接著會經過 Molinaseca 的公營庇護所 Albergue de peregrinos San Roque。順著 LE-142 向前行，經過 Campo (23.5km) 之後，抵達蓬費拉達 (Ponferrada，意為「鐵橋」) (27km)，它是「冬季之路」(Camino de Invierno) 的起點。城市深受聖騎士團影響，其中建於 12 世紀的聖騎士團城堡 (Castillo de los

Templarios)，是城中最醒目、最重要的古蹟，可在聖騎士團的往日風采中，度過悠閒午後。此外，蓬費拉達主要的宗教建築為建於 16 世紀、文藝復興風格的青櫟聖母宗座聖殿 (Basílica de la Virgen de la Encina)。

🧑 沿途庇護所

◆ Manjarín

🏠 Refugio de Manjarín 　📍 LE-142 上 　📞 N/A
💲 樂捐 　🛏 30 床 　🅿 無電、無熱水｜庇護所有點心、咖啡，需樂捐

◆ El Acebo de San Miguel

🏠 Albergue Santiago Apóstol 　📍 Plz. de la Iglesia
📞 N/A 　💲 樂捐 　🛏 22 　🅿 廚房｜4 ～ 10 月營業

🏠 Albergue La Casa del Peregrino 👍
📧 Compludo, s/n 　📞 +349 870 577 93 　💲 10€
🛏 96 床 　🅿 Wi-Fi｜可預約｜12/28 ～ 1/8 不營業｜
飯店附設的庇護所

◆ Riego de Ambrós

🏠 Albergue de peregrinos de Riego de Ambrós
📧 Real, s/n 　📞 +346 403 761 18 　💲 6€ 　🛏 26 床
🅿 廚房｜可預約｜3 ～ 10 月營業

◆ Molinaseca

🏠 Albergue de peregrinos San Roque
📧 Fraga Iribarne, s/n 　📞 +346 928 867 21 　💲 6€
🛏 28 床 　🅿 廚房｜Wi-Fi

🏠 Albergue Santa Marina 　📧 Fraga Iribarne, s/n
📞 +346 153 023 90 　💲 7€ 　🛏 59 床 　🅿 Wi-Fi｜
可預約｜3 ～ 10 月營業

🏠 Albergue Compostela 　📧 La Iglesia, 39
📞 +349 874 530 57 　💲 9 ～ 11€ 　🛏 32 床
🅿 Wi-Fi｜可預約

◆ Ponferrada

🏠 Albergue San Nicolás de Flüe 　📧 La Loma, s/n
📞 +349 874 133 81 　💲 樂捐 　🛏 186 床
🅿 廚房｜晚間有朝聖者祈福和彌撒儀式

🏠 Albergue Guiana 👍 　📧 Castillo, 112
📞 +349 874 093 27 　💲 12€ 　🛏 90 床 　🅿 廚房｜
Wi-Fi｜可預約｜3 ～ 10 月營業

🏠 Albergue Mesón El Acebo 　📧 Real, 16
📞 +346 155 004 08 　💲 7€ 　🛏 32 床 　🅿 Wi-Fi｜
可預約｜12/15 ～ 1/15 不營業

1. Molinaseca 市區景致 ｜ 2. 蓬費拉達的聖騎士團城堡 ｜ 3. 城堡內的浪漫風景 ｜ 4. 蓬費拉達是冬季之路的起點

路段公里數：24.5km

Etapa 25：Ponferrada → Villafranca del Bierzo

🐚 路段指南

走 C. del Rañedero，過橋離開後，很快地右轉沿河畔公園接上 Av. de Compostilla。直走穿越 N-VI，不久後左轉，直走抵達 Columbrianos（4.9km），鎮裡有座聖布拉斯教堂（Iglesia de San Blas）。

從 C. San Blas 離開，順著原方向走抵達 Fuentesnuevas（7.4km）。沿 C. Real 走，直到接上 Av. Aníbal Carral，抵達 Camponaraya（9.7km）。過圓環，沿同方向經 Av. Francisco Sobrín 直走，從路橋通過 A-6 後，穿越 LE-713 直走，抵達 Cacabelos（15.5km）。

接下來會經過羅傑隱修院（Ermita de San Roque）與聖母瑪麗亞教堂（Iglesia de Santa María）。走橋過 Río Cúa 河，經憂愁聖母聖殿（Santuario de la Virgen de Angustias），直走抵達 Pieros（17.5km），該鎮有座羅曼式的聖馬汀教堂（Iglesia de San Martín）。

離開小鎮後約 500m 右轉，直走抵達 Valtuille de Arriba（19.5km）。之後走 C. de la Platería，左轉接 C. de Cantariña 直走，沿同方向經聖雅各教堂（Iglesia de Santiago），接著抵達有「小聖地雅哥」之稱的比耶爾索自由鎮（Villafranca del Bierzo）（24.5km）。

比耶爾索自由鎮是中古世紀小鎮，在國王阿豐索六世（Alfonso VI）執政期間，因

比耶索自由鎮的聖母瑪麗亞大聖堂

眾多法國商人移居此地而開始發展，11 世紀則成為哥呂尼教會（Cluny）據點。鎮裡有很多重要古蹟，如 12 世紀的聖雅各教堂（Iglesia de Santiago），北邊有方石堆砌而成的寬恕門（Puerta del Perdón）；聖母瑪麗亞大聖堂（Colegiata de Santa María），屬於哥德式建築，肅穆的外觀，和精緻的管風琴與主祭壇形成對比。法蘭西斯可教堂（Iglesia de San Francisco），以及聖尼可拉斯修道院（Convento de San Nicolás）也都值得參觀。主街道 C. del Agua 上提供各式服務。

聖雅各教堂

15 世紀教宗宣布，朝聖者若因重大疾病，導致此生無法抵達聖地雅哥，可在比耶爾索自由鎮的聖雅各教堂，領取具有同等效力的朝聖者證書 (El Jubileo)。這是教宗的美意，但衷心希望大家都用不到它！

🏠 沿途庇護所

◈ Columbrianos

🏛 Albergue San Blas ✉ San Blas, 5
📞 +346 116 141 49 💲 10€ 🛏 20 床
📶 Wi-Fi │ 可預約 │ 冬季需事前預約

◈ Camponaraya

🏛 Albergue La Medina ✉ Camino de Santiago, 87
📞 +346 673 485 51 💲 10€ 🛏 18 床
📶 Wi-Fi │ 可預約 │ 冬季需事前預約

🏛 Albergue Naraya ✉ Galicia, 506
📞 +349 874 591 59 💲 9€ 🛏 26 床 📶 Wi-Fi │
可預約 │ 4 ～ 11 月營業

◈ Cacabelos

🏛 Albergue de peregrinos de Cacabelos
✉ Plz. del Santuario, s/n 📞 +349 875 471 67
💲 5€ 🛏 70 床 📶 Wi-Fi │ 3 ～ 11 月營業

🏛 Albergue-Hostal La Gallega ✉ Santa María, 23
📞 +346 809 171 09 💲 10€ 🛏 29 床
📶 Wi-Fi │ 可預約 │ 1/1 ～ 1/15 不營業

🏛 Albergue-Pensión El Molino ✉ Santa María, 10
📞 +349 875 469 79 💲 9€ 🛏 16 床 📶 Wi-Fi │
可預約 │ 週二休 │ 9 月有 15 天不營業，建議事前打電話詢問

◈ Pieros

🏛 Albergue El Serbal y la Luna ✉ Pozo, 13
📞 +346 398 889 24 💲 5€ 🛏 20 床
📶 可預約 │ 3 ～ 11 月營業

◈ Villafranca del Bierzo

🏛 Albergue de peregrinos de Villafranca del Bierzo
✉ Santiago, s/n 📞 +349 875 423 56 💲 6€
🛏 60 床 📶 廚房 │ Wi-Fi │ 可預約 │ 3 ～ 11 月營業

🏛 Albergue Ave Fénix ✉ Santiago, 10
📞 +349 875 426 55 💲 6€ 🛏 80 床 📶 Wi-Fi

🏛 Albergue-Hospedería San Nicolás El Real
✉ San Nicolás, 4 📞 +346 203 293 86
💲 5 ～ 8€ 🛏 75 床 📶 廚房 │ Wi-Fi │ 可預約 │
冬季需要事前預約

🏛 Albergue Leo ✉ Ribadeo, 10
📞 +346 580 492 44 💲 10€ 🛏 24 床 📶 廚房 │
Wi-Fi │ 可預約 │ 3 ～ 11 月營業

🏛 Albergue La Yedra ✉ La Yedra, 9
📞 +346 365 868 72 💲 10€ 🛏 18 床 📶 廚房 │
Wi-Fi │ 可預約

比耶索自由鎮的聖尼可拉斯修道院

路段公里數：28km ●

Etapa 26：Villafranca del Bierzo → O Cebreiro

🐚 路段指南

走 C. Yedra 右轉接 C. del Agua，請注意：左轉過橋後有交叉點：①直走為官方路線，②另一條是走山路。直走吧！直行繞河畔後，接 N-VI 路肩繼續走。走 A-6 高架橋下方，不遠處右轉抵達 Pereje (5km)。離開後走 N-VI 路肩，之後右轉進入 Trabadelo (9.6km)。直走離開小鎮，沿著 N-VI 路肩，經過 A-6 高架橋下方兩次，抵達 La Portela de Valcarce (13.5km)。順著 N-VI 走，經 Ambasmestas (14.6km) 和 Vega de Valcarce (16.3km)。有步道可前往薩拉辛城堡 (Castillo de Sarracín) 遺址；繼續沿同方向走，可抵達 Ruitelán (18.5km)。

走 N-VI，不遠處左轉，過羅馬橋抵達

Las Herrerías (19.5km)。離開小鎮之後開始爬坡。沿著噴漆指標左轉，走小路爬坡抵達 La Faba (23km) 以及 La Laguna de Castilla (25.4km)。沿同方向爬坡，繞山路走，看見石碑進入加利西亞自治區後，抵達海拔 1,300m 的 O Cebreiro (28km)。

O Cebreiro 絕對是西班牙最特別的小鎮之一，自中世紀以來接待朝聖者，因保存眾多看似飛碟的稻草屋頂和石頭屋穀倉 (Pollozas)，吸引眾多觀光客到此度週末。當地歷史最悠久的穀倉，現改建成民族博物館。小鎮內有自治區中最古老的前羅曼式 (Prerrománico) 聖母瑪麗亞教堂 (Iglesia de Santa María La Real)，冬季時教堂的鐘聲，是朝聖者們走在濃霧中的指引；教堂內有充滿神話色彩的血聖杯 (Calíz con Sangre)。

1. 過橋離開畢耶索自由鎮｜2. O Cebreiro 造型特殊的石頭屋穀倉

🪧 沿途庇護所

◆ Pereje

🏠 Albergue de peregrinos de Pereje

✉ Camino de Santiago, s/n　📞 +349 875 401 38

💲 5€　🛏 30 床　🍴 廚房

◆ Trabadelo

🏠 Albergue de peregrinos de Trabadelo

✉ Camino de Santiago, s/n　📞 +346 878 279 87

💲 6€　🛏 36 床　🍴 廚房｜Wi-Fi｜可預約｜3 ～ 11 月營業

🏠 Albergue Trabadelo　✉ Iglesia, s/n

📞 +346 306 281 30　💲 5€　🛏 20 床　🍴 廚房｜Wi-Fi｜可預約｜冬季需事前預約

🏠 Albergue Crispeta　✉ Ctra. Antigua N-VI, s/n

📞 +346 203 293 86　💲 8€　🛏 32 床　🍴 廚房｜Wi-Fi｜可預約｜冬季需事前預約

◆ La Portela de Valcarce

🏠 Albergue-Hostal El Peregrino

✉ Ctra. Antigua N-VI, s/n　📞 +349 875 431 97

💲 10€　🛏 26 床　🍴 Wi-Fi｜可預約｜3 月中～ 11 月營業

◆ Ambasmestas

🏠 Albergue Das Ánimas　✉ Campo Bajo, 3

📞 +346 185 688 45　💲 9€　🛏 20 床　🍴 Wi-Fi｜可預約｜聖誕節期間不營業

🏠 Albergue-Hostal Camynos

✉ Ctra. Antigua N-VI, 43　📞 +346 297 431 24

💲 10€　🛏 10　🍴 Wi-Fi｜可預約｜4 ～ 11 月營業

🏠 Albergue Casa del Pescador

✉ Ctra. Antigua N-VI, s/n　📞 +346 035 158 68

💲 12€　🛏 24 床　🍴 廚房｜Wi-Fi｜可預約｜3/15 ～ 11/15 營業

◆ Vega de Valcarce

🏠 Albergue de peregrinos de Vega de Valcarce

✉ Pandelo, s/n　📞 +346 067 927 91　💲 5€

🛏 64 床　🍴 廚房

🏠 Albergue do Brasil - El Roble

✉ Ctra. Antigua N-VI, s/n　📞 +346 342 426 42

💲 樂捐　🛏 18 床　🍴 Wi-Fi｜可預約｜3 ～ 11 月營業

🏠 Albergue Santa María Magdalena

✉ Carqueixeide, 2　📞 +346 840 454 91　💲 9€

🛏 15 床　🍴 Wi-Fi｜可預約｜冬季需要事前預約

1. 終於抵達加利西亞自治區｜2. O Cebreiro 公營庇護所，旺季常爆滿，要用背包排隊

🐚 朝聖補給站 🐚

加利西亞自治區啤酒大廠

「Estrella Galicia」和「1906」是自治區內最熱門的啤酒，Estrella Galicia 喝起來滑順，得獎無數的 1906 則標榜口感濃郁。

1906(左) 與 Estrella Galicia(右)

◈ **Ruitelán**

🏠 Albergue Pequeño Potala

✉ Ctra. Antigua N-VI, s/n　📞 +349 875 613 22

💲 5€　🛏 34 床　📶 Wi-Fi ｜ 可預約

🏠 Albergue El Rincón de PIN　✉ N-VI, 41 A

📞 +346 160 664 42　💲 10€　🛏 10 床　📶 廚房｜

Wi-Fi ｜ 可預約

◈ **Las Herrerías**

🏠 Albergue Las Herrerías　✉ Iglesia, 1

📞 +346 543 539 40　💲 7€　🛏 17 床　📶 可預約｜

4 ～ 11 月營業

🏠 Albergue-Pensión Casa Lixa

✉ Camino de Santiago, 35　📞 +346 085 287 15

💲 11€　🛏 30 床　📶 Wi-Fi ｜ 可預約 ｜ 3 ～ 10 月

營業

◈ **La Faba**

🏠 Albergue de La Faba　✉ Iglesia, s/n

📞 +346 308 368 65　💲 5€　🛏 66 床　📶 廚房｜

3 月中 ～ 10 月營業

🏠 Albergue El Refugio　✉ Camino de Santiago, 9

📞 +346 549 112 23　💲 5€　🛏 8 床　📶 3 ～ 11

月營業

◈ **Laguna de Castilla**

🏠 Albergue La Escuela　✉ Camino de Santiago, 10

📞 +346 194 792 38　💲 10€　🛏 29 床　📶 可預

約 ｜ 3 ～ 11 月營業

◈ **O Cebreiro**

🏠 Albergue de peregrinos de O Cebreiro

✉ O Cebreiro, S/N　📞 +346 603 968 09　💲 6€

🛏 106 床　📶 Wi-Fi ｜ 旺季時常爆滿，要用背包排隊

🏠 Albergue Casa Campelo　✉ O Cebreiro, s/n

📞 +346 796 784 58　💲 12€　🛏 10 床

📶 Wi-Fi ｜ 可預約

路段公里數：20.5km

Etapa 27：O Cebreiro → Triacastela

🐚 路段指南

從 O Cebreiro 公營庇護所下方的 LU-633
離開，沿著公路走抵達 Liñares (3.3km)。
沿 LU-633 方向在不遠處左轉，抵達海拔
1,270m 的 Alto de San Roque，可看見朝聖
者逆風而行的雕像，朝同方向前進，抵達
Hospital de Condesa (5.7km)。走在 LU-633
右邊小路上，沿指標抵達 Padornelo (8km)，

Triacastela 鎮前的百年栗樹 (Castaño Centenario)

之後開始爬坡，抵達海拔 1,337m 的 Alto do Poio 峰。

　　繼續朝同方向走，抵達 Fonfría (11.8km) 和 O Biduedo (14.3km)。離開後，左轉沿同一條路抵達 Fillobal (17.2km)。與 LU-633 平行方向離開，接著抵達 Pasantes (18.8km)，再沿同方向走抵達 Triacastela (20.5km)。

　　Triacastela 的公營庇護所在河畔，鎮中也有許多私人庇護所。18 世紀的羅曼式聖雅各教堂 (Iglesia de Santiago)，上面刻著三座城堡，或許是小鎮 Triacastela（三城）命名的由來。中古世紀以來，此地為朝聖者必經之地，現今同樣以接待朝聖者聞名。

沿途庇護所

◈ Liñares
🏠 Albergue Linar do Rei
✉ Iglesia de San Esteban　☎ +346 164 648 31
💲 10€　🛏 20 床　🏠 廚房｜Wi-Fi｜可預約｜3 ～ 11 月營業

◈ Hospital da Condesa
🏠 Albergue de peregrinos de Hospital da Condesa
✉ Hospital, 11　☎ +349 821 613 36　💲 6€
🛏 18 床　🏠 廚房｜Wi-Fi

◈ Alto do Poio
🏠 Albergue El Puerto　✉ Poio, 2
☎ +349 823 671 72　💲 6€　🛏 18 床　🏠 可預約｜冬季有時不營業，建議事前打電話詢問營業日期

◈ Fonfría
🏠 Albergue A Reboleira　✉ Fonfría, 15
☎ +346 590 611 96　💲 9€　🛏 70 床　🏠 Wi-Fi｜可預約｜冬季有時不營業

◈ Fillobal
🏠 Albergue Fillobal　✉ LU-634 A 公路旁
☎ +346 668 264 14　💲 10€　🛏 18 床　🏠 廚房｜Wi-Fi｜可預約｜冬季有時不營業

Triacastela 鎮內的聖雅各教堂

🐚 朝聖補給站 🐚

傳統穀倉 Hórreo

　　聖地雅哥之路在進入加利西亞自治區後，會看到鄉村每戶人家中都有一個傳統穀倉，造型為長方形、上有十字架裝飾，過去是用來儲存食物，具防潮功能，現則被視為自治區特有的文化遺產。

　　北方海岸之路行經的阿斯圖里亞斯自治區，有兩種穀倉造型。傳統穀倉為正方形且有 4 支底柱；新式穀倉 (Panera) 有 6 ～ 8 支底柱，長度較長幾乎為長方形。兩個自治區的穀倉，底柱與圓盤垂直的接面都是為了防止老鼠爬進穀倉內的設計。

1. 加利西亞穀倉｜2. 阿斯圖里亞斯傳統穀倉

◆ **Triacastela**

🏠 Albergue de peregrinos de Triacastela
✉ Peregrino, s/n 📞 +346 603 968 11 💲 6€
🛏 56 床 🍴 廚房｜Wi-Fi

🏠 Albergue Complexo Xacobeo 👍
✉ Cadorniga Carro, 4 📞 +349 825 481 26
💲 10€ 🛏 36 床 🍴 廚房｜Wi-Fi｜可預約｜
聖誕節期間不營業

🏠 Albergue Berce do Camiño
✉ Camilo José Cela, 11 📞 +349 825 481 27
💲 8€ 🛏 28 床 🍴 廚房｜Wi-Fi｜可預約｜
12 月～隔年 1 月不營業

🏠 Albergue Refugio del Oribio ✉ Castilla, 20
📞 +346 167 745 58 💲 9€ 🛏 27 床 🍴 廚房｜
Wi-Fi｜可預約

🏠 Albergue A Horta de Abel ✉ Peregrino, 5
📞 +346 080 805 56 💲 9€ 🛏 14 床 🍴 廚房｜
Wi-Fi｜可預約｜4 ～ 10 月營業

Etapa 28 會經
過大扇貝水井

路段公里數：18km •

Etapa 28：Triacastela → Sarria（行經 San Xil）

🐚 路段指南

離開 Triacastela 的路上，**請注意**：會看到交叉點：①右轉經 San Xil，路程較短，②左轉經 Samos，可參觀同名修道院（需多走 7km）。右轉吧！之後直走抵達 A Balsa（2km）。離開後開始上坡，行經大扇貝水井 Fonte dos Lameiros，往前走抵達 San Xil（3.7km）。

繼續沿同方向走，抵達海拔 894m 的 Alto de Riocabo 峰。之後開始下坡，抵達 Montán（6.7km）。方向不變，穿越 LU-P-5602，抵達 Furela（10km）。

再次穿越 LU-P-5602，且與其保持平行，

抵 達 Pintín（11.1km）和 Calvor（12.6km）。走原路離開，經過圓環，在不遠處右轉，朝 向 Aguiada（13.5km）以 及 San Mamede

交叉點。右轉往 San Xil，左轉往 Samos

1. 薩里亞標誌｜2. 馬格達蓮娜修道院

所的馬格達蓮娜修道院（Monasterio de la Magdalena），內部空間舒適。庇護所旁有小教堂，晚間會舉行朝聖者彌撒。城市中的 4 拱羅馬橋（Ponte Aspera）建於 13 世紀。河畔的馬雷貢區（Barrio de Malecón）有很多餐廳，推薦可在此用餐。

沿途庇護所

A Balsa
Albergue Ecológico El Beso　Balsa, 17
+346 335 505 58　10€　16 床
4 ～ 11 月營業｜附近無酒吧或餐廳

Calvor
Albergue de peregrinos de Calvor　Perros, 60
+349 825 312 66　6€　22 床　廚房

San Mamede do Camiño
Albergue Paloma y Leña
San Mamede do Camiño, 4　+346 589 068 16
10€　20 床　廚房｜Wi-Fi｜可預約｜
3 ～ 11 月營業，其他月分需事前預約

Sarria
Albergue de peregrinos de Sarria　Maior, 79
+346 603 968 13　6€　40 床　Wi-Fi

Albergue Monasterio de la Magdalena
La Merced, 60　+349 825 335 68　10€
100 床　廚房｜Wi-Fi｜可預約｜3 月中～
10 月營業｜每晚有朝聖者彌撒

do Camiño（14km）。繼續走 LU-P-5602 旁人行道，抵達薩里亞（Sarria）（18km）。

薩里亞是抵達聖地雅哥前最後 100km 起點。**請注意：**①若想從這裡開始，可從馬德里出發，在地鐵站 1 號線 Chamartín 站外的火車站，搭乘 Alvia 或長程火車（Larga Distancia）往 Lugo 方向。車程約 6.5 小時；②從這裡開始每站要蓋兩個章。

薩里亞舊城區的狹長街道，透露著中古世紀氣氛。花崗岩方石堆所砌造的薩里亞城堡（Castillo de Sarria），居城市最高點，保留原始城垛和高塔，但因結構脆弱，不對外開放。

主耶穌教堂（Iglesia del Salvador）內部有哥德式的門廊與羅曼式的聖塔瑪麗娜教堂（Iglesia de Santa Marina）。改建成庇護

由於薩里亞是取得朝聖證明的最低公里數起點，從這裡開始的朝聖者爆多，氣氛也變得更觀光。好處是沿途庇護所很多，不用擔心沒地方睡。之後的路上，若有人要你填問卷，請忽視，因為這些人有可能是詐騙集團，一旦你填了問卷，他就會伸手跟你要錢。

🏠 Albergue Los Blasones ✉ Maior, 31
📞 +346 005 125 65 💶 9€ 🛏 42 床 🍴 廚房｜
Wi-Fi｜可預約｜3～11 月營業，其他月分只接受
團體預約

🏠 Albergue O Durmiñento ✉ Maior, 44
📞 +346 008 625 08 💶 10€ 🛏 41 床
🍴 Wi-Fi｜可預約｜4～11 月營業

🏠 Albergue Internacional ✉ Maior, 57
📞 +349 825 351 09 💶 10€ 🛏 43 床
🍴 Wi-Fi｜可預約｜冬季需預約

🏠 Albergue Don Álvaro ✉ Maior, 10
📞 +346 864 688 03 💶 9€ 🛏 40 床 🍴 廚房｜
Wi-Fi｜可預約

色彩繽紛的
庇護所廣告
及打氣語

路段公里數：22.5km

Etapa 29：Sarria → Portomarín

🐚 路段指南

走 C. Mayor，在聖薩爾瓦多隱修院
(Ermita de San Salvador) 右轉，走一段下
坡，於 Ponte Áspera 橋過河，再經高架橋
下方，走入橡樹林後抵達 Vilei (3.6km)。
若前一天不想在薩里亞過夜，Vilei 也是好
選擇。沿同方向走，不久之後右轉，依序
行經 O Mosteiro (4.2km)、Rente (5.2km) 和
A Serra (6km)。

接著穿越地方公路，順著指標走抵達
Molino de Marzán (7.3km)。右轉離開後，
走小路穿越地方公路，沿著同方向走抵
達 Morgade (12km)、Ferreiros (13km) 以及
Mirallos (13.5km)。過 Mirallos 能看到標誌
100km 的石碑。

從聖母瑪麗亞教堂 (Iglesia de Santa María
de Mirallos) 離開，在前方不遠處沿著左邊的
道路，直走抵達 A Pena (14km) 和 As Rozas

(14.8km)。離開後不久右轉，走小路抵達
Moimentos (16.3km) 和 Mercadoiro (17km)。
繼續前進，抵達 A Porracha (18.5km)。

離開後走右手邊道路，抵達 Vilachá
(19.9km)。繼續原路離開小鎮，不遠處右

法國之路最後 100km 石碑

轉，直走幾百公尺後再左轉，從 LU-633 路橋穿越水庫，爬上中古世紀階梯和白雪聖母小教堂 (Capilla de la Virgen de Nieves)，階梯是舊城尚未淹沒時進城的唯一通道，之後抵達波多馬林 (Portomarín) (22.5km)。

波多馬林最重要的宗教建築物，是建於 12 世紀的聖尼可拉斯 – 聖約翰教堂 (Iglesia de San Nicolás-San Xoán)。教堂的立面風格，受到聖地雅哥主教座堂榮耀門廊 (El Pórtico de la Gloria) 的影響，直線結構的建築方式也象徵聖母升天。中世紀橋 (Puente medieval) 則是被大水淹沒，只搶救出舊橋入口和部分橋拱。

1960 年代時，由於水庫興建，導致波多馬林舊城整個遭到淹沒，居民們遷移到山丘上，成為城市現址。聖尼可拉斯 – 聖約翰教堂和其他教堂的一磚一瓦被搶救下來，運到山丘上重建；教堂的石頭上隱約可見編號，這些編號就是當時堆砌的順序。

🧍 沿途庇護所

◈ Vilei (Barbadelo)
🏠 Albergue-Pensión 108 to Santiago
✉ Vilei-Barbadelo 📞 +346 348 945 24
💲 8 ～ 15€ 🛏 14 床 🍳 廚房｜Wi-Fi｜可預約｜冬季需預約

🏠 Albergue-Pensión Casa Barbadelo
✉ Vilei-Barbadelo 📞 +346 591 604 98 💲 10€
🛏 48 床 🍳 Wi-Fi｜可預約｜4 ～ 10 月營業

◈ O Mosteiro (Barbadelo)
🏠 Albergue de peregrinos de Barbadelo
✉ 舊學校內 📞 +349 825 304 12 💲 6€ 🛏 18 床
🍳 廚房

🏠 Albergue-Pensión A Casa de Carmen
✉ Barbadelo, 3 📞 +346 061 567 05 💲 10€
🛏 22 床 🍳 Wi-Fi｜可預約｜冬季只給團體預約

1. 白雪聖母小教堂｜2. 波多馬林的聖尼可拉斯—聖約翰教堂

🏠 Albergue O Pombal ✉ 在公營庇護所旁
📞 +346 867 187 32 💲 10€ 🛏 12 床 🍳 廚房｜Wi-Fi｜可預約｜4 ～ 10 月營業

◈ Morgade
🏠 Albergue-Pensión Casa Morgade
✉ Morgade, s/n 📞 +349 825 312 50 💲 10€
🛏 6 床 🍳 可預約｜4 ～ 10 月營業

◈ Ferreiros
🏠 Albergue de peregrinos de Ferreiros
✉ Lugar Ferreiros, 6ª 📞 +349 821 574 96 💲 6€
🛏 22 床 🍳 廚房

🏠 Albergue Casa Cruceiro de Ferreiros
✉ Ferreiros, 2 📞 +346 390 200 64 💲 10€
🛏 24 床 🍳 Wi-Fi｜可預約｜3 ～ 11 月營業

◈ Mercadoiro
🏠 Albergue de Mercadoiro ✉ Mercadoiro, 2
📞 +349 825 453 59 💲 12€ 🛏 22 床
🍳 Wi-Fi｜可預約｜3 月中 ～ 11 月營業

◆ **Portomarín**

🏠 Albergue de peregrinos de Portomarín

📧 Lugo, 4　📞 +346 603 968 16　💲 6€　🛏 80 床

🍴 廚房｜Wi-Fi

🏠 Albergue Ferramenteiro　📧 Chantada, 3

📞 +349 825 453 62　💲 10€　🛏 130 床　🍴 廚房｜

Wi-Fi｜可預約｜3 ～ 10 月營業

🏠 Albergue Casona da Ponte

📧 Camiño da Capela ,10　📞 +346 861 128 77

💲 10€　🛏 47 床　🍴 廚房｜Wi-Fi｜可預約｜

3 ～ 11 月營業

🏠 Albergue Novo Porto　📧 Benigno Quiroga, 12

📞 +346 104 367 36　💲 10€　🛏 22 床　🍴 廚房｜

Wi-Fi｜可預約｜4 ～ 11 月營業

🏠 Albergue-Pensión Pons Minea　📧 Sarria, 11

📞 +346 864 569 31　💲 10€　🛏 24 床

🍴 Wi-Fi｜可預約｜4 ～ 11 月營業

路上可見鎮民準備給朝聖者的補給站，記得要自由樂捐喔！

路段公里數：25km •

Etapa 30：Portomarín → Palas de Rei

🐚 路段指南

從聖尼可拉斯 – 聖約翰教堂前面，走 Av. De Chantada 離開，過橋後直行，前半段路程皆為上坡。之後接 LU-633，直走抵達 Toxibó (5km)，繼續沿 LU-633 路肩走抵達 Gonzar (7.9km)。朝同方向前進，抵達 Castromaior (9.5km)。

離開小鎮後開始艱難的上坡，接著接回 LU-633 旁，抵達 Hospital de Cruz (11.5km)。經圓環旁的路橋，穿越 N-540。下橋後左轉，不遠處右轉走小路，抵達 Ventas de Narón (13km)。沿同方向前進，接著抵達海拔 725m 的 Alto de Ligonde 峰，再經 Ligonde (16.5km) 和 Airexe (17km)。在公營

庇護所左轉，沿原方向前進，依序經 Portos (19.3km)、Lestedo (20km) 和 A Brea (22km)。之後走 N-547 旁小路，順著指標前進，抵達 Palas de Rei (25km)。

Palas de Rei 小鎮風景

Palas de Rei 鎮的聖堤索教堂

Palas de Rei 為中世紀聖地雅哥之路的重要城鎮，無數的朝聖者在此聚集一同前往聖地雅哥。小鎮的聖堤索教堂 (Iglesia de San Tirso)，保存著羅曼式風格立面。

沿途庇護所

◈ Gonzar
🏠 Albergue de peregrinos de Gonzar　✉ Gonzar, 2D
📞 +349 821 578 40　💲 6€　🛏 30 床　🍳 廚房

🏛 Albergue Casa García　✉ Gonzar, 8
📞 +349 821 578 42　💲 10€　🛏 26 床　🍳 可預約｜
4 ～ 11 月營業

◈ Castromaior
🏛 Albergue Ortiz　✉ Castromaior, 2
📞 +346 256 689 91　💲 10€　🛏 18 床
🍳 Wi-Fi｜可預約｜3 ～ 11 月營業

◈ Hospital da Cruz
🏠 Albergue de peregrinos de Hospital da Cruz
✉ Hospital, 1　💲 6€　🛏 32 床　🍳 廚房

◈ Ventas de Narón
🏛 Albergue Casa Molar　✉ Ventas, 4
📞 +346 967 945 07　💲 10€　🛏 18 床
🍳 Wi-Fi｜可預約｜3 ～ 11 月營業，其他月分需預約

🏛 Albergue O Cruceiro　✉ Ventas, 6
📞 +346 580 649 17　💲 10€　🛏 22 床
🍳 Wi-Fi｜可預約｜1 ～ 2 月不營業

◈ Ligonde
🏠 Albergue Escuela de Ligonde　✉ Ligonde, 2
📞 +349 821 534 83　💲 8€　🛏 20 床
🍳 廚房｜Wi-Fi

🏠 Albergue La Fuente del Peregrino　✉ Ligonde, 4
📞 +346 875 505 27　💲 樂捐　🛏 9 床
🍳 4/9 ～ 9/30 間營業

◈ Airexe
🏠 Albergue de peregrinos de Airexe-Ligonde
✉ Airexe, 17　📞 +349 821 534 83　💲 6€　🍳 廚房

◈ Portos
🏛 Albergue A Paso de Formiga
✉ Camino de Santiago, km. 71　📞 +346 189 846 05
💲 12€　🛏 12 床　🍳 Wi-Fi｜可預約｜3 ～ 10 月營業

◈ Palas de Rei
🏠 Albergue de peregrinos Os Chacotes
✉ Lagartas, s/n　📞 +346 074 815 36　💲 6€
🛏 112 床　🍳 廚房｜Wi-Fi｜市中心 1km 外

🏠 Albergue de peregrinos de Palas de Rei
✉ Av. de Compostela, 19　📞 +346 603 968 20
💲 6€　🛏 60 床

🏛 Albergue Mesón de Benito　✉ Rúa da Paz
📞 +346 672 321 84　💲 10€　🛏 100 床
🍳 Wi-Fi｜可預約｜4 ～ 11 月營業

🏛 Albergue Outeiro　✉ Plz. de Galicia, 25
📞 +346 301 343 57　💲 10€　🛏 50 床　🍳 廚房｜
Wi-Fi｜可預約｜3 ～ 10 月營業

🏛 Albergue Castro　✉ Ourense, 24
📞 +346 090 806 55　💲 10€　🛏 56 床
🍳 Wi-Fi｜可預約

🏛 Albergue San Marcos 👍　✉ La Iglesia, s/n
📞 +346 067 263 56　💲 10€　🛏 24 床　🍳 廚房｜
Wi-Fi｜可預約｜3 ～ 11 月營業

路段公里數：28.5km

Etapa 31：Palas de Rei → Arzúa

🐚 路段指南

從市府廣場前出發離開，接 N-547 後，沿地上箭頭左轉直到 Albergue Casina di Marcello，右轉穿越公路。沿箭頭左轉，至雕像處再左轉，接 N-547 直走。右轉走小路回路肩，保持 N-547 在右手邊，往前行抵達 San Xulián do Camiño (3.5km)。

沿同方向走抵達 Ponte Campaña (4.5km)。沿 LU-P-4001 依序抵達 O Coto (8.5km) 和 Leboreiro (9km)。走古橋離開，沿同方向經工業區後與 N-547 平行，穿越古橋抵達 Furelos (13km)。從 C. Furelos 離開後，保持同方向接 N-547 抵達 Melide (14.5km)。

Melide 是法國之路與原始之路 (Camino Primitivo) 交會的城鎮。中世紀氛圍的舊城區內，有不少羅曼式宗教建築，如聖母瑪麗亞教堂 (Iglesia de Santa María)、聖靈修道院 (Convento de Sancti Spíritus)、聖安東小教堂 (Capilla de San Antón)，以及聖羅傑十字架 (Crucero de San Roque)，都值得參觀。

來這裡還有一件要緊事，就是吃 Pulpería Ezequiel 餐廳的加利西亞章魚 (Pulpo a la gallega)，時常人潮爆滿。朝聖者間流傳著一句話：「沒在 Melide 吃章魚，等於沒走過聖地雅哥之路。」

直走 C. Principal，接著穿越 N-547 後，

Ezquiel 餐廳美味的加利西亞章魚

繼續直走，直到右轉抵達聖母瑪麗亞教堂 (Iglesia de Santa María)。繼續沿同方向前進，抵達 Boente (20km)。從聖雅各教堂 (Iglesia de Santiago) 右手邊離開，走地下道穿越 N-547 後，開始上坡抵達 Fraga Alta (22.5km)。於庇護所 Albergue Santiago 旁左轉直走，需穿越 N-547 直走抵達 Ribadiso de Baixo (25.5km)。

從 Ribadiso de Baixo 的公營庇護所直走離開，之後左轉後需穿越 N-547，走在小路上再右轉，會看到 Albergue Milpés。沿指標走再接回 N-547 旁，沿同方向抵達 Arzúa (28.5km)。當地的聖雅各教堂 (Iglesia de Santiago) 建於 1958 年，教堂內黃白相間的色彩，讓人感覺溫暖。每晚 19:00 都

有朝聖者彌撒。瑪格達蓮娜小教堂 (La capilla de Magdalena) 教堂內，則不時有聖地雅哥之路的展覽。

沿途庇護所

San Xulián do Camiño
🏠 Albergue O Abrigadoiro　📧 San Xulián, s/n
📞 +349 823 741 17　💲 10 ～ 12€　🛏 18 床
📮 Wi-Fi｜可預約｜4 ～ 10 月營業

Ponte Campaña
🏠 Albergue Casa Domingo
📧 Ponte Campaña, s/n　📞 +346 307 288 64
💲 10€　🛏 18 床　📮 Wi-Fi｜可預約｜
4 ～ 10 月營業

Casanova
🏠 Albergue de Mato Casanova
📞 +349 821 734 83　💲 6€　🛏 20 床　📮 廚房

Melide
🏠 Albergue de peregrinos de Melide
📧 Rúa San Antonio, 25　📞 +346 603 968 22
💲 6€　🛏 156 床　📮 廚房

🏠 Albergue O Cruceiro　📧 Ronda de A Coruña, 2
📞 +346 167 648 96　💲 10€　🛏 72 床　📮 廚房｜
Wi-Fi｜可預約｜4 ～ 10 月營業

🏠 Albergue Pereiro　📧 Progreso, 43
📞 +349 815 063 14　💲 10€　🛏 45 床　📮 廚房｜
Wi-Fi｜可預約｜在 Melide 鎮 200m 外

🏠 Albergue Montoto　📧 Rúa Codeseira, 31
📞 +346 469 418 87　💲 12€　🛏 48 床　📮 廚房｜
Wi-Fi｜可預約｜4 ～ 10 月營業

🏠 Albergue Melide　📞 Av. de Lugo, 92
📞 +346 400 464 28　💲 10€　🛏 42 床
📮 Wi-Fi｜可預約｜4 ～ 10 月營業

🏠 Albergue San Anton 👍　📧 San Antonio, 6
📞 +346 981 536 72　💲 10€　🛏 36 床　📮 廚房｜
Wi-Fi｜可預約｜3 ～ 11 月營業，其他月分需預約

1. Arzúa 鎮的瑪格達蓮娜小教堂｜2. 聖雅各教堂內部｜3. Arzúa 小鎮廣場

◆ **Boente**

🏠 Albergue Boente　✉ 教堂旁　📞 +346 383 217 07

💲 10 ～ 12€　🛏 40 床　📶 Wi-Fi｜可預約｜全年營業，冬季需確認營業日期

◆ **Fraga Alta**

🏠 Albergue Santiago　✉ Fraga Alta, s/n

📞 +346 997 616 98　💲 11€　🛏 4 床　📶 可預約

◆ **Ribadiso de Baixo**

🏠 Albergue de peregrinos de Ribadiso de Baixo

📞 +346 603 968 23　💲 6€　🛏 70 床　📶 廚房｜Wi-Fi｜舊醫院改建

🏠 Albergue Los Caminantes　✉ Ribadiso, 22

📞 +346 470 206 00　💲 10€　🛏 56 床　📶 廚房｜Wi-Fi｜可預約｜4 ～ 10 月營業

🏠 Albergue Milpés　✉ Ribadiso, 7

📞 +346 166 522 76　💲 10€　🛏 24 床　📶 Wi-Fi｜可預約

◆ **Arzúa**

🏠 Albergue de peregrinos de Arzúa

✉ Cima do Lugar, 6　📞 +346 603 968 24　💲 6€

🛏 56 床　📶 廚房｜Wi-Fi

🏠 Albergue Santiago Apóstol　✉ Lugo, 107

📞 +346 604 277 71　💲 12€　🛏 72 床　📶 廚房｜可預約｜4 ～ 10 月營業

🏠 Albergue Vía Lactea　✉ Xosé Neira Vilas, 26

📞 +346 167 594 47　💲 12€　🛏 60 床　📶 廚房｜Wi-Fi｜可預約｜在 Arzúa 鎮 300m 外

🏠 Albergue Don Quijote　📞 Lugo, 130-1º

📞 +346 961 626 95　💲 10€　🛏 48 床　📶 Wi-Fi｜可預約

🏠 Albergue de Selmo　✉ Lugo, 133

📞 +349 819 390 18　💲 12€　🛏 46 床　📶 廚房｜Wi-Fi｜可預約｜4 ～ 10 月營業

🏠 Albergue Ultreia 👍　✉ Lugo, 126

📞 +346 266 394 50　💲 10€　🛏 39 床　📶 廚房｜Wi-Fi｜可預約

路段公里數：19.5km ▸

Etapa 32：Arzúa → O Pedrouzo

🐚 路段指南

走 C. do Carme，沿同方向往前，抵達 Pregontoño (2km)。行經地下道，穿越 N-547 離開後，經過兩個村莊。繼續朝同方向前進，經過智慧之牆 (Wall of Wisdom)，行走路橋，抵達 A Calzada (5.8km)。

從 Casa Calzada 咖啡廳旁的小路離開後，沿指標前進，依序行經 A Calle de Ferreiros (7.5km)、Boavista (9km) 和 Salceda (11.4km)。走 N-547 路肩離開，不遠處右轉走小路，在牽引機台經銷商處接回 N-547，走旁邊直行，不遠處右轉，抵達

1. O Pedrouzo 鎮的聖塔艾梧拉里亞教堂 ｜ 2. 主祭壇與大扇貝

Eulalia de Arca)，主祭壇的超大扇貝相當醒目。19 世紀末美西戰爭 (Guerra Hispano-Estadounidense) 時，O Pedrouzo 小鎮聚集超過 5,000 人，他們計畫從教堂步行朝聖至聖地雅哥，祈求聖雅各讓西班牙戰勝，沒想到前一晚教堂發生火災，燒成灰燼，重建後成為現今所見的模樣。

🧍 沿途庇護所

🔷 A Calle de Ferreiros
🏠 Albergue A Ponte de Ferreiros
📮 A Ponte de Ferreiros, 1　📞 +346 656 418 77
💲 13€　🛏 30 床　📶 Wi-Fi｜可預約｜1 ～ 10 月底營業

🔷 Salceda
🏠 Albergue de Boni　📮 Salceda, 22
📞 +346 189 659 07　💲 12€　🛏 20 床　📶 廚房｜Wi-Fi｜可預約｜4 ～ 11 月營業

🏠 Albergue-Pensión Alborada　📮 N-547 上
📞 +346 201 512 09　💲 12€　🛏 10 床　📶 廚房｜Wi-Fi｜可預約｜5 ～ 11 月營業

🏠 Albergue Turístico Salceda　📮 Salceda 58
📞 +349 815 027 67　💲 13€　🛏 8 床　📶 Wi-Fi｜可預約

🔷 A Brea
🏠 Albergue El Chalet　📮 A Brea, 5
📞 +346 296 939 21　💲 12€　🛏 12 床
📶 Wi-Fi｜可預約｜4 ～ 11 月的週一～五營業

🔷 Santa Irene
🏠 Albergue de peregrinos de Santa Irene
📮 位於國道 N-547 旁　📞 +346 603 968 25　💲 6€
🛏 32 床　📶 廚房

🔷 O Pedrouzo
🏠 Albergue de peregrinos de Arca-O Pino
📮 Av. Lugo, 30　📞 +346 603 968 26　💲 6€
🛏 150 床　📶 廚房｜Wi-Fi

A Brea (13.5km)。之後接回 N-547 且保持平行，直走離開。

於 O Ceadoiro 餐廳右轉，走小路經 N-547，左手邊是 Santa Irene (16km)。遇到公營庇護所後直走，經地下道穿越 N-547 後，抵達 A Rúa (17.5km)，繼續直走，在不遠處接回 N-547，左轉抵達 O Pedrouzo (19.5km)。這裡有很多庇護所、咖啡廳與餐廳，是個能讓人好好放鬆的小鎮，也請好好地和一路陪伴的朝聖者們，慶祝即將抵達聖地雅哥吧！

O Pedrouzo 最重要的歷史建築物，是聖塔艾梧拉里亞教堂 (Iglesia de Santa

🏠 Albergue Cruceiro de Pedrouzo ✉ La Iglesia, 7
📞 +346 295 182 04 💲 10～12€ 🛏 94 床
🍴 廚房｜Wi-Fi｜可預約｜3～11 月營業，其他月分只接受團體預約

🏠 Albergue O Trisquel ✉ Picón, 1
📞 +346 166 447 40 💲 10～12€ 🛏 78 床
🍴 廚房｜Wi-Fi｜可預約｜3～11 月營業

🏠 Albergue Porta de Santiago 👍 ✉ Lugo, 11
📞 +346 078 353 54 💲 10€ 🛏 54 床
🍴 Wi-Fi｜可預約｜3～11 月營業

🏠 Albergue Edreira ✉ Fonte, 19
📞 +346 602 349 95 💲 10～12€ 🛏 50 床
🍴 Wi-Fi｜可預約｜3～10 月營業

🏠 Albergue Rem ✉ Iglesia, 7
📞 +347 224 482 11 💲 10～12€ 🛏 40 床
🍴 Wi-Fi｜可預約｜4～11 月營業，其他月分只接受團體預約

O Pedrouzo 小鎮的
公雞雕像

路段公里數：19.5km ·

Etapa 33：O Pedrouzo → Santiago de Compostela

🐚 路段指南

走 N-547 右轉接 Rúa Concello，在足球場左轉，走小路直行抵達 Amenal（2.3km）。經地下道穿越 N-547 後，直行沿同方向走在森林中，直到圓環處左轉，繞行聖地雅哥機場腹地，在地方公路處右轉抵達 San Paio（7.2km）。行經隧道，穿越高速公路直行，之後抵達拉瓦科亞教堂（Iglesia de Lavacolla）（9.5km）。

穿越 N-634 接地方公路，走橋穿越 Río Sionlla 河，抵達 Villamaior（11km）。直走離開後，在 Madeiras Ramos Moreira 木材廠處左轉，經加利西亞電視台後右轉。直走到底右轉，抵達 San Marcos（14.5km），再往前抵達喜悅山丘（Monte de Gozo）（15km）。

教宗璜巴布羅二世造訪此地的紀念碑

在此終於能看見遠方聖地雅哥主教座堂的鐘塔。傳說在中世紀時，每天首位抵達山頂的朝聖者，將可成為當天的朝聖領隊，

驕傲率領所有朝聖者前往聖地雅哥。1989年，教宗璜巴布羅二世 (Juan Pablo II) 曾在此地舉辦世界青年日的活動，並設紀念碑及兩名朝聖者雕像，指向聖地雅哥主教座堂。

直走離開山頂，下階梯後過路橋穿越 AP-9 後直行，沿圓環左手邊走，不遠處能看到聖地雅哥的標誌，繼續往前走 Rúa do Valiño，遠離 N-634。

接著走 Rúa Fontiñas，經圓環穿越 Av. de Lugo 後，接 Rúa dos Concheiros 和 Rúa San Pedro。路上會有聖地雅哥之路的世界人文遺產紀念牌。直走 Rúa das Casas Reais，在廣場 Plaza de Cervantes 右轉，接上 Rúa da Acibechería，抵達朝聖者聚集的工坊廣場 (Plaza de Obradoiro)，以及終點站——聖地雅哥主教座堂 (19.5km)。(聖地雅哥城市介紹，請見 P.214。)

沿途庇護所

◈ Lavacolla

🏠 Albergue Lavacolla ✉ Lavacolla, 35
📞 +346 536 303 00 💲 12€ 🛏 34 床 🍴 廚房｜
Wi-Fi ｜可預約｜冬季需預約

◈ Monte do Gozo

🏠 Albergue del Monte do Gozo ✉ Rúa do Gozo, 18
📞 +349 815 589 42 💲 6€ 🛏 500 床 🍴 廚房｜
Wi-F

1. 喜悅山丘上的朝聖者雕像 ｜ 2. 聖地雅哥主教座堂 ｜ 3. 感謝雙腳，一路帶著自己來到這裡

北方海岸之路 Camino del Norte de la Costa

9 世紀已有文獻記載北方之路歷史，但直到 14 世紀開始才逐漸變為聖地雅哥之路的一部分，沿途建設了許多朝聖者醫院和庇護所。西班牙北方之路可細分成 4 條路線，全都列入世界人文遺產。

其中，海岸之路 (Camino de la Costa) 是最多朝聖者選擇走的路徑。從伊倫 (Irún) 步行至聖地雅哥總長 820km。在巴斯克自治區 (País Vasco)、坎達布里亞自治區 (Cantabria) 與阿斯圖里亞斯自治區 (Principado de Asturias) 大多走在海岸邊，偶也穿插山路和公路的路段。直到進入加利西亞自治區第一個小鎮 Ribadeo 後，才和海岸風景說再見。

原始之路 (Camino Primitivo) 是在發現聖雅各墓碑後，國王阿豐索二世 (Alfonso II) 從奧耶維多 (Oviedo) 步行至墓碑處——就是現在聖地雅哥主教座堂——的路徑，總長 330km。阿豐索二世成為史上第一位朝聖者，這段別具歷史意義的路於是被稱作原始之路。

北方之路同時包括巴斯克內陸之路 (Camino de Santiago Vasco del Interior，又名 Camino Bayona)。從伊倫出發，接上法國之路的第 9 站終點 Santo Domingo de la Calzada，繼續往前走，總長 566km。最後是雷巴納之路 (Camino Lebaniego)。從海港小鎮 San Vicente de Barquera 開始，步行至坎達布里亞自治區內的聖托里比歐修道院 (Monasterio de Santo Toribio de Liébana)，總長 73km。

2018 年共有 19,040 人次踏上北方海岸之路，占總朝聖人數的 5.82%，而這條路上的庇護所數量，近年也有逐漸增加的趨勢。由於公營庇護所的床位有限，加上多數開門時間較晚（約 15:00 ～ 16:00），有些甚至經營不善而關閉，因此建議善用私人庇護所的預約功能，事先確保有地方過夜，也可免去臨時要花大錢住飯店的狀況發生。

🐚 如何抵達伊倫

路徑：馬德里（Madrid）➡伊倫（Irún）

◆ 搭火車

　　從馬德里地鐵 1 號線 Atocha Renfe 站外
的 Puerta de Atocha 火車站搭國鐵，車程約
6.5 小時。

◆ 搭客運

　　從馬德里地鐵 6 號線 Avenida América 站
外的客運站搭乘 ALSA，車程約 7 小時。

巴斯克自治區的朝聖之路路標。圖案中結合了箭頭、
扇貝，和朝聖者象徵之一的手杖

🐚 起點城市：伊倫

　　伊倫為巴斯克自治區中重要的商業與海
運中心。建於 16 世紀的蘆葦聖母教堂（Iglesia
de Santa María del Juncal），內部主祭壇畫歷
經數世紀才完成，融合不同藝術風格。聖
塔愛蓮娜隱修院（Ermita de Santa Elena）為
當地主要的宗教建築，現為 Oiasso 羅馬
美術館分館。法西交界的 Río Bidasoa 河
上有海岸之路象徵的聖雅各橋（Puente de
Santiago）。伊倫有吉普斯夸省（Provincia
Guipúzcoa）內重要的羅馬帝國考古博物館
（Museo Romano Oiasso），館藏許多珍貴考
古文物。

🧑 庇護所

◆ Irún

🏠 Albergue de peregrinos Jakobi 👍 　✉ Lesaka, 1
📞 +346 403 616 40　💲 樂捐　🛏 60 床　🍽 廚房｜
Wi-Fi｜3 ～ 10 月營業

1. 可在蘆葦聖母教堂蓋第一個章 ｜ 2. 羅馬帝國考古博
物館 ｜ 3. 伊倫市府

🐚 朝聖補給站 🐚

海灘小鎮 Hondarrabia

　　離伊倫約 5km 的 Hondarrabia，雖
然不在官方路線上，但非常推薦大家花
一個下午來認識這美麗的海灘小鎮。
搭伊倫市區中常看到的 E25 號公車，
抵達漂亮的海灘後，先享受美好的陽
光、海水後，再朝舊城區出發。聖母升
天 教 堂（Iglesia de Santa María de la
Asunción）、瓜達露佩聖殿（Santuario
de Guadalupe），以及主廣場上的傳統
建築，建構出古色古香的氛圍。

Hondarrabia 漂亮的海灘

路段公里數：23.5km

Etapa 1：Irún → San Sebastián / Donostia ★

★北方之海岸之路行經巴斯克自治區，當地的語言為巴斯克語，於是城鎮名通常會以西班牙語／巴斯克語的方式標示，如 San Sebastián / Donostia。

🐚 路段指南

從伊倫公營庇護所旁的圓環離開，接 C. Aintziondo 過橋後，左轉走 Bidasoa 河畔步道直行，沿指標行經聖雅各隱修院（Ermita de Santiago），朝同方向抵達瓜達露佩聖母聖殿（Santuario de Guadalupe）（5.4km）。沿指標離開聖殿，會看到交叉點。**請注意：**①天氣佳時，走官方路線經 Monte Jaizkibel 山，②天氣差時走公路。穿越 Jaizkibel 山吧！走在草原和略有難度的山路，沿指標前進。

數公里後，接地方公路，之後右轉抵達色彩繽紛的河畔小鎮 Pasaia de San Juan（17km）。在渡船頭搭船到對岸 Pasaia de San Pedro（票價約 0.8€）。到岸後，步行右轉往

美麗小鎮 Pasaia de San Juan，要在此搭船到對岸

天氣差時走公路

天氣好時走山路

交叉點指標

防波堤方向走，會先遇階梯，開始一段高難度的爬坡路，但風景非常美，很值得走。

經 Monte Ulía 山旁的停車場，開始下坡，欣賞海灣景色。走 Paseo Marítimo 抵達聖賽巴斯提安（San Sebastián）（25km）。

聖賽巴斯提安於 2016 年獲歐洲文化之都頭銜，也是著名海灘城市。每年 1 月 20 日有非物質人文遺產的鼓陣（Las Tamboradas）慶典。9 月的聖賽巴斯提安國際影展，更是電影圈盛事。地標貝殼海灘（Playa de Concha）長達 1.4km，海岸步道上高雅的白色路燈也是影展的 logo，沿著走可抵達建於 1893 年的英式觀海皇宮（Palacio de Miramar），皇宮曾為西班牙女王伊莎貝爾

二世避暑之地，目前對外開放參觀。

海岸步道尾端有西班牙雕塑大師奇義達（Eduardo Chillida）傑作《風之梳》（Peine del Viento），為城市象徵。可搭乘纜車（funicular），至 Monte Igueldo 山頂的遊樂場和燈塔，遠觀形狀宛如小海龜的聖塔克拉拉島（Isla Santa Clara）。

聖賽巴斯提安市中心的善牧羊人主教座堂（Catedral del Buen Pastor），為哥德復興式建築，也是城市中最壯觀的宗教建築。自憲政廣場（Plaza de la Constitución）開始的舊城區有建於 18 世紀、哥德式風格的聖母宗座聖殿（Basílica de Santa María del Coro）、聖文森教堂（Iglesia de San Vicente Mártir）、聖德爾摩民族博物館（Museo San Telmo），和海生館（Aquarium）。沿步道可爬上曾為軍事重地的 Monte Urgull 山頂，可看見與城市同名的城堡，和 12m 高的耶穌雕像。

沿途庇護所

◆ **Pasaia de San Juan**
⌂ Albergue de peregrinos Santa Ana
✉ Donibane, 1　📞 +346 189 396 66　💲 樂捐
🛏 14 床　🍴 廚房｜Wi-Fi｜3 ～ 10 月中營業

◆ **San Sebastián**
⌂ Hospital de peregrinos Claret Ikastola
✉ Navarra, 1　📞 +349 434 272 81　💲 樂捐
🛏 75 床　🍴 廚房｜Wi-Fi｜7 ～ 8 月營業｜2019 停業一年

🏠 Albergue juvenil Ulía　✉ P.º de Ulía, 297
📞 +349 434 834 80　💲 13 ～ 16€（含早餐）
🛏 62 床　🍴 廚房｜Wi-Fi｜可預約｜在 Ulía 山上

🏠 Albergue juvenil Ondarreta-La Sirena 👍
✉ Plz. de Igeldo, 25　📞 +349 433 102 68
💲 13 ～ 16€　🛏 102 床　🍴 廚房｜Wi-Fi｜可預約｜隔天可少走 3km

1. 聖西巴斯提安的貝殼海灘，夏天總是擠滿人｜2. 奇義達重要作品《風之梳》｜3. 善牧羊人主教座堂

路段公里數：22km

Etapa 2：San Sebastián / Donostia → Zarautz

Zarautz　　Orio　　Igueldo　　San Sebastián

路段指南

走 Paseo de la Concha 到底，左轉接 C. Igueldo 後，在 C. do Marbil 開始上坡往 Monte Igueldo 山（5.4km）前進。在 Buena Vista 餐廳的廣告處右轉，沿同方向前進，能看見居民準備的食物、水和印章。沿同方向走數公里，穿越 AP-8 地下道後右轉，爬坡前往聖馬汀隱修院（Ermita de San Martín）。繼續直走，在聖尼可拉斯教堂（Iglesia de San Nicolás）下坡，抵達 Orio 市鎮的河岸邊（16.5km）。

走路橋離開，直走到底右轉，沿著河畔旁走，經 AP-8 下方後進入海灘區，在體育館處左轉，走地方公路直行，會經過露營區，也可欣賞 Zarautz 海灘美景。沿 N-634 旁人行道，抵達衝浪客天堂 Zarautz（22km）。進城後很快能看到沙質偏棕、長達 2.5km 的海灘，夏天聚集了衝浪客和觀光客。海灘景色看起來像極索羅亞（Joaquín Sorolla）的畫作。海灘旁有西班牙名廚 Karlos Arquiñano 同名餐廳，價位偏高，但可點杯飲料，享受一下餐廳的氛圍，推薦店內超好吃冰淇淋。沿 C. Nafarroa 走，可抵達舊城區和城市中心，聖母瑪麗亞教堂（Iglesia de Santa María La Real）是最重要的宗教建築。

沿途庇護所

◆ Orio

🏠 Albergue San Martín　✉ Barreiatua, 30
📞 +346 171 186 89　💲 10€　🛏 20 床　🍳 廚房｜
Wi-Fi｜可預約｜冬季需預約

◆ Zarautz

🏠 Albergue de peregrinos de Zarautz
✉ Zumalakarregi, 16　📞 +349 430 051 00　💲 5€
🛏 50 床　🍳 廚房｜Wi-Fi｜7/1 ～ 9/3 營業｜管理員態度非常差

🏠 Galerna Zarautz Hostel　✉ Mitxelena, 35
📞 +346 082 517 74　💲 22€　🛏 12 床　🍳 廚房｜
Wi-Fi｜可預約｜市中心 1km 外

1. Orio 的聖尼可拉斯教堂旁，有西班牙雕塑大師奧泰薩（Jorge Oteiza）的作品｜2. Zarautz 的聖母瑪麗亞教堂

路段公里數：22km

Etapa 3：Zarautz → Deba / Deva

🐚 路段指南

從 Zarautz 出發時，**請注意**：可走①海灘步道 (Paseo Marítimo)，②官方路線繞山頂。走海灘步道吧！走 C. Nafarroa，在聖母瑪麗亞教堂右轉後，沿海岸步道抵達 Getaria (4km)。哥德式風格的聖薩爾瓦多教堂 (Iglesia de San Salvador)，是小鎮主要景點。

市政府前走 C. Herrerieta，沿同方向前進，直到接 GI-3392，不遠處左轉抵達 Askizu (6.5km)。遇到聖馬汀教堂 (Iglesia de San Martín de Tours) 左轉，直走經 Playa de Santiago 海灘後，走 N-634 旁的路橋到 Parque Gernika 公園，接著右轉直行過橋，抵達 Zumaia (9.5km)。如堡壘的聖貝德羅教堂 (Iglesia de San Pedro)，和位於海岸、因電影《風流西班牙》(Ocho apellidos vascos) 爆紅的聖堤爾摩隱修院 (Ermita de San Telmo) 為主要景點。

在 Zumaia 市府前走 C. Arritokieta 離開，爬坡沿同方向前進，抵達 Elorriaga (13km)。續朝同方向爬坡，直至接 N-634。垃圾桶處左轉上坡，直到農場處右轉，沿指標直走，再次遇到 N-634 處左轉，直走過了 AP-8 後，走小路。再次穿越 N-634 往前走，看到旅館 Hotel Kanala，就表示抵達了 Itziar (18.4km)。

走 C. Galtzada 離開，至墓園後開始下坡，黃色箭頭指引朝聖者前往電梯，搭兩段電梯，避開高難度下坡，接著抵達海灘小鎮 Deba (22km)。Deba 鎮有 Playa de Santiago 和 Play de Lapari 兩處海灘，距離公營庇護所步行 5 分鐘。清澈海水和溫暖陽光，讓朝聖者們不論多累都要直衝海灘玩耍，也有很多租借衝浪設備的商家。歌德式風格的聖母瑪麗亞教堂 (Iglesia de Santa María)，建於 15 世紀，彩瓷門廳不可錯過，精緻的細節美到令人不捨離開。

1. Getaria 是巴斯克自治區最美小鎮之一 | 2. Deba 海灘 | 3. 聖母瑪麗亞教堂的彩瓷門楣

沿途庇護所

◆ Getaria
🏠 Albergue Kanpaia   ✉ 市府廣場附近
📞 +346 957 116 79   💶 15€   🛏30床   ⓦ Wi-Fi｜可
預約｜需事前預約與付款｜3/15 ～ 10/31 營業

◆ Askizu
🏠 Casa Rural Agote Haundi   ✉ Askizu, s/n
📞 +346 596 341 03   💶 15€   🛏12床   ⓦ 可預約｜
為鄉村之家

◆ Zumaia
🏠 Albergue de peregrinos Convento de San José
✉ Arritokieta, 4   📞 +349 431 433 96   💶 樂捐
🛏 39 床   ⓦ 4/1 ～ 10/15 間營業

🏠 Albergue Santa Klara   ✉ IDiseminados, sec. 4
📞 +346 398 796 11   💶 25€(含早餐)   🛏 16 床
ⓦ 廚房｜Wi-Fi｜可預約｜小鎮 1.2km 外

◆ Deba
🏠 Albergue de peregrinos Geltoki
✉ Arakistain Plaza, 3   📞 +346 891 258 89   💶 5€
🛏 56 床   ⓦ Wi-Fi｜在火車站旁｜須先至旅遊服務
處 (Oficina de turista) 付款、蓋章和領號碼牌

Deba 公營
庇護所

路段公里數：27km

Etapa 4：Deba / Deva → Markina / Xemein

路段指南

從 Deba 公營庇護所離開，原可直接過橋至對岸，**請注意**：2018 年因橋體脆弱不開放，所以須繞路多走 2.2km。走 N-634 至圓環處右轉，過橋後再右轉，沿指標走經過封閉路橋，不遠處左轉接 GI-638。在大樓垃圾桶處左轉，開始爬坡至苦路隱修院 (Ermira del Calvario)。走數公里直到 Kalbario 餐廳，可在此休息 (但營業時間不定)。

離開隱修院後開始下坡，穿越 GI-3230，不遠處右轉並沿指標走森林路徑，抵達 Olatz (10km)。**記得在小鎮裝滿水，**

之後的 17km 無休息點！行經聖伊西德羅 (Iglesia de San Isidro) 教堂，直走沿同方向前進，再度爬坡入森林。於 Monte de Arno 山左轉上坡走森林。順著山路走，下坡抵達 Markina (27km)。

經過聖米格爾隱修院 (Ermita de San

Deva 封閉路橋的告示牌

Miguel de Arretxinaga)，抵達 Markina 鎮中心。聖米格爾隱修院名字中的 Arretxinaga 意為「石頭所在地」，隱修院內的祭壇，就是用兩顆巨石堆疊而成，中間有聖米格爾像。

　　進入 Markina 前會遇見建於 16 世紀的聖母升天教堂 (Iglesia de Santa María de la Asunción)，外觀為文藝復興主義，內部則為沙龍教堂風格 (Iglesia de salón)。市府廣場上有建於 17 世紀的卡門修道院 (Convento del Carmen)，後方就是教區庇護所。修道院旁有座具有 4 道出水口的卡門泉 (Fuente del Carmen)。用餐推薦市府廣場上的 Pitis 餐廳，價格便宜、分量大又好吃。

🛈 沿途庇護所

◈ **Markina**

🏠 Albergue de peregrinos Convento del Carmen
✉ Plz. Karmengo, 5　📞 +346 090 315 26　💲 樂捐
🛏 40 床　🕐 4/1 ～ 10/15 營業

🏠 Albergue Pitis　✉ Pl. Karmengo, 11　📞 +346 577 278 24　💲 12 ～ 15€　🛏 12 床　🕐 廚房｜可預約

🏠 Albergue-Casa Rural Intxauspe　✉ Atxondoa, 10
📞 +346 587 586 17　💲 12€　🛏 20 床
🕐 Wi-Fi｜可預約｜4 ～ 10 月營業｜在市郊，可打電話給庇護所請老闆接送

1. 巨石堆疊而成的聖米格爾隱修院｜ 2. 建於 16 世紀的聖母升天教堂

路段公里數：25km

Etapa 5：Markina / Xemein → Gernika / Lumo

Gernika　Marmiz　Olabe　Munitibar　Ziortza　Bolibar　Markina

路段指南

過橋穿越 Artibai Ibaia 河後，接 BI-633 旁小路，馬上穿越公路靠左走。走圓環旁 Conservas Dentici 食品廠旁的小路，往前行至 Iruzubieta (3.9km)。在 Armola Jatetxea 酒吧處，右轉進森林，遇圓環右轉，直走抵達 Bolibar (6km)。知名的南美獨立運動領袖西蒙·畢羅巴爾 (Simón Bolívar) 的曾曾祖父出生於此，故此鎮即以畢羅巴爾命名，亦有「畢羅巴爾搖籃」之稱。

穿越 BI-4401 後，抵達位 Monte Oiz 山的善納盧薩修道院 (Monasterio de Zenarruza)，它是世界人文遺產，修士們進行早晨儀式時，不對外開放。沿同方向離開，走上坡進入森林；下坡至 BI-3231 後，抵達 Munitibar (11km)。

在市府處左轉，走在公路旁，很快左

轉走小路，行經聖雅各隱修院 (Ermita de Santiago)。在遇到公路前，左轉走小路，並與公路保持平行，直走抵達 Olabe (17.2km)。離開後，左轉直走爬坡經 Marmiz (20km)。**請注意：**此處有交叉點，①右轉走公路抵達 Mendieta (23.5km)，②經 Ajangiz 鎮。右轉吧！從 Merrino Taberna 酒吧右轉，再從教堂後方離開，沿同方向走，接上 BI-3224 不久後右轉直走，過橋穿越 Río Oka 河，抵達戰後重生的格爾尼卡 (Gernika) (25km)。再往前走 1km 抵達舊城區。

1937 年 4 月 26 日，當地發生了知名的格爾尼卡大轟炸 (Bombardeo de Gernika)。那時正值西班牙內戰與二戰期間，空襲命令是由獨裁者佛朗哥所下，另有德國納粹和義大利空軍的協助，造成該鎮四分之三被炸毀。大轟炸的目的是為了破壞道路及橋樑，讓巴斯克軍隊無法撤退，並迫使畢爾包 (Bilbao) 淪陷。另一目的為了製造恐慌和進行閃電戰演習，結果造成超過 300 人喪生。前德國總理羅曼赫佐格，在事後 60 年才公開道歉。

畢卡索知名畫作《格爾尼卡》(Guernica) 就是受轟炸啟發，成為控訴戰爭惡行的象徵；小鎮內有複製壁畫。議會廳 (Casa de

1. 善納盧薩修道院 | 2. 畢卡索代表作品《格爾尼卡》複製畫 | 3. 格爾尼卡城市一景

Juntas) 有象徵自由的「格爾尼卡之樹」(Árbol de Guernica)，它因倖免於難而成為不朽的見證者。和平博物館內保存著當時的空襲避難所。

宗教建築以建於 15 世紀的聖母瑪麗亞教堂 (Iglesia de Santa María) 為主。歐洲公園 (Parque de los pueblos de Europa) 中有兩位雕刻大師的作品，分別為奇義達的《我們父親的家》(Gure Aitaren Etxea)，和亨利‧摩爾 (Henry Moore) 的《防空洞內的巨人》(Large Figure in a Shelter)，皆具有象徵和平的意義。

象徵自由的格爾尼卡之樹

🐚 沿途庇護所

◆ Bolibar
🏠 Albergue Usandi　✉ Urezandi, 3
📞 +346 870 564 11　💲 12€　🛏 20 床　🍳 廚房｜
Wi-Fi｜可預約｜3 ～ 10 月營業

◆ Ziortza
🏠 Albergue de peregrinos del Monasterio de Zenarruza　✉ 修道院內　📞 +349 461 641 79
💲 樂捐　🛏 20 床　🍳 07:30 ～ 08:00 有朝聖者祈福儀式

◆ Munitibar
🏠 Albergue Lea　✉ Herriko Plaza, 3
📞 +346 285 386 73　💲 12 ～ 15€　🛏 10 床
🍳 Wi-Fi

◆ Olabe
🏠 Albergue Andiketxe　✉ Olabe, 13
📞 +346 494 500 49　💲 12€　🛏 20 床　🍳 廚房｜
Wi-Fi｜可預約｜冬季需確認營業日期

◆ Gernika
🏠 Gernika Lumo Hostel　✉ Kortezubi, 9
📞 +346 284 107 75　💲 18€　🛏 70 床　🍳 廚房｜
Wi-Fi｜可預約

`路段公里數：20.8km`

Etapa 6：Gernika / Lumo → Lezama

🐚 路段指南

從庇護所離開走 C. Bartolome，過橋進入舊城區後走 C. San Juan 至 Plaza de San Juan 廣場左轉，第一個街角右轉，直走到底再左轉至 C. Allende Salazar，接著再左轉。在博物館 Euskal Herria Museoa 處右轉直走，至 C. Lurgorri 後再右轉直走，經聖露西亞隱修院 (Ermita de Santa Lucía) 抵達

Lezama 的聖母瑪麗亞教堂

從 Askatasuna Plaza 廣場離開，經公營庇護所後，接著走 BI-3713 行經足球場和墓園後，沿同方向前進抵達 Lezama（20.8km）。主要景點為羅曼式風格的聖母瑪麗亞教堂（Iglesia de Santa María）。市區 700m 之外有間 Bodega Magalarte 酒莊可以參觀，酒莊之旅收費約 10€，預約請洽 +346 366 214 55。

🚻 沿途庇護所

◈ **Pozueta**
🏠 Caserío Pozueta　✉ Pozueta auzoa, 5
📞 +346 187 124 36　💲 14€　🛏 6 床　🍳 廚房｜
Wi-Fi｜可預約

◈ **Larrabetzu**
🏠 Albergue de peregrinos de Larrabetzu
✉ Askatasunaren Enparantza, 1
📞 +346 090 315 26　💲 樂捐　🛏 15 床　🍳 廚房｜
Wi-Fi｜3/24 ～ 10/15 營業

◈ **Lezama**
🏠 Albergue de peregrinos de Lezama
✉ Garaioltza, 133E　📞 +346 090 315 26　💲 樂捐
🛏 20 床　🍳 廚房｜Wi-Fi｜可預約｜6/1 ～ 9/30
營業

Pozueta 庇護所，繼續直走，穿越 BI-2121 後走小路直走，再次穿越公路抵達 Alto de Morga 峰（7km）。

接著行經聖艾斯特班教堂（Iglesia de San Esteban），直走到底右轉走 BI-4137，在交叉處右轉進入森林。抵達海拔 327m 的 Alto de Aretxabalagana 峰後，開始下坡，數公里行走在森林中，再接地方公路抵達 Goikolexea（16km）。

沿 BI-2713 走有白色箭頭指引的路，可左轉前往 Belarrinaga 但會繞一大圈路，**建議直走**抵達 Larrabetzu（17.5km）。Larrabetzu 小鎮中能看到許多巴斯克獨立運動標語塗鴉，顯示當地是自治區中最獨派的小鎮之一。

`路段公里數：11km ●`

Etapa 7：Lezama → Bilbao

🐚 路段指南

雖然第7站只有11km，**但不建議把第6、第7站合併**，因為加起來約31km，且第7站後半段難度也較高。

走 N-637 離開 Lezama 小鎮，直走抵達 Zamudio (3km)，當地的聖馬汀教堂 (Iglesia de San Martín) 有特別的木頭門廊。在面對此教堂大門處左轉，往比斯開省科技園區 (Parke Teknologikoak Bizkaia)，經路橋穿越 N-637 後右轉，一路爬坡直到 Monte Avril 山 (7.3km)。繼續前進直到與公路交界處左轉，經休息區與停車場後，下坡進入畢爾包。過路橋穿越公路，沿同方向走抵達貝戈尼亞區 (Barrio de Begoña)，之後抵達貝戈尼亞宗座聖殿 (Basílica de Begoña)。直走接 Tra. de Mallona，從石階下坡，直走抵達畢爾包聖雅各主教座堂 (Catedral de Santiago de Bilbao) (11km)。

畢爾包的聖雅各主教座堂

❧ 朝聖補給站 ❧

畢爾包現代藝術

美國解構主義大師法蘭克·蓋瑞 (Frank Gehry) 建構的畢爾包古根漢美術館 (Museo Guggenheim Bilbao) 在 1997 年開幕，收藏眾多大師作品，成功的設計讓畢爾包每年湧入眾多觀光客。外觀由 3 萬片鈦金屬片製成，遠觀則像艘在河邊靠岸的船。館外有裝置藝術寵物《Puppy》，河畔則有法國知名藝術家布爾喬亞 (Louise Bourgeois) 向母愛致敬的作品《母親》(Mamá)。

畢爾包地鐵由英國建築師佛斯特 (Norman Foster) 打造。極具特色的設計，建材以鋼鐵、玻璃及水泥為主，打造都會感十足的地鐵站。此外，城市中的亮點為充滿特色的解構主義建築物，例如巴斯克健保總部 (Sede de Osakidetza) 是具有代表性的解構主義作品之一。在 Río Nervión 河畔也有西班牙知名建築師卡拉特拉瓦 (Santiago Calatrava) 打造具有未來感的白橋 (Zubizuri)。

畢爾包近 10 年逐漸轉型為設計城市，為 UNESCO 認證的創意城市之一，也有由建築、畫廊、美術館和公共藝術構成 BAD 藝術區 (Bilbao Art District)。可參考 www.bilbaoartdistrict.com。

由 3 萬片鈦金屬片打造的畢爾包古根漢美術館

法國藝術家布爾喬亞作品《母親》

　　畢爾包舊城區由 7 條平行街道所組成，曾在 1983 年遭到洪水破壞，重建後目前為城市中主要商業區塊，包括名列世界人文遺產、建於 15 世紀的畢爾包聖雅各主教座堂，主體為哥德式，鐘塔和立面則是哥德復興式建築。另外，舊城區中還有知名的天使門 (Puerta de Ángel)、巴洛克式風格

的阿里阿加劇院 (Teatro Arriaga)、聖安東教堂 (Iglesia de San Antón)，以及百年市場 Mercado de la Ribera。

沿途庇護所

◆ Bilbao

🏠 Albergue de peregrinos de Bilbao　✉ Kobeta, 60
📞 +346 090 315 26　💲 樂捐　🛏 60 床　🍳 廚房｜3 月中～ 10 月中營業｜在市郊，可在 Arriaga 劇院前搭 58 號公車至 Kobetabidea 下車

🏠 Albergue Claret Enea　✉ Plz. Corazón de María
📞 +349 465 101 71　💲 11€　🛏 20 床
🍳 廚房｜Wi-Fi｜5 ～ 10 月營業

🏠 Albergue de peregrinos Santa Cruz de Begoña
✉ Padre Remigio Vilariño, 1　📞 +346 875 296 27
💲 樂捐　🛏 22 床　🍳 6 月中～ 9 月中營業｜在貝戈尼亞宗座聖殿附近

🏠 Albergue juvenil de Bilbao
✉ Basurto Kastrejana, 70　📞 +349 442 700 54
💲 20€（含早餐）　🛏 142 床　🍳 廚房｜Wi-Fi｜可預約

🏠 Bilbao Central Hostel
✉ Fernández del Campo, 24, 2ª　📞 +349 465 260 57
💲 20€　🛏 50 床　🍳 廚房｜Wi-Fi｜可預約｜7 ～ 9 月營業

路段公里數：12.5km ▸

Etapa 8：Bilbao → Portugalete（走河畔）

🐚 路段指南

從畢爾包前往 Portugalete，**請注意**：有兩種走法：①走工業區景色的 Nervión 河畔（12.5km），②翻山越嶺走官方路線（20km）。走河畔吧！從古根漢美術館河畔處走 Puente Pedro Arrupe 橋，到對岸 Deusto 區。黃色箭頭會帶領朝聖者穿越 Deusto 鬧區，但最後還是接回河畔，所以就直接沿著河畔走吧！抵達 Erandio（7.6km），沿河畔走經 Lidl 大賣場，不遠處右轉繞一小段路再接回河畔，之後直走來到名列世界人文遺產的比斯開橋（Puente Vizcaya），可以花 0.4€ 搭乘比斯開橋的纜車穿越 Nervión 河，抵達 Portugalete（12.5km）。

比斯開橋兼具美學和實用功能，1893 年啟用，是歐洲工業革命的代表建築，也是全球同類型渡運橋中的第一座。原始的比斯開橋在 1937 年格爾尼卡大轟炸中被摧毀，於 1941 年重建，超過百年的進化，成為壯麗的現貌。憑朝聖者護照，門票只要 6€，就可搭電梯到頂端 60m 高的通道橋，享受整個城市的風景。旺季為 4 ～ 10 月、淡季則需要事前預約，夏天氣溫超過 36℃ 時不開放。

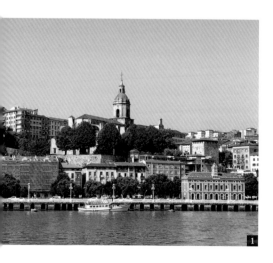

1. Portugalete 河畔風景｜2. 比斯開橋是歐洲工業革命的代表性建設｜3. 聖母瑪麗亞宗座聖殿

Portugalete 除河畔色彩繽紛的建築外，舊城區也很迷人。城市最高點的聖母瑪麗亞宗座聖殿（Basílica de Santa María）建於 16 世紀，為哥德式、文藝復興式風格。教堂內主禮拜堂（Capilla Mayor）可見精美的文藝復興式祭壇畫，聖雅各禮拜堂（Capilla Santiago）則有聖騎士造型的聖雅各神像，皆是重要作品。14 世紀的莎拉薩塔（Torre de Salazar）內有餐廳及展覽廳。

🏠 沿途庇護所

◆ **Portugalete**

🏠 Albergue de peregrinos de Portugalete 👍
✉ Martin Fernandez Villaran, 2　📞 +349 447 293 14
💲 樂捐　🛏 30 床　📶 Wi-Fi｜6 ～ 9 月營業

🏠 Albergue Bide Ona
✉ Julio Gutiérrez Lumbreras, 10　📞 +346 886 021 03
💲 12€　🛏 34 床　🍳 廚房｜Wi-Fi｜可預約

路段公里數：28km

Etapa 9：Portugalete → Castro Urdiales

m 500
400
300
200
100
0

Castro
Urdiales   Mioño   Ontón   Pobeña   La Arena   Portugalete

km   25   20   15   10   5   0

🐚 路段指南

朝東北方走在 Av. de Carlos VII 大道右手邊，繞過圓環後直走上橋，走在設計良好的人行道兼自行車道上。下橋後走在 A-8 旁人行道，穿越 N-634 和 A-8，最後一次穿越 A-8 後，直走抵達 Playa de La Arena 海灘（12km）。直走經綠色的橋抵達 Pobeña（13km）。之後右轉走登山步道，沿途有坎達布里亞海（Mar Cantábrico）的風景陪伴。

過隧道抵達坎達布里亞自治區（Cantabria）後直走。從下方穿越 A-8 後右轉，不久後左轉，抵達有漂亮海灘的迷你小鎮 Ontón（19km）。因本站的終點小鎮 Castro Urdiales 只有飯店和公營庇護所兩種選擇，且公營庇護所只有 16 張床位，若想省旅費，也可選擇在 Ontón 的庇護所過夜。

1. 觀光客不多的 Ontón 海灘 | 2. Castro Urdiales 的聖母升天教堂

從 Ontón 到 Castro Urdiales，**請注意：**①走車流量少的國道 N-634，②翻山越嶺走官方路線（16km）。走多數朝聖者選擇的國道吧！先抵達 Mioño 後，再次走回 N-634 抵達 Castro Urdiales（28km）。

Castro Urdiales 是中世紀時的重要港口大城，有漂亮的 Playa de Brazomar 和 Playa de Ostender 海灘。沿海岸步道抵達華麗的聖母升天教堂（Iglesia de Santa María de la Asunción），教堂建於 15 世紀，包括建築主體、門廊、中殿、穹頂和扶壁皆為歌德式風格。教堂旁有座燈塔城堡（Castillo de Faro），其附近有包括聖塔安娜隱修院

（Ermita de Santa Ana）、燈塔、聖貝德羅教堂遺址（Ruina de Iglesia de San Pedro），和羅馬古橋等古蹟，與海岸風景構成一幅中世紀完美畫作。

🚹 沿途庇護所

◆ Pobeña
🏠 Albergue de peregrinos de Pobeña
✉ Pobeña Auzoa, 6　📞 +346 090 315 26　💲 樂捐
🛏 40 床　🍴 廚房｜Wi-Fi｜3月中～10月中營業｜夏天會增加 20 張床

◆ Ontón
🏠 Albergue Tu Camino 👍　✉ Barrio Ontón, 71
📞 +346 459 852 69　💲 6€　🛏 25 床　🍴 廚房｜Wi-Fi｜可預約

◆ Castro Urdiales
🏠 Albergue de peregrinos de Castro Urdiales
✉ Plaza de Toros de Castro Urdiales 鬥牛場旁
📞 +346 206 081 18　💲 5€　🛏 16 床　🍴 廚房

🏠 Pensión La Marina　✉ La Plazuela, 16
📞 +346 595 361 28　💲 20€　🛏 10 床　🍴 為旅社｜廚房｜Wi-Fi｜可預約

路段公里數：27km

Etapa 10：Castro Urdiales → Laredo

🐚 路段指南

從 Castro Urdiales 公營庇護所出發，沿 C. Subida a Campijo 朝西南方，走地下道穿越 A-8 後，右轉直走抵達 Allendelagua（3.5km）。穿越小鎮後在公車站牌處左轉直走。走地下道穿越 A-8，右轉經過聖約翰教堂（Iglesia de San Juan），接著抵達 Cerdigo（5.5km）。

直走穿越 N-634 後，走右手邊小路至墓園處右轉，往海岸方向前進抵達 Islares（8.6km）。繼續走抵達 Playa de Arenillas 海灘接 N-634，穿越 A-8 後開始爬坡。**請注意**：自此處至 Laredo 需選擇：① 走 N-634（12.4km），② 走官方路線（18.5km）。走

N-634 吧！之後抵達 El Pontarrón de Guriezo（12.8km）。直走至圓環處，右轉過橋再右轉，走 N-634 路肩，相繼抵達屬於 Liendo 的兩個分區 Mollaneda 和 Iseca Vieja。在 El Roble

Laredo 的三漁夫公園

餐廳處左轉後，往前抵達 Hazas (20.5km)。若不進 Hazas 小鎮，可在 El Roble 餐廳處走到底右轉，再沿 N-634 抵達 Tarrueza (23.5km)。繼續直走至圓環處右轉，之後抵達熱門觀光小鎮 Laredo (27km)。

沿著 C. López Seña，抵達三漁夫公園 (Parque de los Tres Pesadores) 和海灘。眾多酒吧、餐廳、冰淇淋店都在這街上。主要宗教建築為建於 13 世紀、哥德式的聖母升天教堂 (Iglesia de Santa María de la Asunción)。舊城區融合現代和中世紀風景，包括聖母升天教堂和旁邊的古城牆、15 世紀的聖靈小教堂 (Capilla del Espíritu)、傳統房舍和廣場，皆透露出當地的經濟狀況和社會發展。聖法蘭西斯可修道院 (Convento de San Francisco) 內部的教區庇護所 Albergue-Residencia Casa de la Trinidad，床位多、氣氛溫馨，相當推薦。

Laredo 舊城區的彩繪古牆

🛖 沿途庇護所

◈ Islares
🏠 Albergue de peregrinos de Islares
✉ Escuela, s/n　☎ +346 719 958 70　💲 8€
🛏 18 床　🍴 廚房 | 為旅社 | 2019 年停業中

◈ El Pontarrón de Guriezo
🏠 Albergue de peregrinos de El Pontarrón
✉ Ctra. CA-151, s/n　☎ +349 428 500 61
💲 樂捐　🛏 14 床　🍴 在酒吧 Bar El Pontarrón 拿鑰匙和蓋章 | 2019 年施工停業中

◈ Hazas (Liendo)
🏠 Albergue de peregrinos Saturnino Candina
✉ Hazas, 10　☎ +346 820 747 23　💲 8€　🛏 16 床
🍴 廚房

◈ Laredo
🏠 Albergue-Residencia Casa de la Trinidad 👍
✉ San Francisco, 22-24　☎ +346 390 530 72
💲 10€　🛏 42 床　🍴 廚房 | 可預約

🏠 Albergue El Buen Pastor
✉ C. Fuente Fresnedo, 1　☎ +349 426 062 88
💲 13€　🛏 20 床　🍴 廚房 | Wi-Fi | 可預約

路段公里數：29km

Etapa 11：Laredo → Güemes

🐚 路段指南

走 4km 長的 Paseo Marítimo 向北，經住宅區後抵達海灘。海灘木棧道前有登船處 (Puntal) 載朝聖者前往 Santoña (5km)。第一班船 09:00 整發船，單程費用約 2€，**請留意：船班冬天休業，需繞路多走 10km。** Santoña 主要景點為 13 世紀的港口聖母教堂 (Iglesia de Santa María del Puerto)，知名美食是鯷魚 (Anchoas)。

下船後，繼續朝北走離開 Santoña，經 C. Cervantes 和 C. Manzanedo 往海灘方向，經 El Dueso 監獄外圍，抵達 Playa de Berria 海灘。直走 Av. Berria Primera 到底，越過小山後，下坡至海灘處，沿海灘走數公里後抵達 Noja (13.6km)。

經市府與教堂後，走 C. Cuadrillos 朝西南到底後右轉 C. Valle，經足球場。右轉走 C. del Carmen，之後接 CA-147 至 San

3

1

2

1. 搭船處告示牌 ｜ 2. 等待第一班船的朝聖者們 ｜
3. Santoña 鎮內造型可愛的指標

Pantaleón 區。沿 CA-147 穿越 Castillo 村，以及聖貝德羅教堂 (Iglesia de San Pedro) 和 San Miguel de Meruelo (20.6km)。順著原路離開，經聖米格爾教堂 (Iglesia de San Miguel) 後走 CA-454，在修車廠前方左轉，走同方向接 CA-447 後左轉，繼續走在 CA-447 上，行經露營區。繼續往前，經聖胡利安隱修院 (Ermita de San Julián)，上坡抵達 Güemes 的 Albergue la Cabaña del Abuelo Peuto 庇護所 (29km)。

Albergue la Cabaña del Abuelo Peuto 是北方海岸之路著名的庇護所，由神父 Ernesto Bustio 和他的追隨者共同打造，彷彿是個朝聖者社區。1999 年開始每年接待超過數千名朝聖者，沒有接受任何補助只靠朝聖者捐獻維持營運，部分收入用來實現神父的其他社會服務計畫，例如幫助偏遠地區的兒童教育等。他保證會讓抵達庇護所的朝聖者不只有地方過夜，還能吃得飽。

晚餐前會有分享會。神父會跟來自世界

各地的朝聖者聊庇護所歷史，以及隔天路段需要注意的事項。20:00 晚餐後會帶朝聖者到庇護所內的小教堂，與大家分享許多富有哲理的故事。

🏠 沿途庇護所

◆ **Santoña**

🏠 Albergue juvenil Turístico de Santoña

✉ Ctra. Santoña-Cicero, s/n　📞 +349 426 620 08

💲 9.5€　🛏 68 床　🅿 Wi-Fi　｜可預約

🏠 Albergue La Bilbaina　✉ Plz. San Antonio, 1-1ª

📞 +346 477 090 13　💲 12€　🛏 24 床

🅿 Wi-Fi　｜可預約｜價格含早餐

◆ **Noja**

🏠 Albergue Noja Aventura　✉ Helgueras, 20

📞 +346 090 433 97　💲 10€　🛏 94 床　🅿 廚房

🅿 Wi-Fi　｜可預約｜4 ～ 10 月營業｜市中心 1.5km 外

◆ **Güemes**

🏠 Albergue La Cabaña del Abuelo Peuto 👍

✉ B.º de Gargollo, s/n　📞 +349 426 211 22　💲 樂捐

🛏 70 床　🅿 由神父 Ernesto 創立

Ernesto 神父庇護所內的小教堂，裡面的壁畫有著許多人生小故事

路段公里數：12km（乘船）

Etapa 12：Güemes → Santander

🐚 路段指南

從庇護所離開後沿箭頭走接公路 C-443，往北前進直到接 C-141，不遠處左轉抵達 Galizano (4.4km)。聖母升天教堂 (Iglesia de la Asunción) 值得參觀。**請注意**：在過教堂處需選擇：①右轉走海岸路線，②穿越小鎮走官方路線。走海岸吧！沿 C-440 穿越小鎮後直走，依序經過 Playa de Langre 和 Playa de Loredo 海灘，以及眾多衝浪客的 Somo (11.5km)。

離開海灘進入 Somo 市區，走 C. del Cabo Mayor，之後右轉走步道抵達登船處

(Embarcadero)，每隔 20 ～ 30 分鐘發一班船，價格約 2.9€，穿越桑坦德灣 (Bahía de

搭乘 Los Reginas 號前往桑坦德

Santander)，抵達桑坦德 (Santander)(12km)。
若不搭船，路上也有黃色箭頭指引你抵達
桑坦德，路途比搭船多 14km。

　桑坦德是坎達布里亞自治區首府，Playa
de Sardinero 海灘距離市中心約 3km，海
灘東側半島上的瑪格達蓮娜宮 (Palacio de
Magdalena) 建於 1909 年，是當時西班牙皇
室的避暑之地，島上有公園和動物園等。

　桑坦德舊城區在 1941 年一場大火中
燒毀，而桑坦德主教座堂 (Catedral de
Santander) 也在同一場火中嚴重受損，歷
經 11 年修復，才還原始的哥德式建築風
貌。市中心有 2017 年開幕的波汀藝術中心
(Centro Botín)，內有眾多展示品，但都不
及藝術中心外觀來得有趣。西班牙桑坦德
銀行 (Banco Santander) 發源於此，市中心

有建於 1923 年的銀行大樓。

　當時桑坦德有錢人的消遣活動之一，是
把銅板丟入海中，看著一心求生存的窮孩
子跳入海中撿錢。後來市政府在港口設了
《窮孩子》銅像 (Los Raqueros)，紀念這些
勇敢的小孩。

炸花枝圈
(Las Rabas)
是坎達布里
亞自治區必
吃美食

🧍 沿途庇護所

◆ Santander

🏠 Albergue de peregrinos Santos Mártires
✉ Ruamayor, 7-1°　📞 +349 422 197 47　💲 12€
🛏 38 床　🍳 廚房 ｜ Wi-Fi

🏠 Santander Central Hostel
✉ Calderón de la Barca, 4　📞 +349 423 775 40
💲 29€(含早餐)　🛏 40 床　🍳 廚房 ｜ Wi-Fi ｜ 可
預約 ｜ 3 ～ 10 月營業

1. 波汀藝術中心 ｜ 2.《窮孩子》銅像

路段公里數：31km •

Etapa 13：Santander → Santillana del Mar

本圖為2017年起的官方路線，總長約37km。
也可從Santa Cruz de Bezana後接N-611抵達Santillana del Mar，總長約31km。

Santillana
del Mar

Barreda

Arce

Santa Cruz
de Bezana

Santander

🐚 路段指南

請注意：本站路線有三種走法。①可走 2017 年起的官方路線經 Arce、Oruña，總長為 37km。②舊官方路線則經 Mompía 往 Boo de Piélagos，再搭船至 Mogro。因安全之虞，請勿穿越鐵路，後經 Cudón 抵達 Mar，返回新官方路線朝 Santillana del Mar 走。③也可從桑坦德庇護所出發，經 Santa Cruz de Bezana 後沿 N-611 走，路程約 31km。走 N-611 公路吧！公路旁有指引自行車朝聖者的黃色箭頭，步行朝聖者也可循此前進，不過有些路段車多，要小心安全。

從桑坦德庇護所外的 C. Alta 朝西南直走，接 N-611 抵達 Peñacastillo（4.7km）。沿原方向走 N-611 穿越 A-7 後，往前經 Santa Cruz de Bezana（9km）。繼續直行，在寵物用品店處，左轉走橋，穿越 Río Paz 河抵達 Puente Arce 和 Arce（15km）。沿地方公路直走，再次接 N-611 與 A-8 平行。接著抵達 Polanco 鎮的加油站，旁有 Lupa 大賣場（22km）。可在此休息。

接著前方圓環處直走，經住宅區，之後在化學工廠右轉，走 Av. Solvay 在圓環前左轉，300m 後右轉，沿同方向走，經 Quevada（28km）後直走 CA-131，抵達

1. 海邊的聖堤雅娜，鎮內保有傳統風格的房舍 ｜ 2. 聖塔胡莉安娜隱修院

「海邊的聖堤雅娜」（Santillana del Mar）（31km）——中世紀風格街道和傳統建築物，是這個小鎮的特色。

「Santillana del Mar」名字藏了三個謊言：實際上①它並非神聖之地（Santa），②不在平原（Llana）上，③更不靠海（el Mar）。小鎮從建鎮以來，皆以中古世紀建築、街道為主，直到 13 世紀修士們搭建了聖塔胡莉安娜隱修院（Ermita de Santa Juliana），小鎮才改名為 Santillana。

必訪景點為當地的聖塔胡莉安娜大聖堂（Colegiata de Santa Juliana），這座現已列入世界人文遺產的建築，內部有著華麗的迴廊與許多精緻的雕刻細節；記得享用小鎮的牛奶（Leche）和起司蛋糕（Quesadas Sobaos）。

名列世界人文遺產的阿爾塔米拉洞窟（Cueva de Altamira），位在海邊的聖堤雅娜西南方 2km 外，考古學家挖掘出舊石器時期岩壁畫，但為了保存壁畫的完整性，洞窟平時不對外開放。阿爾塔米拉博物館（Museo de Altamira）有完整的洞窟複製品和專業的解說，每週五 10:30 前會抽出當天參觀博物館的 5 位幸運者，可在專業人員的陪同下，進入真正的洞窟中參觀原始壁畫。

🏠 沿途庇護所

◈ Santa Cruz de Bezana
🏛 Albergue de peregrinos La Santa Cruz
📧 Santa Cruz, 22　📞 +346 591 788 06　💲 樂捐
🛏 14 床　🕐 10 月～隔年 3 月，需詢問營業時間｜
週六休

◈ Requejada
🏠 Albergue de peregrinos Clara Campoamor
📞 位於 N-611 路上　📞 +349 420 824 16　💲 5€
🛏 12 床　🕐 在 2017 的官方路線上｜由酒吧 Bar El
Puerto 管理

◈ Santillana del Mar
🏠 Albergue de peregrinos Jesús Otero
📧 位於廣場 Plz. Abad Francisco Navarro 旁
📞 +349 428 401 98　💲 6€　🛏 16 床　🕐 廚房｜
Wi-Fi｜7～9 月營業

🏠 Albergue El Convento 👍　📧 Antonio Niceas, 2
📞 +346 805 941 38　💲 16€　🛏 28 床　🕐 廚房｜
Wi-Fi｜可預約

🏛 Albergue-Casona Solar de Hidalgos
📧 Santo Domingo, 5　📞 +349 428 183 87
💲 10～15€　🛏 14 床　🕐 Wi-Fi｜可預約｜
12 月～隔年 1 月需預約

海邊的聖堤雅娜熱門自拍點「愛／AMOR」

路段公里數：31km ▶

Etapa 14：Santillana del Mar → Comillas

Comillas公營庇護所已歇業，
可沿CA-131至La Revilla(多走7km)。

Comillas　Pando　Cóbreces　Caborredondo　Santillana del Mar　Oreña

🐚 路段指南

市府廣場 (Plaza del Ayuntamiento) 處走
C. de los Hornos，沿同方向往西北走穿越
CA-137 直至抵達 El Arroyo (2.6km)。交叉
點處左轉，沿同方向往西南走抵達 Oreña
(4km)。離開小鎮後右轉，經聖貝德羅隱修
院 (Ermita de San Pedro)，繼續沿同方向朝
西北抵達 Caborredondo (6km)。

走 CA-920 之後穿越 CA-131，接著在
La Solana 莊園處右轉，直走抵達 Cigüenza

(8.5km)。經聖馬汀教堂 (Iglesia de San
Martín de Tours)，往前走接 CA-353 後右
轉抵達 Cóbreces (12km)。從遠處，目光就
會被 19 世紀哥德復興式的聖貝德羅教堂
(Iglesia de San Pedro) 高聳的鐘塔和朱紅色
的教堂外觀給吸引。若選擇在此過夜、從
容遊逛，小鎮蘊藏的眾多古蹟，絕對會令
你感到驚豔。

順著 2017 年的官方路線，沿 CA-353
經聖貝德羅教堂後下坡，再接 CA-131，

1. Cóbreces 的聖貝德羅教堂 ｜ 2. 科米亞斯的聖克利斯多教堂內部

於不遠處右轉，沿同方向走抵達 Playa de Luaña 海灘 (14.5km)。離開海灘後接公路往西，依序抵達 Trasierra、Liandres。穿越 CA-131 接 CA-358，直走抵達 La Iglesia (19.5km)。在酒吧 Bar Ruiloba 處右轉，沿同方向抵達 Pando (18.8km)。

走 CA-360 經 Concha (22.9km)，沿同方向前進，接著走 CA-131，在看見 Playa de Comillas 海灘後，抵達科米亞斯 (Comillas) (22km)，往前走 2.5km 進入舊城區。

科米亞斯舊城區的景點是建於 17 世紀的聖克利斯多教堂 (Iglesia de San Cristóbal)、索布雷亞諾皇宮 (Palacio de Sobrellano)，以及科米亞斯大學 (Universidad Pontificia Comillas) 的原始立面。此外，有著天使像的墓園 (Cementerio) 和神廟小教堂 (Capilla Panteón) 也都很漂亮。

🏠 沿途庇護所

◈ **Caborredondo**

🏠 Albergue de peregrinos Izarra

✉ Caborredondo, 17　📞 +346 284 281 67　💲 6€

🛏 20 床　🍴 廚房｜Wi-Fi｜可預約｜3～10 月營業

◈ **Cóbreces**

🏠 Acogida en la Abadía de Viaceli　✉ 在修道院旁

📞 +349 427 250 17　💲 6€　🛏 24 床　🍴 N/A

🌿 朝聖補給站 🌿

高第建築 El Capricho

吉哈諾別墅 Villa Quijano，普遍稱作奇想屋 (El Capricho，意為「奇想」)，從外觀和建築細節可體會這名稱的由來。這是高第為科米亞斯的當地仕紳吉哈諾 (Máximo Diáz de Quijano) 打造的避暑別墅。外牆的色彩風格類似巴塞隆納「維森斯之家」(Casa Vicens)，都採用了大量的手工向日葵磁磚。屋內的彩繪玻璃，例如彈吉他的蜻蜓、彈鋼琴的鳥，加上彷彿植物園的設計，都是建築師早期常用的自然主義風格。窗戶設計還有音樂元素等小機關。門票加導覽 5€。

1. El Capricho　2. 向日葵彩繪磁磚細節

🏠 Albergue El Pino ✉ El Pino, 1
📞 +346 204 379 62 💲 15€ 🛏 12 床 🍴 廚房｜
Wi-Fi｜可預約｜3 月中 ～ 10 月營業

🏠 Albergue Viejo Lucas ✉ El Pino, 43
📞 +346 254 835 96 💲 14€(含早餐) 🛏 138 床
🍴 Wi-Fi｜可預約｜12 月～隔年 1 月需預約

◆ **La Revilla**
🏠 Albergue Aventure ✉ 在 N-634 路旁
📞 +349 427 120 75 💲 10 ～ 12€ 🛏 80 床
🍴 Wi-Fi｜可預約｜冬季需預約｜在隔天朝聖路程 3
km 外

科米亞斯的公營庇護於 2019 年 5 月
歇業，當地只剩下飯店和旅館可選擇，
若不想花大錢，建議可多走 7km，至官
方路線外的 La Revilla 投宿：走科米亞
斯 的 Paseo del Marqués de Comillas
和 Paseo Solatorre，接 CA-131 直走，
在 接 N-634 的地方能看到 La Revilla
庇護所 Albergue Aventure。住宿當日
10:30 後致電預約，成功的機會比較高。
隔天再沿 N-634 往西走，即可抵達 San
Vicente de Barquera (3km)。

Unquera 著名的領帶
酥，有巧克力和焦糖
口味

路段公里數：29km

Etapa 15：Comillas → Colombres

🐚 路段指南

走 C. Marqués de Comillas 離開科米亞
斯，直走接 CA-131，走人行道穿越 La
Rabia 河 後 抵 達 Playa de Oyambre 海 灘
(5km)，沿 CA-131 人行道經 Barrio Gerra，
繼續朝同方向前進。走許願橋 (Puente de
La Maza)，抵達 San Vicente de la Barquera
(12km)。據說過橋前先許願，然後憋氣行
至對岸，願望就會成真。

San Vicente de la Barquera 是充滿歷史的

San Vicente de la Barquera 的聖母瑪麗亞教堂

1. 國王城堡 | 2. Colombres 的美洲移居資料館

直走過橋穿越 Río Deva 河，抵達阿斯圖里亞斯自治區（Asturias）。過橋後沿指標走正前方的路，前進抵達 Colombres (29km)。

20 世紀移居美洲致富的西班牙人，多數為阿斯圖里亞斯人，返國後在家鄉蓋起「美洲移居式建築」（Arquitectura Indiana）風格的豪宅，其中以 Colombres 為典範，當地也獲得「阿斯圖里亞斯模範小鎮獎」，繞著舊城區走即能看到許多豪宅，棕櫚樹則象徵當年美洲生活回憶。眾多同風格建築物中，以形似皇宮的美洲移居資料館

漁港小鎮，且為「雷巴納之路」起點，舊城區有眾多重要古蹟，如哥德式風格的聖母瑪麗亞教堂（Iglesia de Santa María de los Ángeles）和國王城堡（Castillo del Rey）；而建於中世紀的朝聖者醫院（Hospital de la Concepción），現仍保留原始立面。

過了許願橋，在圓環處走 C. Ronda de la Encrucijada 後左轉，沿原方向逐漸往南走，抵達 La Acebosa (14km)。聖荷西教堂（Iglesia de San José）處直走後右轉走柏油路，接 CA-843，並順著公路走抵達 Serdio (19.5km)。穿越小鎮後直行，繞採石場旁邊走，很快地右轉接 CA-181。穿越 A-8 下方後直走，不遠處左轉後接 N-634。沿 N-634 抵達 Pesués (24.5km)。繼續沿 N-634 走，再次穿越 A-8 下方後直走向西，抵達以領帶酥（Corbata）聞名的 Unquera (27km)。

❧ 朝聖補給站 ❧

雷巴納之路
Camino Lebaniega

這一段朝聖之路，從 San Vicente de la Barquera 到聖托里比歐修道院（Monasterio de Santo Toribio de Liébana），總長 73 km，官方指標為紅十字。聖托里比歐修道院和聖地雅哥齊名，為西班牙重要的基督教神聖之地。2018 年逾 1 萬人次行走這條路。

（Archivo de Indianos）最華麗；Albergue El Cantu 庇護所也是同風格建築。

　　阿斯圖里亞斯自治區的美食很多，其中以燉豆湯（La Fabada）、炸豬排（El Cachopo）和蘋果氣泡酒（Sidra）最著名，好吃分量又大，有機會請試試！

🧍 沿途庇護所

◆ **Serdio**

🏠 Albergue de peregrinos de Serdio　✉ Serdio, s/n

📞 +346 641 080 03　💲 6€　🛏 14 床　🍳 廚房｜Wi-Fi

◆ **Colombres**

🏛 Albergue El Cantu　✉ Lamadrid, s/n

📞 +346 093 281 10　💲 12€　🛏 130 床

🍳 可預約｜冬季需預約

> **路段公里數：23.5km** •

Etapa 16：Colombres → Llanes

```
m ┤500
  ┤400                                    ← 
  ┤300              🗨🍴🛏🏠 Colombres
  ┤200              🗨🍴 El Peral
  ┤100 Llanes Cue Andrín  Pendueles Buelna La Franca
  ┤0
    20      15      10       5        0
```

🐚 路段指南

　　從 Albergue El Cantu 庇護所前面的 C. La Madrid，直走到 C. de Pío Noriega 後右

亞內斯的聖母瑪麗亞宗座聖殿

轉，接 C. Badalán 後直走，過圓環後沿同方向前進，抵達 El Peral（1.4km）。接著右轉穿越 N-634 走小路，穿越 A-8 後左轉直走，接 N-634 抵達 La Franca（3.2km）。

　　接著走左邊地方公路 AS-346 離開，保持同方向遇到高架橋右轉，之後直走。接 N-634 後走路肩抵達 Buelna（7.5km）。沿原方向直走，之後往右手邊小路走，不久後右轉偏離 N-634，繼續保持同方向前進，抵達 Pendueles（9km）。

　　請注意：選擇①在抵達 Mesón El Rubinu 酒吧前，沿指標右轉走海岸路線。②走 N-634 官方路線。走海岸吧！右轉順著指標走，抵達 Playa de Vidiago 海灘（12km）。接著走海岸步道，會經過自然景觀「海龍捲」（Bufones de arenillas），漲潮時海水從石灰岩洞中噴發水柱，並發出似「捕～奉」

1. 防波堤上的《回憶之石》 | 2. 關於愛的字句

的聲音，水柱最高可達 40m。

繼續走在與 A-8 平行的步道上。在墓園處右轉前進海岸邊，沿同方向抵達 Andrín (18km)。有石階觀景台 (La Boriza) 可一覽海岸景色。沿著進入小鎮的街道離開，在公車亭前方右轉上坡，之後接地方公路右轉。沿同方向前進，接近 N-634 時右轉直走，抵達 Cue (20.5km)。走 AS-263，過橋抵達亞內斯 (Llanes) 舊城區 (23.5km)。

亞內斯的舊城區以聖母瑪麗亞宗座聖殿 (Basílica menor de Santa María de del Conceyu) 為中心，附近有許多宗教和傳統建築，卡斯塔涅卡皇宮 (Palacio de los Gastañaga)、中世紀城牆和保存下來的高塔 (Torreón) 都相當精采；地上也鑲了許多關於愛的字句。

走到 Paseo de San Pedro 能看到美妙的海岸景色，在步道尾端有號稱全世界最美的板凳。彩繪防波堤名為《回憶之石》(Los Cubos de la memoria)，出自西班牙藝術家伊巴羅拉 (Agustín Ibarrola) 之手。亞內斯 1km 外的 Palacio de Partaríu，則為電影《靈異孤兒院》(El Orfanato) 的拍攝場景。

Sidrería Bar Matute 為當地人常去的酒吧，便宜好吃，也供應道地的蘋果氣泡酒 (Sidra)。服務生會露一手手高舉過肩倒酒的表演，讓杯中的蘋果氣泡酒充滿空氣，釋出甜味（姿勢很帥氣，但酒會灑一地）。

沿途庇護所

La Franca
🏠 Albergue Renacer　✉ Las Encinas, 5
📞 +346 781 699 39　💲 14€（含洗衣）　🛏 6 床
📶 Wi-Fi | 可預約 | 1 月不營業

🏠 Albergue Triskel　✉ Corral de Abajo, 50 A
📞 +346 888 047 47　💲 15€　🛏 12 床　🍳 廚房 |
Wi-Fi | 可預約 | 聖誕和新年假期不營業

Buelna
🏠 Albergue-Hostal Santa Marina　✉ N-634 旁
📞 +346 221 850 59　💲 10€　🛏 60 床
📶 Wi-Fi | 可預約

Pendueles
🏠 Albergue Aves de Paso　✉ La Laguna , s/n
📞 +346 171 608 10　💲 樂捐　🛏 14 床
📶 Wi-Fi | 可預約 | 4 ～ 9 月營業 | 每週五休息

🏠 Albergue Casa Flor　✉ Pendueles, 9
📞 +346 504 319 82　💲 8 ～ 12€　🛏 15 床
📶 廚房 | Wi-Fi | 可預約 | 4 ～ 10 月營業

🏠 Albergue Castiellu　✉ LLN-3, 8
📞 +349 854 113 90　💲 15€　🛏 12 床　🍳 廚房 |
Wi-Fi | 可預約 | 12/8 ～ 12/26 不營業

◆ **Vidiago**

🏠 Albergue El Caserón de Vidiago　✉ N-634 上

📞 +349 854 044 46　💲 10€　🛏 18 床　🍴 廚房｜
Wi-Fi｜可預約｜3～10 月營業

◆ **Llanes**

🏠 Albergue La Estación　✉ FEVE 火車站內

📞 +346 105 281 11　💲 12～17€　🛏 34 床

🍴 廚房｜Wi-Fi｜可預約｜3～12 月營業

🏠 Albergue La Casona del Peregrino 👍

✉ Colegio de la Encarnación, 3　📞 +346 269 933 34

💲 15€(含早餐和洗衣)　🛏 44 床　🍴 Wi-Fi｜可預
約｜3～12 月中營業

🏠 Albergue La Senda del Peregrino

✉ Camino de Cristo, s/n

📞 +346 180 293 13　💲 15€

🛏 24 床　🍴 廚房｜Wi-Fi｜可預約｜
3～10 月營業｜市中心 1.5km 外

🏠 Albergue La Portilla

✉ La Portilla, s/n

📞 +346 164 601 83　💲 12～20€

🛏 48 床　🍴 廚房｜Wi-Fi｜可預
約｜5～9 月營業｜市中心 1km 外

在阿斯圖里亞斯自治區絕對要喝蘋果氣泡酒。

看似小便斗的桶子，是避免蘋果氣泡酒灑一地的容器

路段公里數：31.5km

Etapa 17：Llanes → Ribadesella

從觀景台遠眺 Ribadesella 海灘景色

🐚 路段指南

走 Av. de la Paz 離開，直到經停車場後左轉，穿越鐵軌沿著小路走，經聖文森教堂（Iglesia de San Vicente）後，右轉抵達 Poo（2.5km）。接著穿越鐵軌，接 AS-263 後左轉直走。不遠處右轉，往前走抵達 Playa de San Martín 海灘（3.5km），繼續沿同方向前進，經聖薩爾瓦多修道院（Monasterio San Salvador）抵達 Celorio 鎮的 Playa de las Cámaras 海灘（5km）。走在海灘上，並在 El Tábanu 旅館處左轉接 LLN-9 直走，經兩個露營地後抵達 Barro（7km）。可右轉到海灘休息。

從飯店林立的主街離開，接至地方公路LLN-11，能看到遠處的苦痛聖母教堂 (Iglesia de la Virgen de los Dolores)。在精神小教堂 (Capilla de Ánimas El Santín) 沿指標右轉後，沿同方向前進，經 Niembru 小鎮後繼續沿指標前進，抵達 Playa de San Antonlín 海灘 (12km)，沿 AS-263，並走 A-8 下方，直行抵達 Naves (12.8km) 和 Villahormes (14km)。沿同方向前進，穿越公路抵達 Nueva (17.5km)。

走 C. Nueva 離開，穿越 AS-340 並在遇鐵軌前右轉，走地下道穿越 A-8 後左轉，抵達 Piñeres de Pría (19.5km)。與 A-8 保持平行，之後需要右轉。不遠處再次左轉走小路經聖貝德羅教堂 (Iglesia de San Pedro de Pría)，沿同方向前進，遇到鐵路往右走。沿指標左轉，經古橋穿越 Río Guadamía 河後抵達 Cuerres (24.5km)。小鎮裡有 16 世紀的聖馬梅斯教堂(Iglesia de San Mamés)。

在聖馬梅斯教堂前沿指標離開，穿越鐵路且沿同方向前進。穿越鐵道兩次後，接 AS-263，不久後左轉經足球場再最後一次穿越鐵道，沿公路抵達 Ribadesella (31.5km)。

Ribadesella 舊城區，有座聖母瑪麗亞教堂 (Iglesia de Santa María Magdalena)，教堂屋頂

有大型耶穌像，內部的穹頂畫則是當地子弟 Uría Aza 三兄弟花 20 年才完成的鉅作。小鎮 El Portiellu 區中的道路 C. Trasmarina 有 56 階彩虹階梯 (Escaleras de los Colores)，是最熱門景點。

港口旁步道 Paseo de La Grúa 旁有 6 幅壁畫，從史前時期畫到現代，記錄小鎮歷史。沿同方向上坡抵達在 Monte Corberu 山的嚮導聖母隱修院 (Ermita de la Virgen de Guía)，可欣賞整個小鎮和海灘風景。每年 8 月的國際獨木舟競賽 (Descenso Internacional del Sella) 沿 Río Sella 河畔划 20km，是自治區中最重要的體育競賽之一。

過橋左轉能看提多岩壁畫藝術中心 (Centro de Arte Rupestre Tito Bustillo)，內有舊石器時期壁畫，和阿爾塔米拉洞窟壁畫並列世界人文遺產。洞窟取名自紀念因山難逝世的洞穴學家，小名提多 (Tito) 的 Celestino Bustillo。

1. 嚮導聖母隱修院　| 2. Ribadesella 的聖母瑪麗亞教堂

沿途庇護所

◆ Poo

🏠 Albergue Llanes Playa de Poo
📧 Camino de la Playa, 36　📞 +349 854 031 81
💲 23€　🛏 23 床　👨‍🍳 廚房｜Wi-Fi｜可預約

◆ Piñeres de Pría

⛺ Albergue Casa Rectoral　📧 San Pedro 教堂旁
📞 +346 179 421 41　💲 6€　🛏 54 床　👨‍🍳 廚房｜
Wi-Fi｜5～9 月中營業

🏠 Albergue La Llosa de Cosme
📧 Piñeres de Pría, 16　📞 +346 098 613 73
💲 10€　🛏 10 床　👨‍🍳 廚房｜週一休

◆ Cuerres

🏠 Albergue Reposo de Andayón　📧 La Güera, s/n
📞 +346 396 779 33　💲 樂捐　🛏 10 床
👨‍🍳 Wi-Fi｜可預約｜3/1～10/15 營業｜週一休息

🏠 Casa Belen Cuerres　📧 Cuerres, 25F　💲 樂捐
🛏 6 床　👨‍🍳 廚房｜Wi-Fi｜4～10 月營業

◆ Ribadesella

🏠 Albergue juvenil Roberto Frassinelli
📧 Ricardo Cangas, 1　📞 +346 193 270 20
💲 21€(含早餐)　🛏 55 床　👨‍🍳 Wi-Fi｜可預約｜
7～8 月不接受預約｜入住需有青年旅館卡 (carnet de alberguista) 若無此卡，可現場辦理｜Ribadesella 只有這間庇護所，夏天常客滿也不能預約，建議繼續走到下個小鎮 San Esteban de Leces 投宿公營庇護所，雖不在官方路線上，但沿途有指標指引

共 56 階的
彩虹階梯

路段公里數：30km

Etapa 18：Ribadesella → Priesca

🐚 路段指南

走 N-632 路橋離開，在 C. Avelina Cerra 處右轉，沿海岸步道走到底左轉，接 C. San Pedro 直走，抵達 San Pedro de Leces (4km)。沿同方向前進，約 1km 後能看見往 San Esteban de Leces 公營庇護所的指標，繼續直行，抵達 Vega (7.5km)。抵達 Playa de Vega 海灘，在 Restaurante Güeyu Mar 餐廳處左轉，接著行經停車場左轉後

沿同方向前進。直到抵達 N-632 前右轉走小路，直走抵達 Berbes (9.5km)。繼續朝前走，穿越兩次 N-632，之後走公路路肩，不遠處右轉，走石頭路 (遠離公路)，直走接著來到 Playa de Arenal de Morís 海灘 (12.2km)。

同方向前進，行經幾處海灘，最後抵達 Playa de La Espasa 海灘，走海岸步道抵達 La Espasa (14.7km)。接著走在 N-632 旁，

並講述教堂歷史（用西班牙語）。教堂經歷過西班牙內戰的炸彈轟炸，但幸運地仍保留部分原始結構。教堂內壁畫隨著時間逐漸消失，但仍看得出來有趣的符號象徵。

🚶 沿途庇護所

◆ San Esteban de Leces
🏠 Albergue de peregrinos de San Esteban de Leces
✉ San Esteban de Leces, s/n　📞 +349 858 576 11
💲 6€　🛏 38 床　🍳 廚房｜冬季需確認營業時間｜
路程 400 公尺外

◆ Vega
🏠 Albergue Tu Casa　✉ La Sertal, 21
📞 +349 841 007 46　💲 樂捐　🛏 7 床
📶 Wi-Fi｜可預約｜每週五休息

◆ Priesca
🏠 Albergue La Rectoral de Priesca 👍
✉ San Salvador 教堂旁　📞 +346 083 623 36
💲 12€（含早餐）　🛏 22 床　🍳 廚房｜Wi-Fi｜
可預約｜16:00 前未抵達，需電話告知保留床位｜
20:00 帶朝聖者們參觀聖薩爾瓦多教堂

經 El Barrigón 區後，繼續走 N-632 抵達 Colunga (20km)。小鎮的聖塔安娜小教堂 (Capilla Santa Ana)，過去曾經是朝聖者收留所。

從 C. Doctor Grande Covián 離開小鎮，後左轉後沿同方向朝西走，從下方穿越 A-8 直走抵達 Pernús (25km) 與 La Llera (27km)，繼續走地方公路 CL-1，抵達不到 50 人的小鎮 Priesca (30km)。

Priesca 有北方海岸之路的重量級古蹟：建於西元 921 年的聖薩爾瓦多教堂 (Iglesia de San Salvador)，它不只是阿斯圖里亞斯自治區中重要的前羅曼式建築，還名列世界人文遺產名單。平時不對外開放，庇護所老闆娘 20:00 會帶朝聖者進教堂參觀，

1. 10 世紀的聖薩爾瓦多教堂｜2. 聖薩爾瓦多教堂內部｜
3. Colunga 的聖塔安娜小教堂

路段公里數：18.6km

Etapa 19：Priesca → Niévares

🐚 路段指南

從聖薩爾瓦多教堂旁的地方公路 VV-15 下坡離開，不遠處左轉走小路，從下方穿越 A-8 後抵達 Sebrayo (2.9km)。沿地方公路走，從下方穿越 A-8 接地方公路後直走，直到圓環處後過橋穿越 A-8，繼續走小路，不遠處再次從下方穿越 A-8 直走，右轉接 C. Les Caleyes 後直走，抵達 Villaviciosa (9km)。

Villaviciosa 因蘋果產量及品質最佳，而有「蘋果氣泡酒之都」的美譽，小鎮中有許多以蘋果為主的雕像。地上的蘋果指標引導大家進入舊城區，認識眾多當地古蹟，其中以羅曼式晚期風格的橄欖聖母瑪麗亞教堂 (Iglesia de Santa María de la Oliva) 最為重要。

在橄欖聖母瑪麗亞教堂前面，走 C. Cabanilles 後接 C. Maximino Miyar 直走。沿指標走抵達 Amandi (11km)。經過聖約翰教堂 (Iglesia de San Juan de Amandi) 後右轉，直走在 Bar Regatina 酒吧處，接著再次右轉，經聖約翰小教堂 (Capilla de San Juan de Amandi) 後右轉，走古橋穿越 Río Linares 河後接 AS-267，直到 Bar Casu 酒吧後再次右轉走 VV-10，抵達 Casquita (12.8km)。**請注意**：在此需選擇：①直行

前往希洪 (Gijón)，繼續海岸之路，②左轉前往奧耶維多 (Oviedo)，走原始之路。直走吧！走 VV-10 離開小鎮，沿指標左轉走小路。

接著從下方穿越 A-8，再走小路，從上方經過 A-8 後左轉，直走即可抵達位於 Niévares、2018 年開幕的 Casa abierta La Xaldina Peregrina 庇護所 (18.6km)。**請注意**：若是 Niévares 庇護所客滿或沒開，可在 Niévares 聯繫 Casa Capión 老闆，走到 Peón 等老闆接送 (詳見庇護所資訊)。Niévares 小鎮景點不多，有聖塔艾梧拉里亞教堂 (Iglesia de Santa Eulalia)，和為私人財產的古堡 Palacio de La Torre。

1. 交叉點。直走繼續海岸之路，左轉走原始之路｜
2.3. Villaviciosa 到處可見蘋果

🚹 沿途庇護所

◆ Sebrayo

🏠 Albergue de peregrinos de Sebrayo

✉ Caserio Sebrayo, 8　📞 +346 994 403 99

💲 4€　🛏 14 床　🍴 廚房｜3～10 月營業

◆ Villaviciosa

🏠 Albergue Villaviciosa

✉ Marqués de Villaviciosa, 5　📞 +346 073 269 27

💲 11～15€　🛏 18 床　🍴 廚房｜Wi-Fi｜可預約

🏠 Albergue El Congreso

✉ Pl. del Ayuntamiento, 25　📞 +346 606 156 60

💲 10～15€　🛏 32 床　🍴 廚房｜Wi-Fi｜可預約｜3～12 月營業

◆ Amandi

🏠 Albergue de peregrinos La Ferrería

✉ La Ferrería, 1　📞 +346 465 168 46　💲 樂捐

🛏 12 床　🍴 Wi-Fi｜可預約｜3～10 月營業

◆ Niévares

🏠 Casa abierta La Xaldina Peregrina　✉ Turbeño, 16

📞 +346 369 212 87　💲 樂捐　🛏 2～5 床　🍴 廚房｜Wi-Fi｜需先預約｜夏季開放傳統穀倉 5 個床位

◆ Capión

🏠 Casa Capión　✉ Manzaneu, 37

📞 +346 160 767 72　💲 12€　🛏 8 床　🍴 廚房｜Wi-Fi｜可預約｜Capión 不在路程上，但庇護所老闆會在 Peón 免費接送朝聖者 (隔天早晨送回 Peón)

1. 橄欖聖母瑪麗亞教堂　2. Casa abierta La Xaldina Peregrina 的房間設在傳統穀倉內，是特別投宿的經驗

路段公里數：22km

Etapa 20：Niévares → Gijón

🐚 路段指南

返回抵達 Casa abierta La Xaldina Peregrina 庇護所的路口左轉，沿同方向爬坡，到達海拔 436m 的 Alto de La Cruz 峰後下坡。左轉走 VV-8 旁邊的小路，沿同方向抵達 Peón (6.5km)。繼續走在 VV-8 上，經 Casa Pepito 餐廳，直走接到 AS-331，之後左轉走小路，遠離公路。很快地需要右轉穿越 AS-331，保持同方向前進。

遠離公路開始走入前方的森林路，再次遇到 AS-331 後右轉。接著會經過 El Pinar 咖啡廳，離開後不遠處右轉，走小路直走。之後穿越 A-8 和 AS-331，朝同方向走抵達 Camping Deva 露營區 (13km)。接上 N-632 後，很快地右轉。**請注意**：在兩個紅色公車站牌的地方，需選擇：①右轉走官方路線，②左轉走 Peñafrancia 步道，③直走 N-632。右轉吧！

抵達希洪 (Gijón) 市郊，經植物園，以及阿斯圖里亞斯自治區內的 19 世紀建築傑作——勞工大學 (Universidad Laboral)。穿越圓環後，走 C. Ezcurdia，直走抵達阿斯圖里亞斯自治區最知名的海灘 Playa de San Lorenzo，和希洪舊城區 (22km)。

沿海灘步道抵達考古博物館 (Museos Arqueológicos)，可看到羅馬浴場遺址。走到 Villacima 區，可順道參觀建於 19 世

1. 兩個紅色公車站牌處 ｜ 2. 希洪知名的 San Lorenzo 海灘 ｜ 3. 希洪字母地標 ｜ 4. 聖約翰大聖堂

紀的聖貝德羅教堂 (Iglesia de San Pedro)。Santa Catalina 山丘上有奇義達的雕塑作品《地平線之頌》(Elogio del Horizonte)，這裡也是看夕陽的好地方。

Villacima 區中可發現彩繪階梯 Escaleras del Rock 和許多道地酒吧，喝杯蘋果氣泡酒吧！離開主廣場往港口前進，可見 17 世紀的雷利亞希赫多皇宮 (Palacio de Revillagigedo)，以及聖約翰大聖堂 (Colegiata

聖地雅哥朝聖之路 Camino de Santiago

de San Juan)。大聖堂旁邊的 Casa Paquet 是公營庇護所預定地，重整後將在 2019 下半年～ 2020 年間開幕，預計有 56 張床。港口有蘋果氣泡酒酒瓶的裝置藝術，及網美喜愛的拍照地「Gijón」字母地標。

市中心有建於 20 世紀、現代主義風格的聖心宗座聖殿（Basílica del Sagrado Corazón）、19 世紀的聖羅倫佐教堂（Iglesia de San Lorenzo），以及聖荷西教堂（Iglesia de San José）。每年在希洪舉辦的國際影展（Festival Internacional de Cine de Gijón），和歐洲兒童藝術市場展（FETEN），都是重要文化活動。

路段公里數：25.5km

Etapa 21：Gijón → Avilés

👤 沿途庇護所

◆ **Deva**

🏠 Albergue de peregrinos cámping Deva
✉ N-632 旁　📞 +349 851 338 48　💲 6€　🛏 36 床
📶 Wi-Fi　｜離 Gijón 7.5km　｜整潔度不佳，入住前請三思

◆ **Gijón**

🏠 Albergue El Peregrin
✉ Profesor Pérez Pimentel, 251　📞 +346 527 676 01
💲 12 ～ 15€　🛏 17 床　📶 Wi-Fi　｜可預約｜離市中心 2.5km　｜整潔度不佳，入住前請三思

🏠 Residencia Universitaria Cimadevilla
✉ Plaza de la Colegiata, s/n
📞 +349 841 985 04　💲 15€　🛏 46 床
📶 Wi-Fi　｜7/1 ～ 9/10 提供朝聖住宿｜務必電郵預訂 rucimadevilla@telecable.es

🐚 路段指南

北方海岸之路最憂鬱的工業區一日遊。走海岸步道接 Av. de Galicia 以及 Av. República Argentina，再接 AS-19 離開。沿同方向前進並穿越鐵路兩次，經圓環後右轉走小路，開始工業區之旅。

再次穿越鐵路後，爬坡至 Monte Areo 山。穿越公路抵達 Poago 之後右轉，沿 C. Real 前進，接著右轉接 Cañada del Reguerón 直走，抵達 Pavierna（7.5km）。沿抵達的街道離開，開始上坡走桉樹林（Eucalpytus）。行經 CE-6 抵達 Santa Eulalia（12km）。沿同方向前進，來到建於 10 世紀的聖塔艾梧拉里亞教堂（Iglesia de Santa

本站終點阿維萊斯街景，右邊是聖尼可拉斯教堂

136

Eulalia)，再遵循指標走。

穿越隧道接車流量多的 AS-326 並經工業區，在圓環處走右邊小路，之後來到 Tabaza (17km)。走 AS-19 路肩，抵達 Trasona (20.5km)。繼續沿著 AS-19 走抵達阿維萊斯 (Avilés)，從 C. Rivero 徒步區進入漂亮的舊城區 (25.5km)。

阿維萊斯舊城區是個美好的驚喜。宗教建築包括新舊聖多瑪士教堂 (Iglesia Vieja y Iglesia Nueva de Santo Tomás el Sabugo)、聖尼可拉斯教堂 (Iglesia de San Nicolás de Bari)，以及方濟會神父教堂 (Iglesia de los Padres Franciscanos)，

以上教堂的建築年代橫跨 12 ～ 16 世紀，再加上舊城區眾多的 18 世紀建築，親臨現場彷彿閱讀過一遍西班牙建築史。

🧭 沿途庇護所

◆ Avilés
🏠 Albergue de peregrinos Pedro Solís
✉ Gutiérrez Herrero, 1　📞 +346 846 582 08
💰 6€　🛏 56 床　🍳 廚房｜Wi-Fi

1. 令人驚豔的阿維萊斯舊城區風景 ｜ 2. 奧斯卡尼邁耶藝文中心

🐚 朝聖補給站 🐚

阿維萊斯藝術導覽

阿維萊斯河畔，有一棟由巴西知名建築師奧斯卡尼邁耶 (Oscar Niemeyer) 操刀設計的尼邁耶藝文中心 (Centro Niemeyer)，展出內容以藝術、文化和教育為主；白色為基調搭配鮮豔的紅黃色，和城市工業風景形成強烈對比。

漫步阿維萊斯城中，能看到一尊名為《女怪物》(La Monstrua) 的雕像，她是西班牙著名的宮廷女丑 Eugenia Martínez，雕像則成為熱門的自拍景點。西班牙畫家瑪卡烈紐 (Juan Carreño de Miranda)，也以她為主角，創作出 16 世紀經典畫作《穿衣的怪獸》(La monstrua vestida)，和《著衣的怪獸》(La monstrua desnuda)，兩件作品現由 Museo del Prado 美術館收藏。

女怪物雕像

路段公里數：23.5km

Etapa 22：Avilés → Muros de Nalón

🐚 路段指南

從 Plaza España，接 C. Ferrería 到 Muelle 公園繞左邊走。圓環處走 C. Estación 至聖多瑪斯舊教堂。左轉離開教堂，接 Av. Alemania 之後直行。在 Campo del Conde 住宅區小廣場，**請注意**：可選擇：①在 Restaurante Afuegolento 餐廳前右轉，往 Salinas，②左轉走官方路線，會走在車流量多的公路。右轉吧！沿著同方向走，接著穿越 N-632，再走入森林。穿越 Av. Raíces，過河後左轉接 C. Doctor Fleming，抵達 Salinas（5.5km）。

從 C. Doctor Fleming 離開，接 C. Ramón y Cajal 和 C. Torner 後，走 Av. San Martín 直行，左轉過 El Cueto 村，同方向抵達 San Martín de Laspra（7km）。沿原方向穿越 El Villar 村後，右轉上坡。經 El Muro 村後左轉，接著抵達 Santiago del Monte（12.7km）。

經聖雅各教堂（Iglesia de Santiago）後，穿越 N-643 走地方公路 AS-318。穿越 A-81 後，大約 600m 處左轉走森林。穿越 AS-318 抵達 El Castillo 和 Soto del Barco（19km）。走 C. Magdalena 離開，沿同方向經 N-632 路橋，穿越 Río Nalón 河繼續沿 N-632 走，不遠處左轉走上坡路。接

著行經 Era 區，保持直走，穿越 N-632 接 Av.Toledo，再穿越地方公路接 C.Arango，接著抵達 Muros de Nalón（23.5km）。

Muros de Nalón 的主要景點，為具有高聳鐘塔的聖母瑪麗亞教堂（Iglesia de Santa María），和 15 世紀的皇宮 Palacio de

1. 聖母瑪麗亞教堂 | 2. Aguilar 海灘

Valdecarzana y Vallehermoso。建議從旅客服務處，沿著 AS-317 走至 Playa de Aguilar 海灘，度過美好的午後。

沿途庇護所

◇ **San Martín de Laspra**

🏠 Albergue San Martín　✉ Navalón, 39

📞 +346 598 032 90　💲 樂捐　🛏 46 床

🅿 廚房 │ Wi-Fi

◇ **Muros de Nalón**

🏠 Albergue Casa Carmina　✉ Riego, 21-23

📞 +346 461 354 38　💲 15€　🛏 18 床　🅿 廚房│
Wi-Fi │ 可預約 │ 10 月～隔年 3 月需預約

🏠 Albergue Camino de la Costa 👍

✉ Plz. del Marqués, 12　📞 +346 365 803 65

💲 10€　🛏 12 床　🅿 廚房 │ 可預約

🏠 Albergue La Naranja Peregrina　✉ Era, 27

📞 +346 852 451 11　💲 樂捐　🛏 20 床　🅿 廚房│
Wi-Fi │ 可預約

路段公里數：15.5km •

Etapa 23：Muros de Nalón → Soto de Luiña

本圖為官方路線。
以下文章建議從El Pito前往Cudillero後接回Mumayor。

🐚 路段指南

從教堂廣場離開，在旅客服務處走 Av. de Galicia，穿越鐵路後右轉接 C. Francisco Cabal，不遠處左轉且與 N-632 保持平行，直走。過橋穿越鐵路後，走入蜿蜒的森林路上。不遠處再次穿越鐵路，接地方道路後，右轉抵達 El Pito (4km)。接著走 CU-2 公路，經苦行者耶穌教堂 (Iglesia de Jesús de Nazareno)，**請注意：** 不遠處選擇：①直走，前往路程外的 Cudillero，②左轉繼續本日路程。直走吧！沿 CU-2 走，抵達港灣小鎮 Cudillero (6km)。這裡是阿斯圖里亞斯自治區中最美小鎮之一，除色彩繽紛的港口廣場外，還有 1858 年運作至今的燈塔。兩座觀景台 Mirador de la Garita 和 Mirador de la Atalaya，都能一覽小鎮全景。

Cudillero 小鎮風景

走港口步道到底，接著走 CU-3 沿同方向前進。數公里後在圓環處右轉，接 N-632 抵達 Rellayo 區。由於此段的 N-632 封路，需繞行 N-632a 走。之後跟著指標右轉，前往 Playa Concha de Artedo 海灘。沿同條路走，由下方穿越高架橋，並走在與 A-8

平行的小路上，不遠處左轉前進，抵達 Mumayor (12.5km)。穿越小鎮後先右轉、不遠處再左轉，開始走在漂亮的森林步道上。接到 N-632a 後，走公路抵達 Soto de Luiña (15.5km)。當地的主要景點為聖母瑪麗亞教堂 (Iglesia de Santa María)。也可沿 N-632，走到 2.5km 外（來回 5km）的小鎮 San Martín de Luiña，參觀名列世界人文遺產的聖馬汀教堂 (Iglesia de San Martín de Luiña)，它是阿斯圖里亞斯自治區中海岸教堂的典範。

路段公里數：18.5km

🏠 沿途庇護所

◈ **El Pito**
🏠 Albergue Cudillero　📧 Selgas, s/n
📞 +346 892 325 32　💲 12 ～ 20€（含早餐）
🛏 8 床　🍴 廚房｜Wi-Fi｜可預約

◈ **Soto de Luiña**
🏠 Albergue de peregrinos de Soto de Luiña
📧 Soto de Luiña, 57　📞 +346 406 925 91　💲 6€
🛏 60 床　🍴 Wi-Fi

1. 聖母瑪麗亞教堂｜2. 在 Soto de Luiña 小鎮 2.5km 外的聖馬汀教堂

Etapa 24：Soto de Luiña → Cadavedo

(高度圖)
Cadavedo　Ballota　Santa Marina　Castañeras　Novellana　Soto de Luiña
m 500 / 400 / 300 / 200 / 100 / 0
km　15　10　5　0

🧭 路段指南

在 Valle Las Luiñas 飯店處左轉，幾公里後接 N-632a。**請注意**：沿指標走直到 Cabo Vidio 飯店處，遇交叉點：①直走前往 Ballota，②左轉走官方路線。直走吧！不遠處走下方穿越 A-8，走右邊小路遠離公路，抵達 Albuerne (3.5km)。

繼續沿指標走抵達 Novellana (5km)。走 N-632a，之後右轉，穿越小河後爬坡回到 N-632a。沿 N-632a 走抵達 Castañeras (6.8km)。走 N-632a 離開，之後右轉。接著在不遠處左轉走小路，直到抵達 Santa Marina (9km)。沿蜿蜒的 N-632a 右側走抵達 Ballota (11.5km)。沿 N-632a 離開，約

700m 處右轉走下坡小路，走在森林中，朝海岸方向前進。

走單拱古橋穿越 Río Cabo 河後，可見 Playa de Ballota 海灘，往前走在大片綠林中，接著抵達 Tablizo (13.5km)。沿綠林路前進之後，回到 N-632，不久後右轉走小路，遠離 N-632a 開始下坡，沿同方向前進，抵達 Cadavedo (18.5km)。小鎮內共有 95 個傳統穀倉，密集度和保存完整度為自治區之最。小鎮外 1.5km 處有無敵海景，和一座純樸優雅的雷佳莉娜隱修院 (Ermita de la Regalina)。晚上還可看到滿天星空！

🧑 沿途庇護所

◆ **Cadavedo**

🏠 Albergue de peregrinos de Cadavedo 　📮 N-632 旁
📞 +346 531 286 42 　💲 5€ 　🛏 12 床 　🍳 廚房

🏠 Apartamentos Casa Ina 👍
📮 Los Campos, 131 　📞 +346 260 814 51 　💲 20€
🛏 12 床 　📶 Wi-Fi │ 可預約

1. 隱修院旁可遠眺美麗的海岸 │ 2. 地中海色系的雷佳莉娜隱修院

路段公里數：15.5km •

Etapa 25：Cadavedo → Luarca

[海拔高度圖：Luarca、Barcia、Canero、Cadavedo　縱軸 m 0–500，橫軸 km 0–15]

🐚 路段指南

沿 N-632a 離開 Cadavedo，在遇圓環前右轉走小路，經 Villademoros (1.4km)。穿越小鎮，沿原路前進經 San Cristóbal 後，朝同方向走，之後接回 N-632，**黃色箭頭**指引大家右轉進入 Queruás，但建議直走**不進** Queruás 小鎮。直到圓環處左轉走下方穿越 A-8，經 Chano de Canero 綠林路，抵達聖米格爾教堂 (Iglesia de San Miguel) (6.5km)。教堂處右轉走森林。接著走

N-634 路橋,過 Río Esva 河後抵達 Hotel Canero。走旅館後方的步道,朝上坡前進。經 N-634 後與 A-8 平行,再走路橋穿越 A-8。不遠處左轉,沿指標前進接 N-634,不遠處右轉,抵達 Barcia (12.2km)。

行經聖賽巴斯提安教堂 (Iglesia de San Sebastián) 後直走,不遠處左轉,朝同方向前進,接地方道路後直走,行經 Colegio José García Fernández 學校,接著左轉接 C. de la Carril,走石階抵達盧阿爾卡 (Luarca) (15.5km)。**請注意:**當地的公營庇護所 Albergue de peregrinos de Luarca 在 2.7km 外的 Almuña,建議可投宿市中心的私人庇護所或旅社。

沿著建於 13 世紀的拉摩拉爾皇宮 (Palacio de La Moral),進入盧阿爾卡舊城區。主要宗教建築為聖塔艾梧拉里亞教堂 (Iglesia de Santa Eulalia)。沿 Pescadería 區的小路走至 El Chano 觀景台,能看見小鎮全貌。沿港口旁的公路走,抵達位於海岸邊號稱西班牙最美的墓園。墓園內有 1960 年代諾貝爾醫學獎得主 Severo Ochoa 和妻子的墓。一旁的雪白聖母隱修院 (Ermita de la Virgen Blanca),和 1862 年啟用的燈塔都值得參觀。

盧阿爾卡著名的接吻橋 (Puente de Beso) 有浪漫的傳說。中古世紀時堡壘主人之女,請求父親讓她去治療負傷被囚的海盜頭目。沒想到兩人一見鍾情,滋生愛苗。他

們計畫從港口私奔逃亡,最後時刻遭堡壘主人阻擋。發現無法逃脫的愛侶彷彿沒有明天似的擁抱、親吻著,堡壘主人震怒之下,拿出寶劍取下兩人首級,沒想到他們的軀體仍堅定地站在原地。後人在最後一吻之地搭建接吻橋,紀念這段故事。

沿途庇護所

◆ Canero
🏠 Albergue Playa de Cueva　✉ Canero 飯店旁
📞 +349 854 750 36　💲 10～12€　🛏 18 床
📶 Wi-Fi │ 可預約 │ 2～12 月營業

◆ Luarca
🏠 Albergue Villa de Luarca
✉ Álvaro de Albornoz, s/n　📞 +346 608 194 34
💲 12€　🛏 22 床　📶 Wi-Fi │ 可預約

🏠 Pensión Oria　✉ Crucero, 7　📞 +346 657 995 00
💲 20€　🛏 14 床　📶 廚房 │ Wi-Fi │ 可預約 │ 為旅社

1. 從觀景台遠眺盧阿爾卡 │ 2. Severo Ochoa 和妻子的墓 │ 3. 接吻橋

路段公里數：31km

Etapa 26：Luarca → La Caridad

🐚 路段指南

　　從盧阿爾卡市府廣場 Plaza de Ayuntamiento 接著走 C. Uría 右轉接 C. de La Peña 後左轉，接地方公路直走。看到木亭右轉，沿同方向靠左邊走。經聖雅各教堂 (Iglesia de Santiago) 遺址直走，抵達 Villuir (3.5km)。直走穿越 N-634 走小路，跟著箭頭走。穿越 AS-37，沿同方向走經過 A-8 的高架橋工程路段，下坡接 N-634，並靠左手邊走。順著 N-634 走，不穿越 A-8 高架橋，不久後左轉走小路，遠離 N-634，繼續走小路直到再次穿越 N-634，之後抵達 Villapedre (12.5km)。

　　不遠處右轉，行經小鎮的聖雅各教堂 (Iglesia de Santiago) 和鐵路下方，朝前方走。接著穿越 N-634 抵達 Piñera (14.5km)。跟著指標直到右轉穿越鐵路橋，經聖薩爾瓦多教堂 (Iglesia de San Salvador) 後接著走 N-634。行經庇護所再往前，穿越 N-634 走森林小路抵達 Villaoril (16.5km)。沿 NV-3 走，抵達 La Colorada (18.5km)。Hotel Blanco 處左轉再右轉，朝同方向至 C. San Roque 接 C. Ramón de Campoamor，抵達工業城 Navia (20km)。市政府廣場和聖母船教堂 (Iglesia de la Virgen de la Barca) 都推薦參觀。

La Caridad 的主要廣場

　　走 Av. Ramón Valdés 離開後，從 N-634 路橋穿越 Río Navia 河。過橋後左轉，沿指標抵達 Jarrio 的聖安娜隱修院 (Ermita de Santa Ana) (22.7km)。穿越 CN-1 朝同方向走，並與 A-8 保持平行。接著上路橋穿越 A-8，走左邊小路。接著穿越 N-634，且保持平行方向前進，順著指標走抵達 Cartavio (26.5km)。

　　繼續走 N-634 旁的小路，抵達 Arboces (29km)。**請注意**：Arboces 的庇護所，只有在本站終點 La Caridad 公營庇護所客滿時，才會開放。沿同方向離開，貼近 N-634 但不穿越，走左邊小路。接著走地下道穿越公路，再穿越 N-634。行經 La Caridad 公營庇護所後，抵達 Av. de Asturias，接著左

轉抵達 La Caridad (31km)。自 19 世紀起鎮民熱誠接待朝聖者，因此取名為「仁愛」(La Caridad)。宗教建築有聖米格爾教堂 (Iglesia de San Miguel)。

聖米格爾教堂

🧍 沿途庇護所

◆ **Piñera**
🏠 Albergue de peregrinos de Piñera　📧 N-634 旁
📞 +346 110 405 17　💲 5€　🛏 24 床　🛈 Wi-Fi │
3 ～ 10 月營業

◆ **Navia**
🏠 Albergue San Roque　📧 Manuel Suárez, 3
📞 +346 919 042 42　💲 10€　🛏 24 床　🛈 廚房 │
Wi-Fi │ 可預約 │ 3 ～ 11 月營業

◆ **Arboces**
🏠 Albergue de peregrinos de Arboces
📧 Arboces, s/n　📞 +346 851 544 05　💲 5€
🛏 38 床　🛈 只在 La Caridad 公營庇護所客滿時才開放

◆ **La Caridad**
🏠 Albergue de peregrinos de La Caridad
📧 Asturias, s/n　📞 +346 851 544 05　💲 5€
🛏 18 床　🛈 客滿會時開放 Arboces 的公營庇護所
(1.5km 外)

🏠 Albergue La Xana 👍　📧 Asturias, 18
📞 +349 841 968 30　💲 11 ～ 13€　🛏 12 床
🛈 Wi-Fi │ 可預約 │ 1 ～ 10 月營業 │ 內有小酒吧

路段公里數：22.5km •

Etapa 27：La Caridad → Ribadeo

Ribadeo　Villadún　Tapia de Casariego　Porcía　La Caridad

🐚 路段指南

從 Av. de Asturias 和 Av. de Galicia 離開，之後右轉穿越小溪，越過 N-634 直走，抵達 Valdepares (3.1km)。**請注意：**此處有交叉點：①直走官方路線，②穿越 N-634 走海岸步道。走官方路線吧！接著走 N-634

後左轉走小路，穿越 N-634 接地方道路，過河後抵達 Porcía (5km)。**請注意：**不遠處再次遇交叉點：①直走至 Tapia de Casariego，②左轉前往 Tol。直走吧！接著抵達 Salave (7km)。

繼續直行，經聖母瑪麗亞教堂 (Iglesia de

Santa María de Campos y Salave），往 N-634 前進，不穿越它，保持平行方向前進。抵達 San Antonio 區後直走，行經位於海岸旁 Tapia de Casariego 的公營庇護所。走 C. San Martín 抵達 Tapia de Casariego (11km)。從 Av. de Galicia 離開，在 Xunquiera 飯店處右轉走小路，不遠處左轉，接 TC-3 後右轉，抵達 Villamil (15.5km)。走 TC-3 離開，抵達 Santa Gadea 後左轉，經聖羅倫佐隱修院 (Ermita de San Lorenzo) 和露營區。過 Hostal Parajes 旅館後，左轉遠離海灘，抵達 Villadún (18.2km)。

沿 TC-3 走，直到 Apartamento Laguna 後右轉，走地下道穿越 A-8 直走，接 AS-31 右轉，經 Figueras 鎮，沿同方向至圓環處，再靠右直走。經「順途聖母隱修院」(Ermita de Santa María del Buen Viaje) 後，走過 700m 長的聖者橋 (Puente de los Santos)，踏入加利西亞自治區。下橋左轉沿指標走，抵達 Ribadeo 舊城區 (22.5km)。

Ribadeo 的 C. San Roque 街道旁有美洲移居式建築群。西班牙廣場 (Plaza de España) 為舊城區中心，有許多傳統建築，例如莫雷諾塔 (Torre de los Moreno)。宗教建築有田野聖母瑪麗亞教堂 (Iglesia Santa María de Campo)、聖羅傑小教堂 (Capilla de San Roque)，以及三位一體小教堂 (Capilla de la

Trinidad)。公營庇護所附近，有一座聖戴米安堡壘 (El Fuerte de San Damián)，可到此享受海岸景色。

來到 Ribadeo，絕對要參觀小鎮 10km 外的主教座堂海灘 (Praia das Catedrais)。退潮時可探索岩石洞窟，並走在海水沖蝕成形的天然拱門下，漲潮時還可游泳；海灘旁也有木棧道可散步。夏季人潮眾多，想進海灘可事先預約（預約網址 ascatedrais. xunta.gal），門票免費。可從 Ribadeo 旅客服務處前搭接駁車前往，單程車資 1.4€。

🧍 沿途庇護所

◆ **Tapia de Casariego**

⌂ Albergue de peregrinos de Tapia de Casariego
✉ San Martín, s/n　📞 +346 296 645 55　💲 8€
🛏 30 床　📶 Wi-Fi ｜可預約

🏠 Hostel Tapia　✉ La Xungueira, s/n
📞 +346 916 014 03　💲 15€　🛏 22 床
📶 Wi-Fi ｜可預約｜在小鎮 1km 外

◆ **Ribadeo**

⌂ Albergue de peregrinos de Ribadeo
✉ Estrada do Faro, 12　📞 +34 982 128 689
💲 6€　🛏 12 床　🍳 廚房｜Wi-Fi

🏠 Albergue Ribadeo A Ponte　✉ Justo Barreiro, 7
📞 +346 867 943 89　💲 13～15€　28 床
📶 廚房｜Wi-Fi｜可預約

1. 莫雷諾塔 ｜ 2. 主教座堂海灘被海水侵蝕的天然拱門

路段公里數：28km

Etapa 28：Ribadeo → Lourenzá

路段指南

從本段開始遠離海岸，深入內陸。投宿 Ribadeo 公營庇護所的人，從庇護所離開後，先穿越 A-8 下方，之後經聖米格小教堂 (Capilla de San Miguel)，走上坡路，接著右轉接至 Av. Rosalía de Castro，經客運站直走，接 C. Ramón González，在 C. San Lánzaro 右轉後，直到 C. Pintor Fierros 的石碑處左轉。直走左轉過路橋，從上方穿越改 N-642。沿指標右轉後直走，在歐維教堂 (Iglesia de Ove) 的路口處右轉，沿地上箭頭左轉，走 LU-5207 到卡門隱修院 (Ermita del Carmen)，之後右轉，抵達 Vilela (7km)。

沿原方向離開，經 A Pena-Vilela 餐廳，走前方上坡路，直到下坡接公路 LU-133。接著穿越公路，不遠處左轉沿指標走，抵達 A Ponte de Arante (11.5km)。右轉上坡離開，之後左轉持續上坡，直到抵達 Villamartín Pequeño (17km)。經過墓園，往右邊走，抵達 Villamartín Grande (19km)。

穿越 LU-6103，沿左手邊走，下坡接 LU-0609 之後抵達 Gondán 小鎮，以及聖胡斯托教堂 (Iglesia de San Xusto de Cabarcos) (23.5km)。離開教堂後走左手邊的路，開始下坡，直到穿越小橋，抵達

Lourenzá (28km)。

Lourenzá 鎮內的聖薩爾瓦多修道院 (Monasterio de San Salvador de Villanueva)，是重要古蹟，建於 10 世紀，於 17 世紀擴建。修道院精緻的巴洛克式立面，出自設計聖地雅哥主教座堂的建築師之手，許多人認為此修道院是聖地雅哥主教座堂的縮小版。修道院的聖物博物館 (Museo de Arte Sacro)，也值得參觀。

Lourenzá 有著名的聖薩爾瓦多修道院

🚹 沿途庇護所

◆ Gondán
🏠 Albergue de peregrinos de Gondán Albergue
✉ Gondán, 30　📞 +346 303 290 28　💲 5€
🛏 30 床　🍴 廚房｜淡季不營業

◆ San Xusto
🏠 Albergue de peregrinos de San Xusto
✉ O Corveiro, s/n　📞 +349 821 440 72　💲 5€
🛏 12 床　🍴 廚房｜庇護所由酒吧 Bar Curva 管理，
電話為酒吧號碼

◆ Lourenzá
🏠 Albergue de peregrinos de Lourenzá
✉ Plz. da Gracia　📞 +346 521 867 31　💲 6€
🛏 20 床　🍴 廚房

🏠 Albergue Tótem Home Sharing　✉ Calvo Sotelo, 3
📞 +346 965 701 92　💲 11€　🛏 6 床　🍴 廚房｜
Wi-Fi｜可預約｜位於木棧道尾端、影印行的樓上

🏠 Albergue Savior　✉ Calvo Sotelo, 15
📞 +346 543 334 29　💲 13€　🛏 24 床　🍴 廚房｜
Wi-Fi｜可預約｜4 ～ 11 月營業

🏠 Albergue Castelos Lourenzá　✉ Mondoñedo, 26
📞 +346 761 531 84　💲 12€　🛏 40 床　🍴 廚房｜
Wi-Fi｜可預約

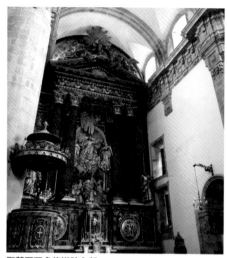

聖薩爾瓦多修道院內部

路段公里數：26km

Etapa 29：Lourenzá → Abadín

🐚 路段指南

　　自小鎮中心的 Rúa Calvo Sotelo 離開，不遠處右轉，走前方小路，之後接 Av. de Mondoñedo，不遠處右轉，行經墓園，一路爬坡直到靠近 N-634 後，抵達 Arroxo（2.5km）。靠公路右手邊，接著穿越 A-8 下方直走，接著在瓜達露佩教堂 (Iglesia de Guadalupe) 處，順著指標左轉，繼續與 N-634 保持平行。

　　不遠處左轉，繼續朝前方邁進，之後接回 N-634a，不遠處右轉接 C. San Lázaro，之後左轉，抵達蒙多涅多 (Mondoñedo) 主

教座堂廣場 (8.2km)。蒙多涅多鎮建於 12 世紀，現在名列西班牙美村，也是北方之路上頗具歷史文化的小鎮之一。

以完美對稱聞名的蒙多涅多主教座堂 (Catedral de Mondoñedo)，為世界人文遺產。建於 13 世紀的教堂主體，原為羅曼式風格，隨著數世紀演變，混搭融入了巴洛克式風格，立面上還有哥德式彩繪花窗。

舊城區其他宗教建築還包括了：巴洛克式風格的解藥聖母聖殿 (Santuario de los Remedios)、建於 19 世紀的聖雅各教堂 (Iglesia de Santiago)、聖塔卡達妮娜神學院 (Seminario Santa Catalina)，以及不少的傳統建築，這些都被列為國定古蹟。

請注意：蒙多涅多主教座堂廣場上有交叉點：①從主教座堂旁左轉，走支線。經許多小鎮後抵達 Abadín，路程約 16.5km。②直走官方路線，經 Alto de Calzada 峰後抵達 Abadín，路程約 12km，但路況差、無手機訊號。左轉吧！從主教座堂旁離開，經古井 (Fonte Vella) 後，右轉上坡接至 C. de la Rigueira，走到底後左轉，沿著小路走，抵達 Lousada (18.5km)。

穿越 Lousada，走左邊小路離開。越過小溪後，開始數公里的蜿蜒爬坡。接著走在 A-8 旁小路，不遠處右轉後接 N-634 直走，

在約本段路程的 25km 處，可選擇：①右轉往 Gontán 前進，當地有公營庇護所，或是②繼續往前走 600m，抵達 Abadín (26km)，這裡有兩間私人庇護所。

❦ 朝聖補給站 ❦

蒙多涅多蛋糕 (Tarta de Mondoñedo)

蒙多涅多到處都可買到的知名蛋糕。底部為海綿蛋糕，中間為以南瓜肉加糖熬煮的果醬，稱作「天使秀髮」(Cabello de Ángel)，上層為杏仁碎片，搭配醃製水果和無花果等。

來一片蒙多涅多蛋糕吧

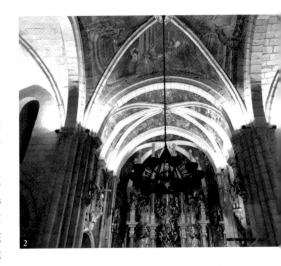

1. 蒙多涅多主教座堂　| 2. 蒙多涅多主教座堂內部

沿途庇護所

◆ Mondoñedo
🏠 Albergue de peregrinos de Mondoñedo
📧 Valada, 2　📞 +349 825 070 40　💲 6€　🛏 28 床
🍴 廚房｜需在警察局拿庇護所鑰匙

🏠 Albergue del Montero　📧 Eladio Lorenzo, 7
📞 +349 825 217 51　💲 15€　🛏 38 床　🍴 廚房｜
Wi-Fi｜可預約｜4 ～ 10 月營業

◆ Gontán
🏠 Albergue de peregrinos de Gontán
📧 Plz. Campo da Feira, 11　📞 +346 162 514 62
💲 6€　🛏 26 床　🍴 廚房

◆ Abadín
🏠 Albergue Xabarín 👍　📧 Galicia, 28
📞 +346 901 818 11　💲 15€　🛏 25 床　🍴 廚房｜
Wi-Fi｜可預約｜3 月中～ 11 月營業，其他月分只
接受團體預約

🏠 Albergue Goás　📧 Galicia, 19
📞 +346 474 536 96　💲 12€　🛏 46 床　🍴 廚房｜
Wi-Fi｜可預約

直走官方路線，或沿右下箭頭在主教座堂處左轉，走支線

路段公里數：22.5km

Etapa 30：Abadín → Vilalba

◎ 路段指南

從 N-634 出發，在 Abadín 市府廣場（Plaza do Ayuntamiento）右轉，走郵局（Correos）旁的小路，之後在不遠處右轉，走入綠林路，並繼續前進。接著需走地下道穿越 A-8 兩次，行經 As Paredes（6km），直走離開小鎮。接著再次穿越 A-8，抵達 Martiñán（9km）。穿越 N-634，保持同方向前進。接

Goiriz 的聖雅各教堂

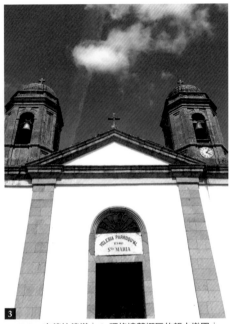

1. Vilalba 安德拉德塔 ｜ 2. 瑪格達蓮娜區的親水樂園 ｜
3. 聖母瑪麗亞教堂

著走古橋穿越 Río Batán 河，一路往前，再次接到 N-634，抵達 Goiriz 的聖雅各教堂 (Iglesia de Santiago)（15km）。

返回 N-634，不遠處走右邊小路，沿指標前進。接著行經在 Vilalba 城鎮 2km 外的公營庇護所。若要住 Vilalba 小鎮，請繼續往前走。過圓環旁的天橋後，沿同方向走，接到 Rúa da Pravia 右轉，走 C. Porta de Cima 後，抵達 Vilalba 舊城區（22.5km）。

Vilalba 舊城區最重要的古蹟，是舊城堡唯一留下、現改建為國營旅館的安德拉德塔 (Torre de los Andrade)。此外，建於 14 世紀、有兩座鐘塔的聖母瑪麗亞教堂 (Iglesia de Santa María)，也是重要古蹟。沿庇護所 Albergue As Pedreiras 旁的小路走，抵達寧靜的瑪格達蓮娜區 (Barrio de Magdalena)，這裡有一座小型親水樂園和遊憩步道。

🛌 沿途庇護所

◈ As Paredes
🏠 Albergue O Xistral 👍 ✉ As Paredes, 35
📞 +346 735 242 57 💲 12€ 🛏 17 床
❓ 廚房 ｜ Wi-Fi ｜ 可預約 ｜ 4 ～ 11 月營業，其他月分需預約

◈ Vilalba
🏠 Albergue de peregrinos de Vilalba
✉ Castiñeiro, 16 📞 +349 825 239 11 💲 6€
🛏 48 床 ❓ 廚房 ｜ Wi-Fi ｜ 鎮中心 2km 外

🏠 Albergue As Pedreiras 👍 ✉ Pita da Veiga, 4
📞 +346 201 377 11 💲 10€ 🛏 28 床 ❓ 廚房 ｜ Wi-Fi ｜ 可預約

🏠 Albergue Turístico Castelos ✉ Pedreiras, 16
📞 +346 761 531 84 💲 12€ 🛏 38 床
❓ 廚房 ｜ Wi-Fi ｜ 可預約

Etapa 31：Vilalba → Baamonde

🐚 路段指南

從舊城區離開，走 C. Concepción Arenal，於不遠處左轉。過橋穿越 Río Magdalena 河。繼續前進，經 Rañego 磨坊後，過古橋穿越 Río de Trimaz 河，接著走下方穿越 A-8，保持同方向走，行經農田。走路橋的人行道穿越 A-8，在農舍處右轉接 N-634，抵達 San Xoán de Alba（6km）。走 N-634 右邊小路前進，抵達 Pedrouzos（8km）。方向不變，之後穿越 N-634 走小路，沿指標右轉。

在酒吧 Bar Alejandro 處，穿越 N-634 與 A-8。走古橋 A Ponte de Saa，穿越 Río Labrada 河。之後再次從下方穿越 A-8 與 N-634，接著左轉，沿同方向走抵達 Pígara（13.5km）。右轉離開小鎮，接到 N-634 後，直接穿越。接著從下方穿越 A-8 後左轉。

持續前進，直到再次接 N-634，沿著路肩走穿越 A-6 之後，抵達 Baamonde（19km）。該鎮為北方海岸之路最後 100km

1. 北方海岸之路最後 100km 的石碑 ｜ 2.3. 當地藝術家柯拉爾雕刻的博物館

的起點，所以朝聖者也開始變多。小鎮內的聖雅各教堂（Iglesia de Santiago）有 500 年歷史，教堂後面有座雕刻博物館，原是當地雕刻家柯拉爾（Víctor Corral）的住所。

🚹 沿途庇護所

◆ **Baamonde**

🏠 Albergue de peregrinos de Baamonde

✉ Terra Cha, 11

☎ +346 282 503 23

💲 6€

🛏 94 床

🛠 廚房｜Wi-Fi

路段公里數：15.5km

Etapa 32：Baamonde → Miraz

🐚 路段指南

　　此段官方規畫的路程終點為 Sobrado dos Monxes，共 41.5km，大部分的朝聖者會分兩天走完。第一天：Baamonde → Miraz（15.5km）。**建議將 Miraz 當作終點，因為當地有兩間庇護所。** 第二天：Miraz → Sobrado dos Monxes（26km）。

　　離開 Baamonde 庇護所，在前方圓環處右轉，走 N-VI 路肩。左轉走 San Alberte 橋，穿越鐵路後，抵達聖阿爾貝爾特隱修院（Ermita de San Alberte）。沿同方向走綠林路，抵達 San Breixo de Parga（6.5km）。**請注意：** 在此會遇到兩座石碑，分別指向不同方向，建議左轉，走官方路線。

　　左轉後沿指標走，穿越 LU-2303 一直往前，抵達 Carballedo（9.5km）。走小路左邊，

米拉斯教堂

　　並順著指標走，抵達 Seixón（12km）。沿同方向離開小鎮後，右轉接 LU-2102，直到 A Lagoa（12.8km）。可在 A Lagoa 庇護所旁的商店，先補充食物（因為 Miraz 沒有超市）。接著左轉沿小路走，繼續前進，抵達不到 30 人的小鎮 Miraz（15.5km）。

　　Miraz 鎮內有米拉斯教堂（Iglesia de Miraz），和現為私人住宅的古城堡（Torres

de Miraz)。當地的兩間庇護所中，CSJ Albergue San Martín 是由英國聖地雅哥之路協會經營，是北方海岸之路上廣受好評的庇護所之一；另一間為 Albergue Ó Abrigo，前有小鎮內唯一的餐廳。

米拉斯古堡

👤 沿途庇護所

◆ Carballedo
🏨 Albergue Rural Witericus 　✉ Carballedo, 1
📞 +346 784 157 28 　💲 12€ 　🛏 9 床 　📶 Wi-Fi ｜
可預約 ｜ 12/15 ～ 1/31 不營業

◆ A Lagoa
🏨 Albergue A Lagoa 　✉ A Lagoa, s/n
📞 +346 461 902 92 　💲 10€ 　🛏 16 床 　🍳 廚房 ｜
Wi-Fi ｜ 可預約

◆ Miraz
⛺ CSJ Albergue San Martín – Miraz 👍
✉ Curral Da Fonte, 8 　📞 +349 828 307 00 　💲 樂捐
🛏 26 床 　🍳 廚房 ｜ 4 ～ 11 月營業

🏨 Albergue Ó Abrigo 　✉ As Laxes, 2
📞 +349 821 948 50 　💲 10€ 　🛏 40 床 　🍳 可預約 ｜
4 ～ 11 月營業 ｜ 前有餐廳

路段公里數：26km ▸

Etapa 33：Miraz → Sobrado dos Monxes

🐚 路段指南

從 Albergue Ó Abrigo 庇護所前方公路離開，不遠處左轉後，直走並開始爬坡。沿同方向前進，直到遇到柏油路口左轉，抵達 Alto de Mamoa 峰，之後下坡接 LU-2119，依序行經 A Roxica 庇護所，以及小鎮 A Cabana (10.5km) 和 A Marcela (12km)。

順著指標離開，在不遠處右轉，抵達 Corteporcos (13.5km)。走 AC-934 離開，

聖母瑪麗亞修道院迴廊景色，只有投宿的朝聖者才看得到

沿途庇護所

◆ **A Roxica**
🏠 Albergue Casa Roxica　📧 Roxica, 2
📞 +346 304 870 08　💲 10€　🛏 10 床
📶 可預約｜冬季不營業

◆ **A Cabana**
🏠 Albergue de peregrinos de A Cabana
📧 Cabana, 9　📞 +346 162 514 62　💲 6€　🛏 29 床
📶 廚房

◆ **Sobrado dos Monxes**
🏠 Albergue de peregrinos del Monasterio de
Sobrado dos Monxes 👍
📧 修道院內　📞 +346 288 389 65　💲 6€　🛏 120 床
📶 廚房｜13:00 ～ 16:30 修士休息，可先放背包，
16:30 登記入住

🏠 Albergue Lecer　📧 Casiñas, 12
📞 +349 8178 75 34　💲 10€　🛏 28 床　📶 廚房｜
Wi-Fi｜可預約

爬坡，登上北方海岸之路的最高點海拔
710m。進入 A Coruña 省，沿著 AC-934
公路前進，抵達 O Mesón（20km）。

在 Mesón Suso 餐廳的路口處右轉後直
走。經幾個散村後，沿指標前進，之後會
接回 AC-934，沿路肩走並行經 Lago de
Sobrado 湖，不遠處左轉，直走抵達市府
廣場（Plaza de Concello）。在廣場左轉，抵
達壯麗的聖母瑪麗亞修道院（Monasterio de
Santa María de Sobrado）（26km）。

Sobrado dos Monxes 鎮，是伴隨著 10 世
紀聖母瑪麗亞修道院的建立而誕生。精雕
細琢的巴洛克式立面和主體、羅曼式的瑪
達蓮娜禮拜堂（Capilla de la Magdalena）、
肅穆的修道院內迴廊、布滿青苔卻不減神
聖氣息的教堂內部，都讓參觀者屏息。在
這個世界人文遺產住一晚吧！修道院內的
朝聖者迴廊（Claustro de los peregrinos），是
專屬朝聖者的區域，不會被觀光客打擾。
入住時間因配合修士作息，相當嚴謹，請
見庇護所列表資訊。

1. 聖母瑪麗亞修道院精雕細琢的巴洛克式立面｜2. 肅
穆且充滿青苔的修道院教堂內部｜3. 修道院寧靜且莊
嚴的迴廊

← there's a header image on the right

路段公里數：22km

Etapa 34：Sobrado dos Monxes → Arzúa

（高程圖）
m
- 700
- 600
- 500
- 400
- 300
- 200

A Gándara

As Corredoiras

Sobrado dos Monxes

Arzúa

Sendelle

km   20   15   10   5   0

🐚 路段指南

走 AC-934 離開，經郵局直走（不用轉彎），在不遠處左轉，持續前進，抵達 Castro（3.8km）。再次回到 AC-934，在不遠處右轉直行，經 Madelos（6.2km）。右轉離開後，走森林路，接著需左轉接回 AC-934 並直走，抵達 As Corredoiras（8.6km）。沿著 AC-934 走，不遠處右轉，抵達 Boimil（9.8km）。繼續沿 AC-934 走，右轉接 AC-0603，抵達 A Gándara（11.5km）。沿同方向穿越小鎮，左轉接 CP-0602。不遠處右轉直走，抵達 Sendelle（14.6km）。朝前穿越 Piñeiro 和 Vilar 兩村之後，接 AC-234，左轉走小路，直到抵達 Ribadiso（20.5km）之後左轉，經過一座足球場，走 C. del Viso 來到 Arzúa，繼續順著指標走，抵達教堂廣場（22km）。

1. 行經 A Gándara(Boimorto 市鎮中的小村) 能看到羅馬時期的里程石碑 ｜ 2. Arzúa 的瑪格達蓮娜小教堂

從 Arzúa 開始接法國之路的第 32 站。 完整庇護所列表、城鎮介紹，以及從 Arzúa 到 Santiago de Compostela 的路段，請參考 P.098。

🏃 沿途庇護所

◈ **A Gándara (Boimorto)**

🏠 Albergue de peregrinos de Boimorto
✉ Cernadela, 3　☎ +349 815 160 20　💲 6€
🛏 34 床　🍴 廚房

🏠 Albergue-Pensión Casa da Gándara
✉ Gándara, 49　☎ +346 300 679 75　💲 14€
🛏 16 床　📶 Wi-Fi ｜ 可預約

155

銀之路 Vía de la Plata

　　號稱各條聖地雅哥之路中「最難走」的銀之路，源自阿拉伯文「al-Balat」，意為「鋪石之路」，經數世紀語言的演變，發音變成與西語發音相近的「Plata」（白銀）。鋪石路原為羅馬人擴張帝國版圖時建設的羅馬古道（Calzada Romana），8世紀則是摩爾人占據伊比利半島的主要道路，見證了西班牙歷史的演變。12世紀後，這路逐漸乏人問津，直到1980年代後期才人氣回升，並成為聖地雅哥之路的其中一條路線。據統計，2018年共有9,127人次踏上銀之路（占比 2.79%）。

　　過去銀之路從梅利達（Mérida）開始，至阿斯托爾加（Astorga）結束；現今以塞維亞（Sevilla）當作起點，至阿斯托爾加約708km，之後接法國之路第23站，直到聖地雅哥主教座堂，總長約966km。有些路段走在原始羅馬古道上，因此路上可見「羅馬里程石碑」（Miliario Romano）。

　　銀之路行經安達魯西亞（Andalucía）、埃斯特雷馬杜拉（Extremadura）、卡斯提亞雷昂（Castilla y León）三大自治區，也經過許多重要城市，如觀光大城塞維亞、薩拉曼卡（Salamanca，城內有西班牙最古老的大學）、薩莫拉（Zamora，為歐洲羅曼式教堂密度最高城市）、梅利達（有西班牙面積最大的羅馬帝國考古遺址）、卡塞雷斯（Cáceres，舊城區保存完整中世紀原始風貌），以及阿斯托爾加（有高第設計的主教宮 Palacio Episcopal）。

　　走這條路最大的挑戰，為許多路段沒有小鎮，因此沒有店家可供短暫休息；每站間的距離長，絕對要備好水跟糧食；而長時間的太陽曝曬，也是挑戰。**強烈建議不要在夏天走銀之路，因為氣溫會達 40℃，每年都有朝聖者在熱浪中去逝。春、秋兩季最適合。**

銀之路除了接近終點的加利西亞除外，其他自治區的公營庇護所，收費並無統一價格，且通常冬季停業，若是冬天來，只

銀之路會行經許多牧場，因此常見告示牌要求朝聖者隨手關柵門

能投宿少數營業的私人庇護所或旅館。建議出發前再次確認營業狀態，私人庇護所若能預訂，最好事先訂房。

如何抵達塞維亞

路徑：馬德里 (Madrid) ➡ 塞維亞 (Sevilla)

◈ **搭火車**

從馬德里地鐵站 1 號線 Atocha Renfe 外的 Puerta de Atocha 火車站搭乘西班牙高鐵 AVE，車程約 2.5 小時。

起點城市：塞維亞

安達魯西亞自治區首府，西班牙第四大城市。或許是因為銀之路較不熱門，城市中朝聖氛圍較淡，但充滿特色的文化和古蹟仍然吸引人。

舊城區有穆斯林統治時期摩爾人 (los moros) 遺留下的遺址。當地佛朗明哥舞蹈表演盛行，而每年 4 月的聖週遊行 (Procesión Semana Santa) 以及春會 (Feria de abril) 總是吸引眾多人潮。

特色區域

瓜達幾密河 (Río Guadalquivir) 對面的特里亞納區 (Barrio Triana)，為著名佛朗明哥藝術聚集地。有很多道地小酒館，喜歡佛朗明哥及舞蹈的人可以到小酒館喝酒看表演，也適合午後坐在河畔休息野餐。

聖十字區 (Barrio de Santa Cruz) 是西班牙第二大的猶太區。15 世紀摩爾人驅逐猶太人後，此區開始沒落，於 18 世紀重建。這裡至今仍為塞維亞重要的歷史區塊，可看到被保存下來的穆德哈式建築 (Estilo Mudéjar，見 P.162)，房屋外牆的白色油漆為其特徵。

宗教與歷史建築

塞維亞主教座堂 (Catedral de Santa María de la Sede de Sevilla) 是西班牙最大、也是世界第三大哥德式教堂。前身為清真寺，15 世紀改建為教堂，融合了不同時期的藝術風格，主教座堂和文藝復興塔頂的鐘塔 (La Giralda) 都是熱門景點。

塞維亞王宮 (Real Alcázar de Sevilla) 不只有伊斯蘭式建築藝術，還有穆德哈式和哥德式建築的蹤影，見證西班牙歷史和政權千年來的演變。

高 36m 的黃金塔 (Torre del Oro) 位於瓜達幾密河畔，13 世紀曾是軍事堡壘，守護著塞維亞及河域，現為海事博物館 (Museo Naval)。塔上的磁磚裝飾受到陽光照射後，在河面形成黃金波浪倒影，於是有黃金塔之稱，與同時期建立的銀之塔 (Torre de la Plata) 與銅之塔 (Torre del Bronce，只剩部分遺址)，同列塞維亞三大塔。

黃金塔

塞維亞主教座堂

在市中心的西印度群島綜合檔案庫 (Arichivo General de Indias)，珍藏了西班牙殖民美洲和菲律賓的檔案，還有航海家哥倫布 (Cristóbal Colón) 的日誌。

熱門景點

外號蘑菇 (Las setas) 的都市陽傘 (Metropol Parasol) 是全球最大的木製建築物之一。著名的西班牙廣場 (Plaza de España) 位於瑪麗亞路伊莎公園 (Parque de María Luisa) 中，最初是為 1929 年「塞維亞西美博覽會」而建，廣場上有西班牙各省分首府的拼貼磁磚。此外，許多知名電影如《阿拉伯的勞倫斯》和《星際大戰 2》，都曾在此取景。

西班牙廣場

美術館

塞維亞美術館 (Museo de Bellas Artes de Sevilla) 的建築主體是標準南部風格，館藏眾多西班牙畫家作品，有「西班牙畫家庫」的美稱。其中以蘇爾巴蘭 (Francisco de Zurbarán) 和慕里尤 (Bartolomé Esteban Murillo) 的作品最為重要，也是認識塞維亞風格畫作的好地方。

1. 塞維亞美術館 │ 2. 塞維亞美術館內部像極了皇宮

🔵 庇護所

◆ **Sevilla**

🏠 Albergue juvenil de Sevilla　📧 Isaac Peral, 2
📞 +349 550 565 00　💲 15€（含早餐）　🛏 324 床
📶 Wi-Fi │ 可預約 │ 在市中心 2.5km 外

🏠 Hospedería Convento de Santa Rosalía
📧 Cardenal Spínola, 8　📞 +346 823 130 72
💲 25€　🛏 8 床　📶 可預約（需提前兩週，email
聯絡 casadeoracion.capuchinas@gmail.com）

🏠 Albergue Triana 👍　📧 Rodrigo de Triana, 69
📞 +349 544 599 60　💲 13€　🛏 46 床　📶 廚房
Wi-Fi │ 可預約 │ 在 Triana 區 │ 1/8 ～ 2/8 不營業

在塞維亞辦理朝聖者護照

Hotel Don Simon 飯店

▶DATA◀

✉ García de Vinuesa, 19 (在市中心)

💲 2€

塞維亞聖地雅哥之路之友協會
Asociación de Amigos del Camino
de Santiago de Sevilla-Vía de La Plata

▶DATA◀

✉ Castilla, 82

🕐 11 ～ 3 月：每週二～四 18:00 ～ 20:00。4 ～
11 月：每週一～四 19:00 ～ 21:00。6/29 ～ 9/4：
週一～五 10:00 ～ 14:00，週一～四 19:00 ～
21:00 💲 2€ 🌐 參考 www.viaplata.org

在塞維亞蓋朝聖者印章

在塞維亞，只有在主教座堂 Parroquia
del Sagrario，才能蓋朝聖者印章 (銀之路
起點第一個章)。蓋章地點位在 Avd. de la
Constitución 的入口。

Parroquia del Sagrario 門口

路段公里數：24km

Etapa 1：Sevilla → Guillena

🐚 路段指南

沿著 Av. de la Constitución 走，在 C.
García Vinuesa 看到第一個扇貝，經 C.
Jumios、C. Zaragoza 兩條路離開市區。過
了伊莎貝拉二世橋 (Puente de Isabel II) 後
抵達 Triana 區。**請注意：**不遠處遇交叉點：
①行經 Camas，②沿瓜達幾密河畔走。前
往 Camas 吧！

穿越 Triana 區直到 Av. Expo' 92 圓環處，
往 Puente de la Señorita 橋的方向，並走在
自行車道上。繼續直走，並從 A-66 下方
穿越後，抵達 Camas (5.4km)。鎮內有恩典
聖母瑪利亞教堂 (Iglesia de Santa María de
Gracia)。沿 C. de Santa María de Gracia 離
開小鎮，在圓環處繞左手邊走，與 N-630
保持平行。

經 Valencina de la Concepción 工業區離開，之後遵循指標抵達 Santiponce (10km)。沿著 Av. de Extremadura，抵達伊大利卡考古遺址 (Itálica)。伊大利卡為羅馬帝國時期的政治、軍事及經濟中心，建於西元前 206 年，面積近 52 公頃。現為安達魯西亞自治區重要考古遺址，內部的熱門看點有馬賽克瓷磚、花園、羅馬劇場，以及能容納 2 萬 5 千人的羅馬圓形競技場。HBO 影集《冰與火之歌：權力遊戲》曾以這裡為拍攝場景。

沿 Av. Extremadura 離開後，穿越 N-630，走地下道通過 A-66，之後走左邊小路，基本上沿同方向前進，直到右轉接 A-460，抵達吉耶納 (Guillena，24km)。

吉耶納是羅馬時期的核心城市之一，穆斯林統治時期因為戰略位置佳，而成為塞維亞的外環堡壘。多條河流為這塊土地帶來灌溉水源，讓當地農業發展得相當出色。重要景點有石榴聖母教堂 (Iglesia de la Virgen de la Granada) 和西班牙廣場 (Plaza de España)。

🏠 沿途庇護所

◆ **Guillena**

🏠 Albergue de Guillena　✉ Av. de la Vega, s/n
📞 +346 723 730 99　💲 10€　🛏 20 床
🕐 Wi-Fi　｜ la Vega 足球場旁

🏠 Albergue Luz del Camino 👍
✉ Federico García Lorca, 8　📞 +346 677 273 80
💲 12€　🛏 12 床　🕐 廚房｜Wi-Fi｜可預約

1. 絕對不要錯過伊大利卡考古遺址｜2. 伊大利卡的羅馬圓形競技場｜3. 吉耶納的西班牙廣場｜4. 小鎮的傳統市集

Etapa 2：Guillena → Castilblanco de los Arroyos

🐚 路段指南

　　自私人庇護所 Albergue Luz del Camino 走 A-460 離開，直到 Peña Bética 麵包店處右轉，接著沿同方向前進，走 Puente Tomás de Ybarra 橋，穿越 Rivera de Huelva 河後繼續直走。在工業區前的圓環處左轉，一路上冬青櫟樹 (Encina) 陪伴，並行經牧場。約 9.6km 處會看到飲用水井指示牌 (大約距水井 100m 就可看到)，繼續沿同方向往北走。接著接 A-8013，經 La Colina 住宅區，抵達銀之路自古以來的必經小鎮 Castilblanco de los Arroyos (18.5km)。

　　羅馬帝國時期即有文字記錄這個小鎮。氣氛寧靜漂亮，其中白色建築群為安達魯西亞自治區的特色建築之一，而穆德哈式建築的主耶穌教堂 (Iglesia de Divino Salvador) 為主要景點。

🚶 沿途庇護所

◆ **Castilblanco de los Arroyos**

🏠 Albergue de peregrinos de Castilblanco de los Arroyos　📧 加油站旁　📞 +349 557 348 11　💲 樂捐　🛏 30 床　🍴 廚房 ｜ 可預約 ｜ 2/28 ～ 10/31 月營業

Castilblanco de los Arroyos 的主耶穌教堂

Etapa 3：Castilblanco de los Arroyos → Almadén de la Plata

🐚 路段指南

　　本站前 16km 走公路旁，後 13km 則穿越塞維亞北山自然公園 (Parque Natural de la Sierra de Norte de Sevilla)。全程無小鎮與店家，需準備足夠的水和糧食。

　　從 Castilblanco de los Arroyos 的公營庇護所離開，走 Av. de Antonio Machado，接著左轉接 SE-185 和 SE-5405。前 16km 皆走在路肩上，直到抵達 Finca El Berrocal 莊園 (16.5km)，右轉進入綠意盎然的塞維亞北山自然公園。公園內的 Casa Forestal 有水井可以裝水。之後爬坡抵達海拔 561m 的 Alto del Calvario 峰 (27km)，這裡有兩個觀景台，能一覽 Almadén de la Plata 全景。

　　沿石頭路下山，抵達 Almadén de la Plata (29km)。穆斯林統治時期由於開採銀礦、銅礦和大理石，讓此鎮有著重要地位。鎮名源自阿拉伯文「Al Medin Balat」，意為「古羅馬道路的礦坑」(Las Minas de la Calzada)。小鎮重要景點為恩典聖母教堂 (Iglesia de Santa María de Gracia)，以及憲政廣場上醒目的舊鐘樓 (Torre del Reloj)。

🛏 沿途庇護所

◆ **Almadén de la Plata**

🏠 Albergue juvenil Vía de la Plata de Almadén de la Plata ✉ Puerto de la Cruz, 40　📞 +346 510 708 13　💲10€　🛏 72 床　🍴 廚房

🏠 Albergue La Casa del Reloj　✉ Plz. del Reloj, 9　📞 +346 925 526 59　💲10€　🛏 6 床　🍴 Wi-Fi｜可預約｜聖誕節期間不營業

🏠 Casa Clara　✉ Plz. de la Constitución, 6　📞 +346 656 177 23　💲15€　🛏 8 床　🍴 可預約

1. 塞維亞北山自然公園入口｜2. 憲政廣場上的舊鐘樓

🐚 **朝聖補給站** 🐚

穆德哈式建築 Estilo Mudéjar

　　14 世紀時，天主教雙國王在了解伊斯蘭教文化後，決定打造貼近穆斯林生活的建築，於是在安達魯西亞、埃斯特雷馬杜拉和阿拉貢等自治區，都可見眾多穆德哈式教堂。此類風格的教堂主體皆以磚塊切砌而成，有著封閉拱廊，同時結合天主教、伊斯蘭教的元素，如今成為西班牙獨特的建築風格。

Galisteo 鎮內的聖母升天教堂（銀之路第 17 站）是穆德哈式建築典範

路段公里數：14.5km

Etapa 4：Almadén de la Plata → El Real de la Jara

🔻🍴🏠
El Real
de la Jara

🔻🍴🏠
Almadén
de la Plata

m 800
— 700
— 600
— 500
— 400

km
15   10   5   0
300

🐚 路段指南

從公營庇護所離開，走 C. Cervantes，接著左轉走 C. Molino，往鬥牛場 (Plaza De Toros El Coso) 的方向前進，離開小鎮。沿 Los Covachos 山丘走下山後，有個不是很清楚的指標，**記得往右轉**。抵達 Casa de la Postura，往前走會看見一座石橋，**石橋附近有往右轉的指示，仔細留意，不要錯**

過！沿著泥土地走過牧場和冬青櫟林，抵達 Arroyo Mateos 溪 (7km)。繼續順著指標走，抵達 El Real de la Jara (14.5km)。**若以上這段路線不小心錯過轉彎處和箭頭，沿 A-5301 走也能抵達。**

在摩爾人統治時期，El Real de la Jara 因戰略位置極佳而占有一席之地，古名稱做

從 El Real de la Jara 的中世紀城堡俯瞰小鎮景色

🐚 朝聖補給站 🐚

安達魯西亞自治區的銀之路石碑

自治區內有許多不同種類的銀之路石碑，例如用花崗岩製成的大型石碑，並刻著銀之路的字樣。塞維亞北山自然公園也有特製石碑。

北山自然公園石碑

Xara。1498 年，天主教雙國王贈予小鎮「皇家」(Real) 的頭銜，表揚鎮民在格拉納達之戰中，對抗敵人的英勇表現。中世紀城堡遺址 (Castillo Medieval)、聖巴爾托洛梅教堂 (Iglesia de San Bartolomé)，以及解藥聖母隱修院 (Ermita de la Virgen de los Remedios) 是主要景點。

🧍 沿途庇護所

◆ **El Real de la Jara**

🏠 Albergue de peregrinos El Realejo

✉ Pablo Picasso, 54　📞 +349 547 330 07　💲 8€

🛏 32 床　🍴 廚房

🏠 Alojamiento del Peregrino　✉ Pablo Picasso, 17

📞 +346 548 625 53　💲 10€　🛏 12 床　🍴 廚房｜Wi-Fi｜可預約

🏠 Alojamiento Molina　✉ Real, 70

📞 +346 077 423 50　💲 12€　🛏 14 床　🍴 廚房｜可預約

解藥聖母隱修院

路段公里數：20.5km ●

Etapa 5：El Real de la Jara → Monesterio

🐚 路段指南

走 C. Real 到底右轉離開，往中世紀城堡方向前進，沿途可見牧場。往前走進入埃斯特雷馬杜拉自治區 (Extremadura)。順著指標走，抵達特殊造型的聖伊西德羅教堂 (Iglesia de San Isidro) (15.2km)。若想參觀教堂，入口在旁邊的 Pradera de San Isidro。

穿越 EX-318 直走，接 N-630，行經 A-66 地下道，與 N-630 平行方向前進。沿著指標並與 A-66 保持平行，抵達海拔 755m 的 Puerto de la Cruz (18.4km)，這裡有供休息

的木桌椅，以及十字架。順 N-630 走抵達 Monesterio (20.5km)。庇護所和所有服務皆在 Av. de Extremadura 上。

聖伊西德羅教堂

Monesterio 在羅馬時期為帝國南侵的入口。主要古蹟為穆德哈式的聖貝德羅教堂 (Iglesia de San Pedro Apóstol)。該鎮的伊比利亞火腿 (Jamón ibérico) 聞名全國，並有一間火腿博物館 (Museo de Jamón)。每年 9 月初的火腿日，活動包括品嘗火腿，還有如何切火腿的課程等。小鎮餐廳也都供應當地出產的火腿，想品嘗肉質鮮美的伊比利亞火腿，絕對不要錯過。

伊比利亞
火腿

 沿途庇護所

◆ **Monesterio**

🏠 Albergue Las Moreras 👍

✉ Ronda de Segura de León, 3　📞 +346 472 344 00

💲 10€　🛏 50 床　🍳 廚房｜Wi-Fi｜可預約

🏠 Albergue parroquial de Monesterio

✉ Extremadura, 218　📞 +349 245 160 97

💲 10€　🛏 12 床　🍳 廚房｜Wi-Fi｜可預約｜7～9 月營業

Monesterio 的聖貝德羅教堂

朝聖補給站

埃斯特雷馬杜拉自治區的石碑

黃色代表聖地雅哥之路，綠色為古羅馬道路。通常都是黃綠並列，若走到只有綠色的古羅馬道路，可能需要回頭找找黃色箭頭喔！

黃綠並列的石碑

銀之路高速公路

高速公路 A-66 又叫做銀之路高速公路 (Autopista Ruta de la Plata)，但和朝聖者走的銀之路路段不完全相同。之所以會有此別稱，是因這條高速公路和銀之路一樣，從南到北貫穿伊比利半島。

銀之路告示牌

Etapa 6：Monesterio → Fuente de Cantos

🐚 路段指南

這站路段難度不高，但路上沒有小鎮可休息，別忘了準備充足的水和食物。

沿 Av. de Extremadura 離開，經足球場後往左手邊走。路上景色依舊是牧場和小溪，一路與 N-630 保持平行。經 Arroyo Bodión Chico 溪，再往前走 3km 即可看見 Fuente de Cantos 小鎮全景。朝同方向往前走，右手邊是 N-630 和 A-66，會經過 Villa de Santiago (17.5km)。

繼續沿指標經 EX-202 接 C. Huelva，抵達 Fuente de Cantos (21.5km)，這裡是西班牙重要畫家蘇爾巴蘭的出生及受洗地，因此有「蘇爾巴蘭搖籃」之稱。小鎮中有他的美術館及故居可參觀。Fuente de Cantos 每年 4 月底會舉辦「燴羊雜慶典」(Fiesta de la Chafaina)，是自治區內重要的美食節。鎮內的宗教建築不少，最重要的為現已改建為庇護所的聖迪耶哥修道院 (Convento San Diego)，以及石榴聖母教堂 (Iglesia Nuestra Señora de la Granada)。

🧍 沿途庇護所

◆ **Fuente de Cantos**

🏠 Albergue Vía de la Plata 👍 　📧 Los frailes ,70
📞 +346 752 126 18 　💲 12€ 　🛏 31 床 　📶 Wi-Fi ｜ 可預約｜在聖迪耶哥修道院內

🛌 Apartamentos El Zaguán de la Plata

📍 C. Llerena, 40 　📞 +346 782 777 16 　💲 15€
🛏 8 床 　📶 為旅社

改建成庇護所的聖迪耶哥修道院

🐚 朝聖補給站 🐚

蘇爾巴蘭
Francisco de Zurbarán

蘇爾巴蘭是西班牙藝術史「黃金時期」的重要畫家。最重要的系列作品為採用明暗對照法創作的靜物畫與宗教畫。他的宗教畫特色是聖母總腳踩月亮，而每幅畫裡聖母的臉都是女兒卡門 (Carmen) 的輪廓。

路段公里數：25km

Etapa 7： Fuente de Cantos → Zafra

🐚 路段指南

從憲政廣場 (Plaza de la Constitución)，走馬路 C. Olmo 和 C. San Juan 離開。穿越 BA-069 直走，抵達 Calzadilla de los Barros (6.2km)。當地有一座建於 15 世紀的主耶穌教堂 (Iglesia del Salvador)，其主祭壇後方有壯觀的哥德式屏風，教堂開放時間為每日 18:00。

從小鎮廣場 Plaza de España 左手邊的 C. Zafra 離開，與 N-630 保持平行方向走。穿越鐵路後，再越過 BA-160，朝同方向前往。接著依照指標左轉，繼續前進，直到走過 C. Sancho Pérez 和 C. Belén，抵達 Puebla de Sancho Pérez (20.4km)。

從教堂旁的右手邊走 C. Obispo Soto 離開小鎮，穿越 BA-160 往右手邊，往泥土路走。先穿越鐵路橋 (21.5km)，再與鐵路保持平行。路上的黃色箭頭會指引朝聖者走 Vista Castelar 住宅區。在 C. Los Carmenes 右轉，接 Av. de Estación 走到底，到了圓環，走左手邊經廣場 Plaza de España，接上 C. Sevilla，抵達薩夫拉 (Zafra) 的舊城區 (25km)。

為了防禦外敵而建的薩夫拉，是銀之路上最美的城市之一。城裡有兩座建於 14 ～ 15 世紀的廣場，分別為大廣場 (Plaza

薩夫拉王宮城牆風景

Grande) 和小廣場 (Plaza Chica)。小廣場上有薩夫拉古量尺 (Vara de Zafra)，在度量衡尚未統一的時代，這條量尺扮演著重要的角色，而這類古老的量尺，在西班牙只有 5 座城市才看得到。

薩夫拉王宮 (Alcázar-Palacio de los Duques de Feria) 的建築風格為哥德式和穆德哈式，現改建為國營旅館。若想要參觀城牆，必須在國營旅館的咖啡廳內消費，喝杯咖啡或啤酒，拿發票去櫃檯即可入內。城牆上能欣賞城市全景。

宗教建築為建於 16 世紀的聖燭大聖堂 (Colegiata de la Candelaria)，教堂內部華麗並收藏了蘇爾巴蘭繪製的祭壇畫。外觀白淨的聖塔克拉拉 (Convento de Santa Clara) 修道院，內有修女商店 (Tienda de las monjas)，販賣手工糕點。

沿途庇護所

◈ **Calzadilla de los Barros**

🏠 Pensión Los Rodríguez　📨 N-630 上，696km 處

📞 +349 245 848 08　💲 10€　🛏 14　❓ 為旅社

◈ **Zafra**

🏠 Albergue Convento de San Francisco　📨 Ancha, 1

📞 +346 915 372 83　💲 10€　🛏 22 床　❓ 廚房｜

Wi-Fi｜可預約｜7 ～ 9 月營業

🏠 Albergue de peregrinos de Zafra　📨 Estación, 17

📞 +346 178 465 51　💲 10 ～ 12€　🛏 36 床

❓ 廚房｜Wi-Fi｜可預約

修女商店的糕點
都很好吃

1. 薩夫拉王宮城牆風景｜2. 薩夫拉小廣場上的古老量尺

路段公里數：19.5km

Etapa 8： Zafra → Villafranca de los Barros

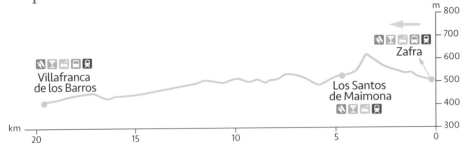

路段指南

從聖燭大聖堂旁的 C. Ancha 離開，接 C. San Francisco 穿越 N-432，遇到圓環直走，行經法蘭西斯可塔（Torre de San Francisco）。接著會抵達海拔 612m 的 Alto de San Cristóbal 峰（3.2km），在此能看到 Los Santos de Maimona 鎮全景。下坡抵達 Los Santos de Maimona（4.5km），這裡因有

眾多教堂，因而獲得這個「聖者鎮」的稱號（Los Santos 意即聖者），其中最著名的景點為天使聖母教堂（Iglesia de la Virgen de los Ángeles），是哥德式建築。

從天使聖母教堂前的 C. Teniente Blanco Marín，接著走 C. Obispo Luna，在穿越了 EX-364 之後，從 C. Arroyo 離開小鎮，不遠處需要右轉，再順著指標前進。經停

業的 Villafranca de los Barros 公營庇護所
(12.5km) 後，走鐵路橋接 N-630。下橋後
沿路肩走，走下方穿越 A-66。**請注意：**
①下橋後，對面的陸橋上，有往上走的黃
色箭頭，可上橋後保持直走，接著左轉直
走，接 C. Zurbarán 抵達 Villafranca de los
Barros（19.5 公里）。②若找不到箭頭，一
直沿 N-630 路肩，也可抵達 Villafranca de
los Barros。

　Villafranca de los Barros 鎮民在節慶或
宗教活動時，總是伴隨著音樂上街遊行、
營造歡樂且溫暖的氛圍。每年 9 月 8 日
舉行的聖母加冕守夜 (Velá de la Virgen
Coronada) 最為知名，慶祝聖母加冕的守夜
活動中，也包含小鎮傳統的「踩葡萄」。

　鎮上的聖母瑪麗亞教堂 (Iglesia de Santa
Maria del Valle)，內部的銀器皆為後文藝復
興時期及巴洛克風格。而外觀白淨的聖母
加冕聖殿 (Santuario de Virgen Coronada)，
則是鎮民做彌撒的教堂。

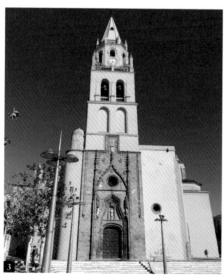

1. 清晨出發，走在粉紅色天空下｜2. Los Santos de
Maimona 的天使聖母教堂精細的主門｜3. Villafranca
de los Barros 的聖母瑪麗亞教堂

🚹 沿途庇護所

Los Santos de Maimona
🏠 Albergue Vía de la Plata de Los Santos de
Maimona　✉ Maestrazgo, 5　📞 +349 245 448 01
💲 7€　🛏 12 床　🍳 廚房｜可預約｜需在旅客服務
處拿鑰匙，若沒營業請至警察局拿

Villafranca de los Barros
🏠 Albergue El Carmen　✉ del Carmen, 26-A
📞 +346 659 626 28　💲 12€（含早餐）　🛏 12 床
🍳 廚房｜Wi-Fi｜可預約

🏠 Albergue Las Caballeras 👍
✉ Las Caballeras, 19　📞 +346 535 106 16
💲 15€（含早餐）　🛏 12 床　🍳 廚房｜Wi-Fi｜
可預約

🏠 Albergue Extrenatura　✉ Carvajales, 2
📞 +346 563 140 25　💲 12€　🛏 10 床　🍳 廚房｜
Wi-Fi｜可預約

路段公里數：27km

Etapa 9：Villafranca de los Barros → Torremejía

Torremejía

Villafranca de los Barros

🐚 路段指南

從廣場 Plaza de España 接 C. San Ignacio 離開，基本上一路向北，穿越 BA-002 後繼續直走，沿路指標清楚。**請注意：**約 12.5km 處有 Vereda de la Mina 指示牌，指引前往 Almendralejo，但來回會多出 7km，加上不屬於官方路線，因此不建議前往。沿黃色箭頭和石碑的方向往前走。穿越鐵路地下道，接著會看到破破爛爛的道路，黃色箭頭在右前方約 100m 左右。沿著 C. Calzada Romana，抵達 Torremejía（27km）。

Torremejía 為羅馬帝國時期，進入盧西塔尼亞省 (Lusitania) 首都梅利達 (Mérida) 的入口。小鎮景點不多，有一座純淨聖母受孕教堂 (Iglesia de La Purísima Concepción，後巴洛克時期建築風格)。作家卡米洛‧荷西‧賽拉 (Camilo José Cela) 的代表作《杜瓦特家族》(La familia de Pascual Duarte)，就是以這座城市為背景，小鎮中有條同名街道，就是向這位諾貝爾文學獎得主致敬。

🧍 沿途庇護所

◈ **Torremejía**

🏠 Albergue Rojo Plata　✉ José de Espronceda, 23　📞 +346 588 543 72　💲 12€　🛏 22 床　🍳 廚房｜Wi-Fi｜可預約

1. 沿著塗鴉前往 Torremejía ｜ 2. Torremejía 的純淨聖母受孕教堂內部 ｜ 3. 教堂外觀

路段公里數：15.5km

Etapa 10：Torremejía → Mérida

Mérida

Torremejía

🐚 路段指南

從 Albergue Rojo Plata 私人庇護所外的 C. Luis Chamizo 離開，走在與 N-630 平行的泥土路上。接著穿越 EX-105 和圓環繼續直走，與 N-630 平行，之後遠離 N-630。往農田的方向走，直到繞行綠能供應廠 Ence Mérida 後，開始遠離 N-630 和 A-66。沿途為農村風景，朝同方向前進，抵達梅利達市郊。沿 Río Guadiana 河畔步道，由下方穿越 N-630 後，右轉接羅馬橋 (Puente Romano)，進入建城於西元前 25 年、古名 Agusta Emerita 的梅利達 (Mérida) (15.5km)。

梅利達城內有眾多羅馬時期的遺址，包括羅馬劇場 (Teatro Romano)、圓形競技場 (Anfiteatro) 和賽馬場 (Circo)，也有神廟 (Templo)、溫泉 (Termas)、羅馬橋 (Puente Romano) 與渠水道 (Acueducto) 等，至今都完整保存。宗教建築部分則以聖母瑪麗亞聯合主教座堂 (Concatedral de Santa María)，以及聖塔艾梧拉里亞宗座聖殿 (Basílica de Santa Eulalia) 最為重要。

👤 沿途庇護所

◈ **Mérida**

🏠 Albergue de peregrinos Molino de Pancaliente
✉ José Fernández López, 32-40
📞 +346 825 143 66　💲 8€　🛏 18 床　📶 Wi-Fi｜在河畔公園旁｜鑰匙藏在窗台水泥縫中 (可能會不定期換位置)

1. 梅利達有西班牙最重要的羅馬劇場｜2. 圓形競技場入口

1.奇蹟渠水道｜2.國立羅馬藝術博物館｜3.君主崇拜
神廟 (Templo de Diana)｜4.聖母瑪麗亞聯合主教座堂

梅利達國際戲劇節
Festival de Teatro Clásico de Mérida

　　每年 7、8 月舉行的梅利達國際戲劇節，是西班牙最重要的表演藝術活動，演出主場地就在羅馬劇場和圓形競技場上，至今已有超過 65 年歷史，而戲劇節的演出場地，也從梅利達延伸至西班牙其他城市的羅馬劇場古蹟中。

羅馬劇場為戲劇節場地之一

羅馬式建築
Estilo Romano

　　羅馬帝國時期留下的建築風格。羅馬人最大的建築貢獻之一，是發明了混凝土 (Hormigón romano，混合砂石、石灰漿和火山灰而成)。羅馬式建築大多為半圓造型，如半圓桶狀拱頂、半圓拱門、半圓三角圓頂等，牆面也多是使用混凝土砌成。

圖拉真拱門

Etapa 11：Mérida → Aljucén

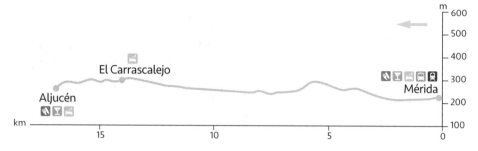

🐚 路段指南

從梅利達的公營庇護所離開，遇圓環右轉，接 C. del Ferrocarril 後走鐵路地下通道。接著右轉、直走，行經鐵路高架橋，抵達奇蹟羅馬渠水道 (Acueducto de los Milagros)。接著行經兩個圓環，走在 Av. del Lago 上，朝前直走。本日前半段的路線都走在自行車道上，之後抵達 Embalse de Proserpina 水庫 (7.5km)，這裡有羅馬時期建造的水壩。

Proserpina 水庫景色

距離聖地雅哥還有 740km

走水庫步道離開，一路上請留意黃色箭頭，有些地方標示不明顯，但基本上都是沿同方向略微往東北前進，經小山丘後抵達 El Carrascalejo (14km)。從聖母升天教堂 (Iglesia de la Asunción) 的上坡路離開。走 A-66 的隧道前進，穿越 EX-214 後直走，抵達 Aljucén (16.8km)。

人口約 300 人的 Aljucén，在摩爾人統治的時期就已存在，鎮名源自阿拉伯文「Al-ḥuṣayn」，意為小城堡。小鎮內步調緩慢，寧靜的氣氛讓人難忘，鎮民們都會熱情地接待朝聖者。重要的宗教建築物，為哥德式晚期風格的聖安德列斯教堂 (Iglesia de San Andrés Apóstol)。羅馬浴場旅店

(Termas Agua Libera) 有朝聖者折扣，泡溫泉只要 8€，建議預約，請參考網址 www.aqualibera.com/en。

🛏 沿途庇護所

◆ **Carrascalejo**
🏠 Albergue El Carrascalejo
✉ Paraje La Cuesta, s/n　📞 +346 189 795 83
💲 10€　🛏 24　✅ 可預約

◆ **Aljucén**
🏠 Albergue Río Aljucén
✉ Santiago de Compostela, 2　📞 +346 951 713 83
💲 10€　🛏 14 床　🍳 廚房│Wi-Fi│可預約│3 ～ 12 月中營業

1. Aljucén 的聖安德列斯教堂｜2. 羅馬浴場旅店

路段公里數：19.5km •

Etapa 12：Aljucén → Alcuéscar

🐚 路段指南

從 C. San Andrés 這裡離開，接著走 Av. Extremadura，依照指標右轉，接地方公路。之後左轉走 N-630，於不遠處右轉，沿路肩走並穿越 Río Aljucén 河。沿 N-630 走，抵達荒廢加油站之前，右轉走小路。從這裡開始遠離 N-630，走在 Parque Natural de Cornalvo 自然公園內，接著進入卡塞雷斯省（Provincia de Cáceres），經聖約翰十字架（Cruz de San Juan）（14km）後開始爬坡。

繼續前進，從 C. Fuente de la Orden 右轉，

聖約翰十字架

接 Av. Constitución 穿越 EX-382 後，抵達 Alcuéscar 教區庇護所 (19.5km)。Alcuéscar 經歷羅馬帝國、西哥德人統治，但直到西元 830 年摩爾人統治時期才建鎮。小鎮中的聖母升天教堂 (Iglesia de la Asunción) 等傳統建築物，皆有獨特的美感。

特蘭巴泉聖塔露西亞宗座聖殿 (Basílica de Santa Lucía del Trampal)，是來到當地絕對要參觀的地方。它位於小鎮 4km 外（來

經典西哥德式風格的特蘭巴泉聖塔露西亞宗座聖殿

回 8km)，是西哥德人於西元 7 世紀所建造，普遍被視為西班牙的「西哥德式建築」模範，也是伊比利半島南方唯一的西哥德式建築。曾於西班牙獨立戰爭期間，被當成戰場堡壘，1980 年在考古及歷史學家的努力下，不但找回聖殿遺跡，也完整修復經典附拱頂的建築外觀。免費入場，入口處有文史中心。

▶DATA◀ 宗座聖殿開放時間

🕐10/1 ～ 5/31：週二～六 10:00 ～ 14:00、16:00 ～ 19:00，週日 10:00 ～ 14:00 | 6/1 ～ 9/30：週二～六 10:00 ～ 14:00、16:00 ～ 20:00，週日 10:00 ～ 14:00 | 週一休息

🧍 沿途庇護所

◆ **Alcuéscar**

🏠 Casa de Acogida de los Esclavos de María y de los Pobres　✉ Extremadura, 2　📞 +346 513 234 66　💲 樂捐　🛏 12 床　📶 Wi-Fi | 可預約 | 7 月不營業 | 12:00 開門，21:00 關門

▸ 路段公里數：15km ◂

Etapa 13：Alcuéscar → Aldea del Cano

🐚 路段指南

從教區庇護所前的 Av. Constitución 左轉離開。穿越橄欖田和冬青櫟樹。之後回到柏油路，往前方 300m 處、右手邊的泥土路走，並繼續前進。經羅馬橋 (Puente Romano) 穿越 Río Ayuela 河後，接 CC-147，抵達 Casas de Don Antonio (8km)。

繼續走 CC-147 離開小鎮，經聖母柱隱修院 (Ermita de la Virgen del Pilar) 後，往前走接至 N-630，在 Pecado 夜總會前方有

右轉的標示，走在與 N-630 平行的小路上。會看到 26 座古老的里程石碑 (Miliarios)，每座石碑相距約 1,000 步，標記著抵達羅馬時期首都梅利達的路程。

接著需要穿越 N-630，往左邊的泥土路直走，會看見前往 Aldea del Cano 的告示牌，右轉抵達 Aldea del Cano 小鎮 (15km)。

關於小鎮名稱的起源，較為可信的一說是，當地有多條溪流匯集，故前人在這裡蓋起了房舍，曾稱作 Aldea del Caño（Caño 為水管的意思），經時代演變成為了 Aldea

del Cano。主要的宗教建築物為建於 9 世紀的聖馬汀教堂 (Iglesia de San Martín)，外觀以哥德式建築的特色為主，但也融合其他不同時期的藝術風格。

沿途庇護所

Aldea del Cano

🏠 Albergue municipal Miliario del Verdinal

📧 Barrero, 1 │ 📞 +349 273 830 04 │ 💲 6€ │ 🛏 12 床
🍴 廚房 │ Wi-Fi │ 先至對街 Las Vegas 餐廳，登記、付款、蓋章，並拿鑰匙 │ 酒吧在庇護所旁，晚上滿吵的

1. 沿途可見古羅馬里程石碑 │ 2. Aldea del Cano 的聖馬汀教堂

路段公里數：23.5km

Etapa 14：Aldea del Cano → Cáceres

路段指南

從公營庇護所大門左轉出發，交叉口往右手邊走，不遠處右轉，走回昨天的路段，

接著必須穿越 CC-71 再往北走。從地下道穿越 A-66 之後繼續向前，抵達 Puente de La Mocha 古橋 (10km)，沿同方向前進，

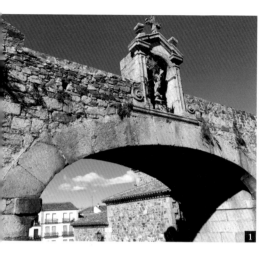

抵達 Valdesalor (11.4km)。

接著走小鎮廣場前的 C. Fernando de Magallanes，從 N-630 旁的小路離開小鎮，行經加油站，穿越 N-630 並往右手邊小路走，接著走路橋越過 A-66。

之後接回 N-630 並直走，**請注意**：不遠處需選擇：①直走，沿著指標走較複雜的官方路線，②左轉繼續沿路肩走。走官方路線吧！沿指標抵達 C. Océano Atlántico，進入卡塞雷斯 (Cáceres) 市郊。接 Ronda San Francisco 並跟著指標走，抵達 Plaza de San Francisco 廣場的圓環後，接 C. Damas 上坡，在 Plaza de Santa Clara 廣場左轉，接著走 C. Hornos，直到抵達 Plaza de San Juan 廣場後右轉，來到卡塞雷斯主廣場 (Plaza Mayor de Cáceres) (23.5km)。

卡塞雷斯曾為數世紀的商業、政治中心，也經歷過無數的戰爭。不同文化的族群——包括羅馬人、西德人、摩爾人、猶太人及天主教徒——曾選擇在此扎根，發展各自的文化。過去這裡也是摩爾人和天主教徒的兵家必爭之地，數世紀糾纏不清的連結，直到 13 世紀回歸天主教才結束，而摩爾建設的城牆與鐘塔也全數被保留下來。

舊城區很幸運地從無數的戰爭中倖存，因此有著堪稱全歐洲保存最完整的舊城區，可見羅馬式、伊斯蘭式、哥德式及文藝復興時期的建築物。卡塞雷斯的城牆將城市分為兩個部分，城牆內是舊城區精華，包括主廣場與 30 座穆斯林統治時期留下的鐘樓，以及聖母瑪麗亞聯合主教座堂 (Concatedral de Santa María)——內有以雪松木打造的主祭壇。走過主廣場上的星星拱門 (Arco de la Estrella)，前往城牆外的世界，會發現中世紀的景色。建議住在舊城區裡，因為隔天也是從舊城區出發，可少走 3km。

沿途庇護所

◆ **Valdesalor**
🏠 Albergue de peregrinos de Valdesalor
✉ Los Colonos 公園旁　📞 +349 271 297 11
💲 6€　🛏 14 床　🍳 廚房

◆ **Cáceres**
🏠 Albergue Ciudad de Cáceres
✉ Lope de Vega, s/n　📞 +346 703 605 52
💲 16€　🛏 60 床　🍳 廚房｜可預約｜舊城區 1km 外

🏠 Albergue Las Veletas　✉ General Margallo, 36
📞 +349 272 112 10　💲 15€　🛏 40 床　🍳 廚房｜
Wi-Fi｜可預約｜老闆脾氣出名的差

1. 星星拱門｜2. 卡塞雷斯的聖法蘭西斯可教堂 (Iglesia de San Francisco Javier)

路段公里數：34km ●

Etapa 15：Cáceres → Embalse de Alcántara

🐚 路段指南

從卡塞雷斯主廣場離開，接 C. Gral. Margallo 抵達鬥牛場 (Plaza de Toros)，沿左邊走，接至 C. Calatayud 直走，接著經圓環穿越 N-521，走 CC-38。繼續前行，沿石碑指示左轉走小路。之後從地下道穿越 A-66，直走從 Av. Extremadura 抵達 Casar de Cáceres (11km)。鎮上的重要宗教建築為建立於 13 世紀的聖母升天教堂 (Iglesia de la Virgen de la Asunción)，立面擁有數世紀的歷史。

從 C. Alta Baja 經聖雅各隱修院 (Ermita de Santiago) 離開小鎮，之後走在荒涼的平原，接著須右轉走小路，方向繼續保持往北走。沿路左側矗立著很多古老的里程石碑。接著約在 25km 處會行經西班牙高鐵 (AVE) 的施工地。原道路因施工之故要繞路，沿指標往左轉，靠近 N-630。開始山路爬坡，並與 N-630 保持平行。

下山後接回 N-630，走路橋穿越 Río Almonte 河，後半段路線皆沿 N-630 路肩走，有 Embalse de Alcántara 水庫景色陪伴。繼續走在 N-630 路肩，穿越 Río Tajo 河後開始上坡，很快地就能看到左轉前往庇護所的指標，抵達 Embalse de Alcántara 庇護所 (34km)。這家庇護所的環境在銀之路上

是前段班，清水模工業風的外觀、室內空間舒適寬敞，管理員也無微不至地照顧著朝聖者們。

Alcántara 水庫是西班牙第二大的人工水庫，「Alcántara」源自阿拉伯文，為橋梁的意思。水庫在同名市鎮的上游，1969 年完工為當時歐洲最大的人工水庫，目前已經被同自治區的 La Serena 水庫和葡萄牙的 Alqueva 水庫給超越。

可惜銀之路官方路線並不會帶朝聖者抵達 Alcántara 市中心 (在庇護所 50km 外)，所以無法順路造訪羅馬時期建立的經典 6 拱「阿爾坎達拉石橋」(Puente de Alcántara)。

Embalse de Alcántara 庇護所

🧍 沿途庇護所

◆ **Casar de Cáceres**
🏠 Albergue de peregrinos de Casar de Cáceres
✉ Plz. de España　📞 +346 091 640 48　💲 5€
🛏 22 床　🍴 廚房

◆ **Embalse de Alcántara**
🏠 Albergue del Embalse de Alcántara 👍
✉ N-630 旁　📞 +346 642 627 42　💲15€　🛏26 床
🍴 Wi-Fi │ 可預約 │ 冬季和淡季時需電郵預約
embalsealcantara@gmail.com

Alcántara 水庫景色

路段公里數：21km

Etapa 16：Embalse de Alcántara → Grimaldo

🐚 路段指南

走回昨天抵達庇護所的路口後，接 N-630。穿越 N-630 之後，開始走山路，享受水庫風光。穿越 AVE 施工區域（有指標要求朝聖者們繞路而行）。經 14 世紀興建的聖貝尼多古橋（Puente de San Benito），再次接回 N-630，不遠處左轉走 C. Monrobel，抵達 Cañaveral（12km），鎮上主要的宗教建築為聖塔瑪麗娜教堂（Iiglesia de Santa Marina）。在此可享受埃斯特雷馬杜拉的特色美食，包括伊比利亞火腿、麵包燉煮蔬菜與肉類（Las migas），和知名的萊姆（Lima）。

從教堂廣場的 C. Real 馬路離開，走 N-630 經 Hostal Málaga 旅館。直走至圓環左轉。不遠處再左轉，經聖克里斯多福隱修院（Ermita de San Cristóbal）後直走，**請**

Cañaveral 的聖塔瑪麗娜教堂

注意：往聖克里斯多福隱修院走時，要仔細尋找指標，否則有可能會在樹林中迷路。

經過隱修院後不久，右轉至 Fuente de la República 噴泉後左轉，沿同方向經連續上下坡路段，之後經 Puerto de los Castaños，抵達 El Puerto 夜總會，正確的路在夜總會後方農場小路，且與 N-630 平行。走入農場中，會看見給「單車騎士」的右轉指標，沿指示右轉。**請注意**：之後有交叉點：① 右轉前往 Grimaldo，② 直走往 Galisteo。右轉吧！

順著指標走約 800m，即可抵達 Grimaldo 和小鎮庇護所 (21km)。當地有小教堂和摩爾人時期建立的城堡 Castillo de Grimaldo。13 世紀時，國王阿豐索五世 (Alfonso V) 頒給當地仕紳 Pedro Sánchez de Grimaldo 貴族頭銜和城堡的收留權。當時的罪犯只要逃亡至城堡並且被收留，都可不受司法管轄，享有完全的自由。城堡現為私人財產，只有外觀被完整地保存下來。

🧑 沿途庇護所

◆ Cañaveral
🏛 Hostel Cañaveral　✉ Dr. Boticario, 12
📞 +346 694 024 46　💲 15€ (含早餐、洗烘衣)
🛏 20 床　🍴 廚房｜Wi-Fi｜可預約

◆ Grimaldo
🏠 Albergue de peregrinos de Grimaldo
✉ Ctra. de Salamanca, 2　📞 +346 508 481 81
💲 樂捐　🛏 12 床　🍴 在 Bar El Refugio 旁｜
在路程 600m 外

> 本日需要聯繫第 18 站 Oliva de Plasencia 的私人庇護所 Vía Cáparra Confort，請老闆於兩天後提供接送服務。詳見 P.182。

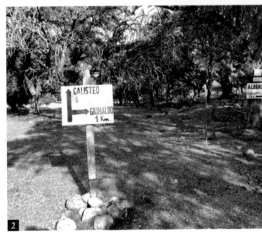

1. 從 Cañaveral 的聖塔瑪麗娜教堂看向小鎮｜2. 跟著指標抵達 Grimaldo｜3. 現為私人住宅的 Grimaldo 城堡

Etapa 17：Grimaldo → Galisteo

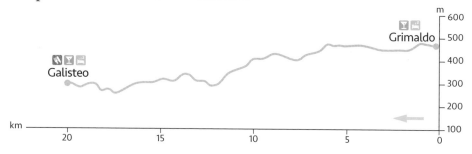

🐚 路段指南

離開庇護所後，沿 N-630 直走 700m 之後左轉，接上前往 Holguera 的公路。左轉走地下道，穿越 A-66 後右轉，看到石碑指引重回路線。一路指標清楚，只是要打開無數個牧場柵門（記得再把門關上）。**請注意**：之後遇交叉點，石碑和馬路上都漆著往：① Galisteo 和 ② Riolobos 的箭頭。往 Galisteo 前進吧！抵達 Riolobos 鎮，在公路處繼續直走，不進入該鎮，經過 Arroyos

站在城牆上欣賞整個小鎮全貌

de las Monjas 溪後，前方 500m 處左轉，沿著指標走，抵達 Galisteo（20km）。

Galisteo 為羅馬帝國時期旅行者們的中繼站。舊城區被城牆環繞，可爬上舊城牆享受美妙的古鎮風景。城牆總共有三個入口，分別為國王門（Puerta del Rey）、城門（Puerta de la Villa）和聖母瑪麗亞門（Puerta de Santa María）；小鎮內有穆德哈式的聖母升天教堂（Iglesia de la Virgen de la Asunción），以及八角塔（Torre de Picota）

1. 交叉點噴滿黃色箭頭，決定好要往哪走就衝吧！
2. 令人驚豔的 Galisteo 城牆

🏠 沿途庇護所

◈ **Galisteo**

🏠 Albergue Turístico de Galisteo
✉ Viña Egido, s/n　📞 +346 058 240 86
💲 15€（含早餐）　🛏 8 床　📶 Wi-Fi｜若庇護所客滿，會接送朝聖者至 Riolobos 露營區，隔天 06:30 送回 Galisteo

Etapa 18：Galisteo → Oliva de Plasencia

🐚 路段指南

從庇護所離開後，左轉走 Av. del Puente Romano，從羅馬橋 (Puente Romano) 穿越 Río Jerte 河。走地下道穿越 EX-A1，過圓環後右轉，接上往 Aldehuela del Jerte 的公路，沿同方向前進，且維持 Jerte 河在右手邊，抵達 Aldehuela del Jerte (6km)。走 C. Calzada Real 離開，經雜貨店 Autoservicio José 後一路直走，在接 EX-370 處左轉，抵達 Carcaboso (11km)。鎮裡的聖雅各教堂 (Iglesia de Santiago) 旁邊，有一座「里程石碑公園」(Parque de los Miliarios)；私人庇護所 Albergue Señora Elena，從 1991 年開始協助朝聖者們，近 30 年的歷史，是銀之路上知名的庇護所。

從廣場 Plaza de España 接 C. Pozo 離開小鎮，沿同方向往前走。前半段會走在柏油路，之後走農場和橡木樹林，沿路指標清楚，不用擔心迷路，抵達 Finca Venta Quemada 莊園 (23.5km)。

Finca Venta Quemada 莊園為前往 Oliva de Plasencia 庇護所的接送點，需前兩天跟庇護所老闆預約接送服務。另一接送點在前方 6.2km 的卡帕拉拱門 (Arco de Cáparra)。隔天早上也可以請庇護所老闆載到卡帕拉拱門。若決定用步行前往路線外的 Oliva de Plasencia，請沿 CC-12.2 走，約 6.6km。當地的聖布拉斯教堂 (Iglesia de San Blas)，有座巴洛克風格的主祭壇，是一大亮點。

1. Carcaboso 聖雅各教堂外的里程石碑公園 ｜ 2. Oliva de Plasencia 市府建築

🧭 沿途庇護所

◆ Carcaboso

🏠 Albergue juvenil y de peregrinos Majalavara
📧 Albergue los Miliarios, 2　📞 +346 402 813 37
💲 15€　🛏 30 床　🍴 廚房｜Wi-Fi｜可預約

🏠 Albergue Señora Elena　📧 Ctra. de Plasencia, 23
📞 +346 597 745 80　💲 11€　🛏 12 床　🍴 廚房｜
Wi-Fi｜可預約

◆ Oliva de Plasencia

🏠 Vía Cáparra Confort 👍　📧 Real, 2
📞 +346 200 074 90　💲 20€　🛏 4 床
🍴 廚房｜Wi-Fi｜可預約｜強烈建議提前預約接送
服務 rafa@viacaparra.com

Oliva de Plasencia 私人庇護所

路段公里數：20.6km（卡帕拉拱門為起點）

Etapa 19：Arco de Cáparra → Aldeanueva del Camino

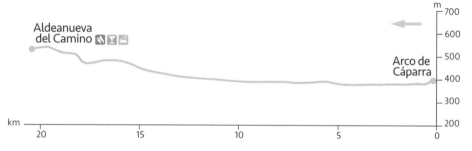

🐚 路段指南

　　請 Vía Cáparra Confort 庇護所老闆載至卡帕拉拱門（Arco de Cáparra），開始今天的路程。**本路段無小鎮可休息，記得帶水和糧食。**

　　卡帕拉原本是羅馬帝國時期的小城市，「Cáparra」意為交會點，代表這裡是羅馬古道主要的穿越點之一。當地有卡帕拉羅馬城遺址（Ciudad Romana Cáparra），雖然重要性不比其他伊比利亞半島的古羅馬城市，但從考古遺址中得知當時已有城市、倉庫、溫泉和論壇廣場。現在是露天考古文化中心，保存完整建於 1 世紀的 4 柱拱門。埃斯特雷馬杜拉自治區的銀之路路碑，就是卡帕拉拱門的圖案。

　　從拱門出發，沿指標方向走即可。直走、遠離公路後，繼續往前。之後接上柏油路，仍保持同方向，走地下道穿越 A-66 後，

卡帕拉 4 柱拱門

接回 N-630。**請注意**：在此處可選擇：①
右轉遠離國道走官方路線，②沿 N-630 路
肩走。右轉吧！接著走地下道穿越 A-66
後，再次接 N-630 往前，抵達 Aldeanueva
del Camino（20.6km）。

　　當地在摩爾人入侵伊比利半島時遭滅
村，直到天主教雙國王時期才復興，並且
一分為二。1840 年才將小鎮整合成現在
的 Aldeanueva del Camino。因過去劃分法
的緣故，小鎮主要教堂也分上、下教區。
上教區有榆樹聖母教堂（Iglesia de Nuestra
Señora del Olmo），下教區有聖賽爾凡多教
堂（Iglesia de San Servando）。鎮內可見羅馬
時期留下的古蹟，例如單拱羅馬橋（Puente
romano de la Garganta Buitrera）。特產紅辣
椒粉（Pimentón）也很有名。

🧑 沿途庇護所

◆ **Aldeanueva del Camino**

🏠 Albergue de peregrinos de Aldeanueva del
Camino 　✉ Las Olivas, 52 　📞 +349 274 840 48
💲 樂捐 　🛏 10 床 　🆔 小鎮中任何酒吧都可取得鑰匙

🏠 Albergue La Casa de Mi Abuela 👍 　✉ Alcázar, 4
📞 +346 304 107 40 　💲 15€(含早餐) 　🛏 26 床
🆔 廚房｜Wi-Fi｜可預約

小鎮最美的部分為保有古色古香的傳統建築

路段公里數：22.5km •

Etapa 20：Aldeanueva del Camino → La Calzada de Béjar

🐚 路段指南

　　自公營庇護所外的 C. Las Olivas 離開，
經市集廣場（Plaza del Mercado）經羅馬古
橋，以及聖賽爾凡多教堂後，接 N-630 直
走，直到圓環右轉。走 N-630 路橋和路
肩，在下個圓環左轉，繼續走 N-630 路
肩，經露營地 Las Cañadas(有咖啡廳)。依
然走 N-630 路肩，行經 Presa del Embalse

走古羅馬道路離開 Baños de Montemayor

de Baños de Montemayor 水壩，接著抵達 Baños de Montemayor (9.8km)。

Baños de Montemayor 為羅馬帝國時期的重要城鎮，主要古蹟為建於 16 世紀的聖母升天教堂 (Iglesia de Santa María de la Asunción)，以及聖塔卡塔莉娜教堂 (Iglesia de Santa Catalina)。小鎮入口與尾端各自都有羅馬古道 (Calzada Romana)，其中尾端北向古道爬坡度變高、長 2km，也是抵達卡斯提亞雷昂自治區的通道。

1. Balneario de Montemayor 的羅馬浴場（圖片提供／Imágenes cedidas por Balneario de Montemayor）│ 2. 民宅磚瓦上的黃色箭頭 │ 3. 瑪格達蓮娜橋

Baños de Montemayor 的溫泉文化是從 19 世紀才開始蓬勃發展，以羅馬浴場 (Balneario de Montemayor Termas Romanas) 最具代表性，除了藥浴 (Balneario)，也有羅馬浴 (Termas Romanas)。預約及價格等資訊請參考網站：www.balneariomontemayor.com。

從 Av. de la Estación 接 N-630 路肩，右轉走在漂亮的羅馬古道 (Calzada Romana) 上，離開小鎮，沿同方向前進，接回 N-630 後抵達卡斯提亞雷昂自治區。進入 Puerto de Béjar (12.6km)，鎮上有加油站和咖啡廳。之後從 A-66 下方穿越，經過考古遺址保存區。離開 Puerto de Béjar 後，請留意民宅磚瓦上的黃色箭頭。

繼續朝原方向前進，經 Puente de la Magdalena 橋後直走，再經虔誠隱修院 (Ermita del Humilladero)，抵達 La Calzada de Béjar (22.5km)。村莊內的聖母升天教堂 (Iglesia de Nuestra Señora de la Asunción) 是主要宗教建築。位於高處的羅馬小堡壘 (Fortín Romano)，建立於羅馬帝國晚期，功能為控管商隊和軍隊的通行，現在是村內的重要古蹟。

卡斯提亞雷昂自治區專屬的聖地雅哥之路指標

👤 沿途庇護所

◆ **Baños de Montemayor**
🏠 Albergue Vía de la Plata　✉ Castañar, 40
📞 +346 354 535 40　💲 15€（含早餐）　🛏 12 床
📅 可預約｜旺季建議預約

◆ **La Calzada de Béjar**
🏠 Albergue Alba Soraya 👍　✉ El Solano, 10
📞 +346 4641 0 643　💲 10€　🛏 24 床
📶 Wi-Fi｜可預約

Etapa 21：La Calzada de Béjar → Fuenterroble de Salvatierra

🐚 路段指南

　　從私人庇護所 Albergue Alba Soraya 門前直走，離開小村，走過平坦泥土地，穿越 SA-220 之後，保持同方向往前走，抵達 Valverde de Valdelacasa（8.6km）。在聖雅各教堂（Iglesia de Santiago）接上 C. de La Iglesia 左轉，走地方公路，之後開始爬坡，部分山路會達到海拔 1,000m。之後抵達 Valdelacasa（12.5km），從聖安東尼歐隱修院（Ermita de San Antonio）旁的馬路離開。**請注意**：約在 18km 處的 Stop 路牌是交叉點：①右轉走泥土路，②左轉走柏油路。右轉吧！不遠處接至地方公路，沿同方向前進，抵達 Fuenterroble de Salvatierra（20km）。

　　小鎮中建於 15 世紀的羅曼式聖母瑪麗亞教堂（Iglesia de Santa María la Blanca）是主要景點，教堂外有里程石碑。Albergue Santa María 庇護所是銀之路上一定要住的庇護所，推動者 Blas 神父數十年來接待朝聖者，是銀之路最有影響力的人物之一。他與庇護所的志工們，都會熱情分享自己的聖地雅哥之路故事。志工會準備三餐，也歡迎朝聖者一起享用。

👤 沿途庇護所

◆ **Valverde de Valdelacasa**

🏠 Albergue Santiago Apóstol　✉ Real, 25
📞 +346 963 680 46　💲 10 ～ 15€　🛏 22 床
🍴 廚房｜ Wi-Fi

🏠 Albergue Nenúfar　✉ La Iglesia, 13
📞 +346 801 198 24　💲 6€　🛏 12 床　🍴 廚房｜
Wi-Fi｜可預約

◆ **Fuenterroble de Salvatierra**

🏠 Albergue Santa María 👍　✉ Larga, 37
📞 +349 231 510 83　💲 樂捐　🛏 70 床
🍴 Wi-Fi｜由 Blas 神父創立

Albergue Santa María 庇護所

Albergue Santa María 外斗大的黃色扇貝

路段公里數：28.5km

Etapa 22：Fuenterroble de Salvatierra → San Pedro de Rozados

🐚 路段指南

　　從 Albergue Santa María 庇護所走 C. Carr Guijuelo 離開，沿 DSA-230 路肩走。踏上羅馬古道，路邊有許多里程石碑，旁有 Sierra de Frades 山脈陪伴。穿越 Arroyo de Navalcuervo 溪後，開始爬坡，往 Pico de la Dueña 峰前進。沿指標走在蜿蜒山路與岩石小路中，翻山越嶺抵達銀之路最高點，海拔 1,165m 的 Pico de la Dueña 峰（14.5km）。木製十字架上擺滿朝聖者留下的物品，是銀之路的里程碑，適合在此用餐休息。山丘旁有很多風力發電機。

　　登頂後沿指標下山，**注意陡斜的下坡路**。

Pico de la Dueña 峰的風景

接著沿 DSA-204 走，抵達 Finca Calzadilla de Mendigos（21km）。沿同公路走，之後能看到前往 San Pedro de Rozados 指標，順著指標走，經小山丘後抵達 San Pedro de Rozados（28.5km），當地主要景點為建立於 17 世紀的聖貝德羅教堂（Iglesia de San Pedro）。

👤 沿途庇護所

◆ **San Pedro de Rozados**

🏠 Albergue Mari Carmen　✉ Oriente, 8
📞 +349 233 440 75　💲 7€　🛏 14 床　🕐 可預約

🏠 Albergue Mutatio Elena　✉ Concejo, 3 B
📞 +346 092 780 13　💲 9€　🛏 12 床　🕐 廚房｜Wi-Fi｜可預約｜Wi-Fi 只有在酒吧才收得到

冬季早晨薄雪的聖地雅哥之路

路段公里數：23.5km

Etapa 23：San Pedro de Rozadoss → Salamanca

🐚 路段指南

從 Av. de los Comuneros 直走，穿越公路後不遠處左轉，往 Morille 方向前進。在進小鎮前的交叉路，走左手邊寬敞的公路，抵達 Morille (4km)。走 C. Mayor 行經墓園，同方向繼續前進，沿途經牧場和森林，接著抵達 Aldeanueva (10.2km)。繼續向前，看見往 Miranda de Azán 的指標 (13.8km)。想在此休息的話，請右轉進小鎮；若想繼續路程，請直走。不遠處有往 Aldeatejada 的路標，但不理它繼續直走，在前方 800m 處會見到一個金屬十字架。之後走地下道穿越 A-66，不遠處再走過一個地下道，穿越 SA-20，接著進入薩拉曼卡 (Salamanca) 市郊，沿途指標不清楚，請仔細留意。

過圓環後右轉，走 Av. de la Virgen de Cueto 接 C. Villar del Profeta 直走，接著走陸橋穿越鐵路，走 C. Miranda 到底，右轉後沿同方向前進，接著走中世紀羅馬橋 (Puente Romano) 穿越 Río Tormes 河，跟著指標走，抵達知名古城、同時也是西班牙學術重鎮的薩拉曼卡舊城區 (23.5km)。

舊城區保存許多中世紀建築物，包括銀匠式建築風格的薩拉曼卡大學立面 (Fachada de la Universidad)，在立面下能

1. 薩拉曼卡新舊主教座堂｜2. 主教座堂大門上的浮雕｜3.4. 快來找太空人跟吃冰淇淋的龍吧！

西班牙最美的薩拉曼卡主廣場

薩拉曼卡學術重鎮的由來

西元 1218 年，阿方索九世 (Alfonso IX) 下令將當地私立天主教學校，轉型為國立綜合學院 (為薩拉曼卡大學前身)，此後，薩拉曼卡就扮演著西班牙學術重鎮的角色。西元 1255 年，薩拉曼卡大學 (Universidad de Salamanca) 在教宗亞歷山大四世 (Alejandro IV) 的認可下，獲頒大學頭銜，至今超過 800 年歷史，是該國歷史最悠久、歐洲第三古老的大學。這裡的學生來自世界各地，他們的活力讓古城散發著年輕氣息。

銀匠式風格 El Plateresco

又稱「西班牙文藝復興式」風格。受哥德式和文藝復興式建築影響，在 15 ～ 17 世紀間為輝煌時期，之後則開始文藝復興建築。銀匠式風格的宗教建築，皆以複雜、細膩又壯觀的立面為最大特色。薩拉曼卡是這類建築最密集的城市，包括主教座堂、薩拉曼卡大學立面、聖艾斯特班修道院，皆為銀匠式建築傑作。

看到許多人駐足，因為大家在找青蛙，據說找到會帶來好運；壯觀的薩拉曼卡新舊主教座堂 (Catedral Nueva-Vieja de Salamanca)，有 90 年代修復工程惡作劇傑作「太空人」浮雕，而「吃冰淇淋的龍」也是大家找破頭的熱門看點。薩拉曼卡主廣場 (Plaza Mayor) 有歐洲最美主廣場之稱。其他熱門景點包括羅馬橋 (Puente Romano)、貝殼之家 (Casa de las Conchas) 以及聖艾斯特班修道院 (Convento de San Esteban)。

沿途庇護所

◆ **Morille**

🏠 Albergue de peregrinos de Morille

✉ C. Mayor, s/n　📞 +346 991 797 86　💲 6€

🛏 30 床　🕐 在 Bar de Tomás 拿鑰匙｜每週四休息

◆ **Salamanca**

🏠 Albergue de peregrinos Casa la Calera 👍

✉ Arcediano, 14　📞 +346 529 211 85　💲 樂捐

🛏 16 床　🕐 12:00 ～ 13:00 開門讓朝聖者放背包，16:00 才開放登記

🏠 Albergue juvenil Lazarillo de Tormes

✉ Lagar, s/n　📞 +349 231 942 49　💲 14 ～ 17€

🛏 150 床　🕐 Wi-Fi｜可預約｜舊城區 1.8km 外

800 年歷史的薩拉曼卡大學立面

🏠 Albergue juvenil Salamanca　✉ Escoto, 13

📞 +349 232 691 41　💲 14€　🛏 50 床

🕐 Wi-Fi｜可預約

Etapa 24：Salamanca → Calzada de Valdunciel

◉ 路段指南

從主廣場（Plaza Mayor）走 C. Zamora，之後會在有鬥牛雕像的圓環左轉，不經鬥牛場但經家樂福，在 N-630 上保持直走。接著穿越 A-62 下方接 N-630，抵達 Aldeaseca de la Armuña（6.4km）。從聖十字教堂（Iglesia de Santa Cruz）前右轉離開，不遠處走地下道，穿越 A-66 後朝同方向前進，接著抵達 Castellanos de Villiquera（11.7km）。沿 C. Esperanza 和指標離開小鎮，經紅磚瓦搭建的休息站（有提供礦泉水）。繼續前進，抵達不到 700 人的 Calzada de Valdunciel（16km）。

當地的主要景點，為建於 16 世紀的聖塔愛蓮娜教堂（Iglesia de Santa Elena），雖然經過修復重建，仍然保有些許哥德式和羅馬式的風格。週五晚間和週日中午都有彌

1. 聖塔愛蓮娜教堂 ｜ 2. Fuente Buena 水井遺址

撒儀式。

公營庇護所外能看到一排石頭，是當年穿越小溪的石階。大部分為羅馬時期留下來的里程石碑，也有毀壞於中世紀的小教堂殘留的建築石塊。Fuente Buena 是自中世紀留下的水井遺址，建材為花崗岩，井口下方能看到半身女子的雕刻。

☗ 沿途庇護所

◈ **Calzada de Valdunciel**

⌂ Albergue de peregrinos de Calzada de Valdunciel
✉ La Cilla, 21　📞 +347 177 066 37　💲 5€
🛏 8 床　🍴 廚房｜週一～五 13:00 前，到庇護所旁 ACVM 中心拿鑰匙和蓋章；18:00 ～ 20:00 需改至小鎮圖書館 Bilioteca Municipal。假日或其他時段，則需打電話給管理員

⌂ Albergue La Casa del Molinero 👍
✉ Ruta de la Plata, 10　📞 +346 890 085 62
💲 14€　🛏 7 床　🍴 廚房｜Wi-Fi｜可預約

Etapa 25：Calzada de Valdunciel → El Cubo del Vino

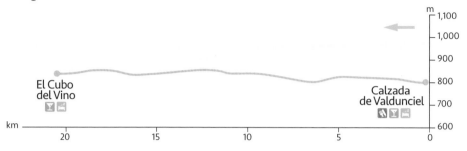

🐚 路段指南

　　從 Calzada de Valdunciel 公營庇護所前方的路離開，不遠處沿指標往右轉，很快地會走在與 N-630 和 A-66 平行的方向。**請注意**：前方指標有點混亂，記得要走地下道穿越 A-66，並走在和高速公路平行的黃土路上。經監獄 Cárcel de Topas 後，抵達薩莫拉省 (Provincia de Zamora)，之後接 N-630 並走路肩，朝同方向前進，抵達 El Cubo del Vino (20.5km)。

　　「El Cubo del Vino」的西班牙語意是「葡萄酒桶」。顧名思義，小鎮過往以葡萄園和葡萄酒聞名，而傳統地底酒窖 (Bodegas excavadas bajo tierra) 更是小鎮特色。但 19 世紀中，全歐洲發生了根瘤蚜蟲害，根瘤蚜蟲 (Phylloxera) 會寄生在葡萄中造成根部腐爛。小型葡萄田首當其衝，El Cubo del Vino 也是受害者，全鎮的葡萄園毀於一旦；雖然持續復育中，但很難達到過去產量和品質的高峰。

　　當地主要宗教建築為聖多明哥教堂 (Iglesia de Santo Domingo Guzmán)。荒廢鐵道也有西部荒野之美。在 El Cubo del Vino 能看到很多地底酒窖，若想參觀，需要事前和庇護所預約導覽。

薩莫拉省中能看見超大型的銀之路石碑

🏠 沿途庇護所

◆ **Urbanización El Chinarral**
🏠 Albergue Casa Saso　✉ Parcela, 84
📞 +346 973 795 26　💲 12€　🛏 10 床　📶 Wi-Fi

◆ **El Cubo del Vino**
🏠 Albergue Torre de Sabre　✉ La Ermita, 1
📞 +346 334 243 21　💲 14 ～ 17€　🛏 10 床
🅿 廚房｜Wi-Fi｜可預約｜12 ～隔年 1 月不營業｜可提前預約洞穴酒窖導覽

🏠 Albergue F&M　✉ García de la Serna, 4
📞 +346 858 080 85　💲 12€　🛏 8 床　🅿 廚房｜Wi-Fi｜可預約

El Cubo del Vino 小鎮著名的地底酒窖

Etapa 26：El Cubo del Vino → Zamora

🐚 路段指南

從 C. Mayor 離開小鎮，經聖多明哥教堂及十字架、荒廢鐵路，往北走與 N-630 保持平行。5.5km 處左轉，沿指標直走，經小山丘後抵達 Villanueva de Campeán（13.2km）。主要景點為小鎮 400m 外的綠林修道院（Convento del Soto，現只剩遺址）。

走 C. Calzada 離開後，穿越公路保持直走。**請注意：**之後遇交叉點：①右轉沿指標繼續路程，②左轉經 San Marcial。右轉吧！沿路指標清楚，之後走 ZA-313 穿越 Los Llanos 工業區，繼續朝北。穿越重劃區及 C-250 後，抵達薩莫拉（Zamora）市郊，沿指標抵達薩莫拉舊城區（32km）。

薩莫拉在 12 世紀興建了羅曼式教堂與修道院，數量高達 26 座，獲得了「歐洲羅曼式教堂密度最高之城」的美稱。薩莫拉主教座堂（Catedral de Zamora）、施洗者聖約翰教堂（Iglesia de San Juan Bautista）、新聖母瑪麗亞教堂（Iglesia de Santa María la Nueva）與聖體修道院（Convento del Corpus Christi）都是同風格的建築傑作。19 世紀西班牙獨立戰爭時，法國軍隊曾占領並破壞過這些古蹟文物；20 世紀初薩莫拉有過一波建築復興，修復了不少羅曼式教堂。

薩莫拉 4 月的「聖週遊行」（Procesión de Semana Santa）是西班牙最莊嚴的宗教遊行之一，遊行隊伍中以雕刻精細的耶穌、聖母像最引人注意，也可參觀聖週博物館（Museo de Semana Santa，門票 4€，再加 1€ 可攝影拍照）。此外，當地還有水磨坊（Aceñas de Olivares），以及薩莫拉城堡（Castillo de Zamora）可參觀。

1. 薩莫拉主教座堂 ｜ 2. 薩莫拉主教座堂內聖物博物館

🟦 朝聖補給站 🟦

與薩莫拉有關的諺語

薩莫拉具有重要的戰略位置，是兵家必爭之地。西班牙諺語「No se ganó Zamora en una hora ／一小時內無法攻陷薩莫拉」，意為「為獲得重要事物，需要有耐心及毅力」。諺語源自 1072 年，當時卡斯提亞國王桑邱（Sancho el Bravo），無法接受過世的父王費爾南多一世（Fernando I）將薩莫拉劃分給胞妹烏拉卡（Urraca），於是在城外發動圍城，試圖攻陷薩莫拉。這場圍城之戰持續了 7 個月，最後因桑邱國王被貴族暗殺而未果。

👤 沿途庇護所

◈ Villanueva de Campeán

🏠 Albergue de peregrinos de Villanueva de Campeán Albergue ✉ Señor, 4 ☎ +346 202 353 22 💲 5€ 🛏 10 床 🔑 在旅館 La Posada del Buen Camino 取鑰匙

🏠 Albergue privado Villanueva de Campeán
✉ Calzada, 6 ☎ +346 309 809 67 💲 10€
🛏 23 床 🔑 Wi-Fi ｜可預約｜在酒吧 Bar Vía de la Plata 取得鑰匙

◈ Zamora

🏠 Albergue de peregrinos de Zamora 👍
✉ San Cipriano, 2 ☎ +349 805 094 27 💲 樂捐
🛏 32 床 🔑 廚房｜Wi-Fi｜銀之路上最好的庇護所

1. 水磨坊｜2. 主教座堂的毯畫｜3. 從薩莫拉城堡上俯瞰城市風景｜4. 薩莫拉城堡

Etapa 27：Zamora → Montamarta

路段指南

從主廣場 (Plaza Mayor) 走 C. Costanilla，接 C. de Feria 的圓環，直走過了 C. del Obispo Nieto 後，不遠處左轉走 C. de la Hiniesta，繼續往前。接著需要右轉，往前過了路橋後右轉，順著指標走，遇到下個圓環，走左手邊與 N-630 平行的道路，接著抵達 Roales del Pan (6.8km)。這裡有朝聖者人像雕塑和朝聖者公園，可短暫休息。主要景點為 1970 年代重建的聖母升天教堂 (Iglesia de la Virgen de la Asunción)。

聖母堡壘隱修院

距離聖地雅哥還有 377km

沿著進小鎮的路離開，接著需要左轉走農田小路，並與 N-630 保持平行，一路保持同方向前進。經西班牙高鐵工地，繼續直走，接著需右轉接回 N-630。再直走，行經加油站後抵達 Montamarta (19km)。

鎮內有天使聖米格爾教堂 (Iglesia de San Miguel Arcángel)，但鐘塔上的巨大送子鳥巢，可能比建築本身更吸引人。由於許多送子鳥 (Cigüeña) 在小鎮的高處築巢，因此這裡有「送子鳥鎮」之稱。

小鎮外有美到不行的聖母堡壘隱修院 (Ermita de la Virgen del Castillo)，北面保存古老的羅曼式疊澀磚石結構 (canecillos)。鄉村之家 Molino de Castilla 是由舊麵粉磨坊改建而成，不只完整重現磨坊工廠外貌，

也保存內部結構與設備，設有文史館。這裡能讓朝聖者或遊客過夜，是小鎮重要的工業遺產。

🚶 沿途庇護所

◆ **Montamarta**

🏠 Albergue de peregrinos de Montamarta

✉ N-630 上　📞 +346 850 700 72　💲 5€　🛏 50 床
🕐 冬季不營業

🏠 Casa Rural El Molino de Castilla 👍

✉ Plz. del Sol, 2　📞 +34655014076　💲 20€
🛏 8 床　🕐 廚房｜Wi-Fi｜可預約

由舊麵粉磨坊改建的鄉村之家 Molino de Castilla

叁嘎隆 Zangarrón

　　薩莫拉省有個著名的冬季面具慶典(Mascaradas del Invierno)，而叁嘎隆是這個慶典中的一個傳統角色，他會在新年及 1 月 6 日的三王節時，上街遊行並跟民眾要聖誕禮物和零錢。許多學者認為，叁嘎隆文化和古老儀式在Montamarta 受到良好的保存。

叁嘎隆紀念碑

路段公里數：23km

Etapa 28：Montamarta → Granja de Moreruela

🐚 路段指南

　　從天使聖米格爾教堂，往堡壘聖母隱修院方向離開 Montamarta，繼續前進，行經高鐵施工地，一路與 N-630 保持平行。行走數公里後右轉，穿越 N-630 和 A-66 後左轉，保持直走，往 Embalse de Ricobayo水庫方向走。接著繞水庫外圍，接回N-630。走 N-630 路橋穿越水庫，接著左轉

1. Castrorafe 堡壘遺址 | 2. 矗立在堡壘遺址的朝聖者石碑

抵達 Castrorafe (10.2km)。交叉路口左轉可參觀兩個巨大的朝聖者石碑,和壯觀的堡壘遺址。或是直走繼續路程,遵循指標,抵達 Fontanillas de Castro (12.6km)。

　　走 C. de Barca 到底,遇到第一個叉路處右轉,保持直走,不遠處需右轉走在與 N-630 平行的小路上。繼續沿同方向前進,穿越小溪不久後右轉。直走抵達 Riego del Camino (16.5km)。沿指標離開走 N-630,不遠處左轉走農地路,接著右轉,沿指標前進,抵達 Granja de Moreruela (23km)。

　　Granja de Moreruela 最重要的景點為 3.4km 外 (來回 6.8km)、建於 12 世紀的聖母瑪麗亞修道院 (Monasterio de Santa María de Moreruela),它是熙篤會 (Orden del Císter) 在伊比利半島的第一座修道院。修道院曾

遭戰爭破壞,現在只留下外觀,但從遺址中依舊能感受到當年修道院宏偉的氣勢。小鎮的施洗者聖約翰教堂 (Iglesia de San Juan Bautista),有些部分是用聖母瑪麗亞修道院的石頭砌成。

🚹 沿途庇護所

◆ Fontanillas de Castro
🏠 Albergue de peregrinos La Casa del Peregrino
🚏 N-630 旁　📞 +349 805 555 07　💲 樂捐　🛏 34 床
🍴 廚房

🏠 Albergue de Peregrinos　📧 La barca, 5
📞 +346 656 348 62　💲 樂捐　🛏 12 床　🍴 廚房 | 在 N-630 旁、小鎮尾端

◆ Riego del Camino
🏠 Albergue de peregrinos de Riego del Camino
📧 España, 32　📞 +349 805 935 70　💲 樂捐
🛏 15 床

🏠 Casa Camino　📧 Las Eras, 4
📞 +346 486 565 15　💲 樂捐　🛏 8 床　🍴 廚房 | Wi-Fi | 4～10 月營業

◆ Granja de Moreruela
🏠 Albergue de peregrinos de Granja de Moreruela
📧 Ángel de la Vega, s/n　📞 +349 805 870 05
💲 6€　🛏 20 床　🍴 在酒吧 Bar Tele Club 拿鑰匙、付款和蓋章

宏偉的聖母瑪麗亞修道院遺跡

路段公里數：27km

Etapa 29：Granja de Moreruela → Benavente

Benavente ◼▼◻◻

Barcial del Barco ◼▼◻

Santovenia del Esla ◼▼

Granja de Moreruela ◼▼◻

m 1,000 — 900 — 800 — 700 — 600 — 500

km 25 20 15 10 5 0

🐚 路段指南

從庇護所離開。**請注意：**在施洗者聖約翰教堂後方的十字架有交叉點：①前往阿斯托爾加（Astorga），接續法國之路，②往歐倫賽（Orense），走薩納布里亞之路（Camino Sanabrés），距離 370km。就往阿斯托爾加前進吧！

接著走上 C. San Juan 接 C. Bodegas 後，直行離開小鎮，接 ZA-123 後走在 N-630 旁的小路，沿同方向和指標前進，抵達 Santovenia del Esla（9.2km）。

在 N-630 與 C. Fuente 的交會處右轉，走小路離開。往右手邊方向走，沿路行經

Benavente 的聖母瑪麗亞教堂

Arroyo Prado del Ramiro 溪 和 墓園。之後接至 N-630 旁小路，沿指標走，抵達 Villaveza del Agua（15km）。在 N-630 和 C. Opisbo 交

施洗者聖約翰教堂後方的交叉點指標

會處，左轉走小路。沿同方向前進，且與 N-630 平行，抵達 Barcial del Barco（17.2km）。走 N-630 旁的 C. Toro 離開，經舊鐵路後直走，不久後穿越鐵路地下道。走鐵橋穿越 Río Esla 河後，走右邊的道路。不遠處左轉，抵達 Villanueva de Azoague（23.2km）。

沿原路繼續走，接 C. Mayor 離開。在圓環順著黃色箭頭的指引，往左邊走，在 N-525 路橋下方左轉，保持同方向前進，來到 Av. Ferial 和 Av. Libertad 的交會處，抵達 Benavente 市郊，沿指標前往 Benavente 舊城區（27km）。

舊城區有許多古蹟，和現代建築形成對比。主要街道上的建築，統一為紅磚色，延伸至主廣場。舊城區內 4 個重要的古蹟為：羅曼式風格的聖母瑪麗亞教堂（Iglesia de Santa María del Azogue）與聖約翰教堂（Iglesia de San Juan del Mercado）；慈敬醫

院 (Hospital de la Piedad)，曾是收容朝聖者的醫院；改建為國營旅館的公爵故居蝸牛塔 (Torre del Caracol)。此外，1928 年落成的蘇菲亞王妃大劇院 (Gran Teatro Reina Sofia) 也很值得參觀。

🧍 沿途庇護所

◆ **Barcial del Barco**
🏠 Albergue Las Eras 　✉ Las Eras, 2
📞 +349 806 400 73 　💲 8€ 　🛏 14 床 　🍴 廚房｜Wi-Fi｜可預約

◆ **Benavente**
🏠 Albergue de peregrinos de Benavente
✉ 舊火車站內 　📞 +349 806 342 11 　💲 4€
🛏 12 床 　🍴 廚房｜Wi-Fi｜可預約｜3 ～ 10 月營業｜週一～五 10:00 ～ 14:00、17:00 ～ 20:00 在庇護所拿鑰匙；週末與假日末，在 Benavente 旅客服務處拿鑰匙

1. 曾為朝聖者醫院的慈敬醫院｜ 2. 現為國營旅館的蝸牛塔｜ 3. 優雅的蘇菲亞王妃大劇院｜ 4. 主街上整齊的紅磚色建築

路段公里數：22km •

Etapa 30：Benavente → Alija del Infantado

🐚 路段指南

從廣場 Plaza Mayor 走 C. de los Herreros，接 Av. Cañada de la Vizana，遇圓環保持同方向前進，行經加油站直走到底，並繼續往前。接著右轉離開往森林走，會經過兩段荒廢的鐵路。走下方通道穿越 A-52 公路，抵達 Villabrázaro (7.6km)。走 C. Real 離開小鎮，後面的路況極差：柏油路破碎且坑坑巴巴，加上車流量大，請注意安全。就保持愉悅的心情，走完這數公里吧！加油！沿同方向前進，接著抵達有許多地洞酒窖的 Maire de Castroponce (15.7km)。

遵循指標接 C. Real 離開小鎮後，需要穿越公路，往前走進入雷昂省 (Provincia de León)。穿越羅馬橋 (Puente Romano de Vizana) 後左轉，接 LE-114 並繼續直走。在 Bodegón de Ozaniego 處右轉後，直走經公營庇護所，抵達 Alija del Infantado (22km)。

Alija del Infantado 小鎮有兩座教堂，分別為建於 14 世紀的聖艾斯特班教堂 (Iglesia de San Esteban)，可爬上鐘塔前的階梯，欣賞小鎮風景；另一為石板砌成的聖偉利斯摩教堂 (Iglesia de San Verísimo)，建築散發出莊嚴的宗教氣息。

小鎮山丘上有為數眾多的地底酒窖；北邊則有寬敞的主廣場，和立面鑲著西班牙所有省分徽章的鎮議會廳，中世紀古堡 Castillo-Palacio 也在主廣場旁。聖伊格納西歐礦物藥泉 (Fuente Minero-Medicinales de San Ignacio) 位於小鎮高點，是個極佳的觀景點，這裡的泉水據傳能治療風濕關節炎及皮膚炎等症狀。

🧑 沿途庇護所

◈ **Villabrázaro**

🏠 Albergue de peregrinos de Villabrázaro
✉ Majuelos, s/n　☎ +349 806 426 30　💲 樂捐
🛏 14 床　🍴 廚房 ｜ Wi-Fi ｜ 可預約 ｜ 在酒吧 La Manga 取鑰匙

◈ **Alija del Infantado**

🏠 Albergue de peregrinos de Alija del Infantado
✉ los Taberneros, s/n　☎ +349 876 672 01　💲 8€
🛏 12 床　🍴 廚房

1. Alija del Infantado 有特別的礦物藥泉 ｜ 2. 中世紀古堡 ｜ 3. 色彩繽紛的主廣場建築

路段公里數：22km •

Etapa 31：Alija del Infantado → La Bañeza

⬡ 路段指南

從庇護所走 C. Real 離開，之後接至 LE-114，沿此公路前進。幾公里後右轉接往 La Nora 的公路，走橋穿越 Río Jamuz 河後左轉走黃土路。之後的路段皆沿河畔小路走，抵達 Quintana del Marco (8.7km)。沿著抵達小鎮的路離開，一路直走，之後會經過 Villanueva de Jamuz 和 Santa Elena de Jamuz 兩個小鎮，可選擇不進入，沿同方向離開。

請注意：接著在小橋處有前往 La Bañeza 的交叉點：①右轉走官方路線，②左轉沿公路走。右轉吧！之後皆走在鋪石路上。約本日路段的 18km 處有交叉點，標示不清楚，記得要右轉！

1. 小橋上的交叉點 ｜ 2. 痛苦鋪石路 ｜ 3. La Bañeza 主廣場的現代主義建築

接著走地下道穿越 A-6，接 C. de Santa Elena，左轉前往位於高處的公營庇護所。若要前往舊城區，則繼續走 C. de Santa Elena，穿越 Plaza de los Reyes Católicos 廣場，接著走 C. Juan de Mansilla 到底，抵達 La Bañeza (22km)。

La Bañeza 的主要景點，為位在市政府廣場上、16 世紀哥德晚期風格的聖母瑪麗亞教堂 (Iglesia de Santa María)，以及現代主義建築風格的憲政廳 (Casas Constitucionales)，兩者構成美麗的對比；聖薩爾瓦多教堂 (Iglesia de San Salvador) 曾為修道院，但 11 世紀遭逢戰爭摧殘。

主廣場旁有許多現代主義建築，是三層樓高、鐵製或水泥砌成的陽台和觀景台，建築中許多裝飾品皆取材於大自然元素。

沿途庇護所

◆ La Bañeza

🏠 Albergue de peregrinos Monte Urba

✉ Bello Horizonte, 1　📞 +349 876 409 92　💲 4€

🛏 36 床　🍳 廚房｜若沒開門，可至同條路上的 6 號和 20 號跟鄰居拿鑰匙

1.La Bañeza 小鎮中有許多塗鴉藝術｜2.庇護所在小鎮高處，可搭電梯下至舊城區｜3.La Bañeza 的憲政廳和聖母瑪麗亞教堂｜4.聖薩爾瓦多教堂｜5.薩爾瓦多教堂外的朝聖者雕像

路段公里數：24.5km ●

Etapa 32：La Bañeza → Astorga

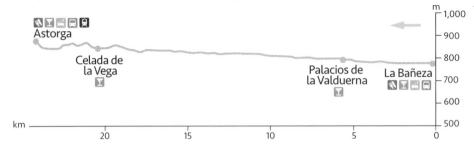

🐚 路段指南

　　從庇護所離開，不用朝下方走往小鎮中心，請沿著指標走 C. Santa Lucía 到底，接 C. del Salvador，再接 C. Marcos de Segovia，往 LE-7406 的方向前進。之後需左轉，行經廢棄鐵路橋。

　　接著從下方小路穿越 A-6，沿同條小路走，再右轉，繼續前進，抵達 Palacios de la Valduerna（6km）。

　　沿 LE-7401，在 C. Camino del Monte 處右轉，接著行經墓園，走前方泥土路，有些交叉口沒有指標，但保持直走就對了！之後接至地方公路，不遠處走地下道穿越 A-6，左轉接 N-VI，再右轉。走羅馬橋（Puente Romano de Valimbre）穿越河流 Río Turienzo（12.8km）。繼續沿指標走，抵達 Celada de la Vega（20.7km）。

　　從 C. Galicia 離開，沿指標右轉，不遠處再次左轉，保持與 A-66 平行前進。走地下道穿越 AP-71，往前走接 N-VI，進入阿斯托爾加（Astorga）市郊。順著指標走，抵達 Plaza de San Roque 廣場，沿羅馬式階梯爬坡，穿越 Arco de Postigo 拱門後接 C. La Bañeza，抵達阿斯托爾加舊城區（24.5km）。**阿斯托爾加城市的介紹，以及庇護所列表，請參考法國之路第 22 站 (P.078)。**

1. 廢棄鐵路橋 │ 2.Valimbre 羅馬橋 │ 3. 羅馬式階梯

世界盡頭之路 Camino a Finisterre

　　抵達聖地雅哥後，眾多朝聖者會繼續步行前往菲尼斯特雷 (Finisterre，加利西亞語為 Fisterra)。「Finisterre」源自拉丁語 Finis Terra，意為「世界的盡頭」。當地在羅馬時期被視為是伊比利半島的最西端，因而獲得「世界盡頭」的稱呼，但若從確切的地理角度來看，伊比利半島最西端並非菲尼斯特雷，而是 Cabo Touriñán 岬角。儘管如此，充滿傳奇色彩的世界盡頭之路依舊是聖地雅哥之路的完美結尾。

　　世界盡頭之路的經典路線，是從聖地雅哥步行至菲尼斯特雷海角 (Cabo de Finisterre)，總長約 88km；同時也可多花一天時間，步行至位於死亡海岸上的慕西亞 (Muxía)，拜訪充滿神話色彩的聖母船聖殿 (Santuario de la Virgen de la Barca)，總長約 117.5km。

路段公里數：20.5km

Etapa 1：Santiago de Compostela → Negreira

🐚 路段指南

從工坊廣場 (Plaza de Obradoiro) 接 Rúa das Hortas 離開聖地雅哥舊城區，依序經 Rúa Poza de Bar、Rúa San Lorenzo 之後，抵達 Rúa Carballeira de San Lorenzo，並可在 Parque Carballeira de San Lorenzo 公園中找到石碑。一路沿指標前進。接著穿越 CP-7802 左轉進入 Quintáns Villestro (6.6km)。若不進小鎮則朝同方向前進，經足球場前方馬路右轉，走中世紀橋穿越 Rego de Roxos 河，且走在森林路中。接著在遇 AC-453 右轉，沿路肩前進抵達 Mesón Alto do Vento 餐廳 (8.4km)。之後右轉走小路，繼續前進抵達 Ventosa (9.5km) 與 Augapesada (11.5km)。

往左走接 CP-0203 離開小鎮後，不遠處左轉，開始走在森林中，沿上坡抵達海拔 260m 的 Alto de Mar de Ovellas 峰。下山接地方公路，沿同方向前進抵達 Trasmonte (14.6 km)。往前走 2km 抵達中世紀瑪塞伊拉橋 (Ponte Maceira)，穿越 Río Tambre 河後抵達 A Ponte Maceira(17km)。

接著在聖布拉斯小教堂 (Capilla de San Blas) 處左轉，往前行離開小鎮，之後需要左轉，保持直走。直到 Ponte Nova，從拱門和 AC-447 下方，接回 AC-447 行經 Barca，不進小鎮。不遠處遇見莊園豪宅後繼續走，從 Av. de Santiago 抵達 Negreira (20.5 km)，這是個曾被海明威寫入小說《戰地鐘聲》的小鎮。公營庇護所在 600m 外，沿 Carreira de San Mauro 走到底，往左手邊的小爬坡走，即可看到公營庇護所。

前往在小鎮西南邊緣的庇護所時，會行經建於 15 世紀、原為中世紀堡壘的棉花廣場 (Pazo do Cotón)，現在它是當地重要的古蹟和地標，與一旁的 19 世紀聖毛烏羅小教堂 (Capilla de San Mauro)，構成小鎮古

1. 棉花廣場 ┃ 2. 聖毛烏羅小教堂

蹟聚落。

小鎮東邊過去曾為 Negreira 的中心。羅曼式風格的聖母瑪麗亞教堂 (Iglesia de Santa María de Portor)，立面及鐘塔皆為 17 世紀時所打造，仍保留原始結構，是小鎮主要宗教建築。

🧭 沿途庇護所

◆ **Negreira**

🏠 Albergue de peregrinos de Negreira

✉ Patrocinio, 10　☎ +346 640 814 98　💲6€
🛏 22 床　🍴 廚房｜Wi-Fi｜可預約｜夏季會增加帳篷

🏠 Albergue San José　✉ Castelao, 20
☎ +348 819 769 34　💲12€　🛏 50 床　🍴 廚房｜
Wi-Fi｜可預約｜11 月～隔年 2 月需預約

🏠 Albergue Lua　✉ Santiago, 22
☎ +346 981 288 83　💲12€　🛏 40 床　🍴 廚房｜
Wi-Fi｜可預約｜3 ～ 10 月營業

🏠 Albergue Alecrin　✉ Santiago, 52
☎ +346 166 287 68　💲12€　🛏 40 床　🍴 廚房｜
Wi-Fi｜可預約｜4 ～ 10 月營業

🏠 Albergue Anjana　✉ Chancela, 39
☎ +346 073 872 29　💲12€　🛏 20 床
🍴 Wi-Fi｜可預約｜4 ～ 11 月營業

路段公里數：33.5km •

Etapa 2：Negreira → Olveiroa

🐚 路段指南

從 Negreira 公營庇護所外的公路離開，約 150m 處左轉，經聖母瑪麗亞教堂後右轉，沿同方向前進，沿 DP-5603 抵達西北方小鎮 Zas (3.2km)。右轉穿越小鎮，接著走入森林。抵達 Piaxe (9km)，沿著指標離開小鎮，接至 DP-5603，經過 Portocamiño，不遠處右轉走小路，再次接至 DP-5603 後抵達 Vilaserío (12.6km)。

走 DP-5603 離開，直到交叉點處往右手邊走，抵達 Cornado (14.5km)。沿指標左轉離開，走在舒適且景色迷人的森林中，直到抵達 As Maroñas (19.5km)，沿指標穿越小鎮後右轉，一路直走。接著左轉，抵達 Santa Mariña (21km)。鎮上有咖啡廳，

Santa Mariña 的聖塔瑪麗娜教堂

可在此休息補充體力；景點為聖塔瑪麗娜教堂 (Iglesia de Santa Mariña)。

從 Casa Pepa 咖啡廳直走離開，接至 AC-400 不遠處右轉，繼續前進，經 Gueima 後左轉。之後需繞路走 Monte Aro 山的北段（因土地產權糾紛，故 Monte Aro 的歷史古道不對外開放）。沿途指標清楚，不用擔心迷路。繼續朝同方向前進，經 Lago (27.4km)，再順著指標走。接著走過 16 世紀古橋 Ponte Olveira，穿越 Río Xallas 河進入 Ponte Olveira (31km)。之後左轉接上 DP-3404，不遠處再次左轉，抵達 Olveiroa (33.5 km)。

Olveiroa 是 Dumbría 市鎮中的小鎮，循著石砌的窄巷引導抵達，給人一種神祕的氣氛。當地有許多加利西亞穀倉，連庇護所外面也有穀倉。小鎮中有建立於 17 世紀的聖雅各教堂 (Iglesia de Santiago)，為數不少的庇護所，以及兩間餐廳。其中以 As Pías 餐廳為用餐首選，食物好吃外，精美的裝潢和親民價格是讓大家聚集在此的原因。

沿途庇護所

Piaxe
Albergue Alto da Pena　Piaxe, 5
+346 098 534 86　12€　20 床
可預約｜淡季需預約

Vilaserío
Albergue municipal de Vilaserío　Vilaserio, 37
+346 487 920 29　樂捐　14 床

Albergue O Rueiro　Vilaserío, 28
+346 595 681 39　12€　30 床
Wi-Fi｜可預約｜淡季需預約

Albergue Casa Vella　Vilaserío, 23
+346 154 522 53　12€　14 床　廚房｜
可預約｜4 ～ 10 月營業，其他月分需預約

Santa Mariña
Albergue Santa Mariña　Santa Mariña, 14
+346 558 068 00　10€　34 床
廚房｜可預約｜Wi-Fi｜3 ～ 11 月營業

Albergue Casa Pepa　Santa Mariña, s/n
+346 862 343 42　12€　38 床
可預約｜Wi-Fi｜在 Casa Pepa 咖啡廳旁

Lago
Albergue Monte Aro　Lago, 12
+346 825 861 57　12€　28 床
可預約｜Wi-Fi｜3 ～ 11 月營業，其他月分只接受團體預約

Ponte Olveira
Albergue-Pensión Ponte Olveira
Ponte Olveira 3　+34 981 85 21 35　10€
20 床　廚房｜Wi-Fi｜可預約｜4 ～ 10 月營業

Olveiroa
Albergue de peregrinos de Olveiroa
Olveiroa, s/n　+349 817 440 01　6€
34 床　廚房｜Wi-Fi｜藍色穀倉區的三棟建築物，皆屬於庇護所

Albergue Hórreo　Olveiroa, 20
+349 817 416 73　12€　48 床　廚房｜
Wi-Fi｜可預約｜3 ～ 10 月營業

Albergue O Peregrino　Olveiroa, s/n
+346 372 640 33　10€　12 床　可預約

1. 藍色穀倉區為庇護所｜2. Olveiroa 鎮內有許多加利西亞穀倉

Etapa 3：Olveiroa → Corcubión

🐚 路段指南

走 As Pías 餐廳前馬路離開，接著左轉沿小路開始爬坡，沿路有漂亮山景和水庫景色圍繞，就繼續直飆前進吧！下坡離開山頂，走小橋穿越 Río de Hospital 河抵達 O Logoso（4km）。直走離開小鎮，往前走，抵達 Hospital（5.5km）。**接下來的 13km 都沒有酒吧和咖啡廳，記得在此補給水和糧食。**繼續沿 DP-3404 走，直到圓環路口遇見交叉點（見下圖），**請注意：①左轉前往菲尼斯特雷，②右轉前往慕西亞。**先左轉，到世界的盡頭吧！

沿 DP-2303 走，不遠處右轉，經 Cruceiro Marco do Couto 十字架，接著走在 Buxantes 山步道，經 17 世紀的白雪聖母隱修院

左轉往菲尼斯特雷　　右轉往慕西亞

艦隊十字架

（Ermita de Nosa Señora das Neves）（11km）。繼續前行，抵達聖貝德羅泉（Fuente de San Pedro Martir）（14.8km），和 16 世紀的艦隊十字架（Cruceiro de Armada）（16.8km）。

標示著「Km 18.625」的石碑上，可見寫著「看見了大海」的中文字。繼續往前，開始能看到遠方的菲尼斯特雷海角，和一望無際的死亡海岸。之後一路下坡，直到 Os Camiños Chans（19km），往右轉，沿 AC-550 抵達 Cee 鎮郊。跟著指標走，在 C. Magdalena 上有許多住宿處可選擇，最後抵達 Cee 中心（20km）。

Cee 是加利西亞自治區中最古老的鎮之

一。16 世紀的文獻中已記載它為當時的漁業重鎮，至今漁業仍是居民的主要經濟來源，貝殼海灘外能看到大型起重機捕魚中。小鎮有建於 9 世紀的聖母瑪麗亞教堂 (Iglesia de Santa María de Xunqueira)。由於本站終點 Corcubión 的公營庇護所在 Alto de San Roque 峰，不想爬山的話可以在 Cee 過夜。

沿著海灘步道 (Paseo Marítimo) 直走抵 Corcubión (21.5km)。中世紀以來，這裡都是世界盡頭之路的必經小鎮；它面積雖小，但在西班牙歷年多場戰爭中，都有不容小覷的貢獻。舊城區裡的現代建築，融合了新古典與現代主義風格；宗教建築則有建立於 14 世紀、哥德式的聖馬可斯教堂 (Iglesia de San Marcos)。

🎒 沿途庇護所

◈ O Logoso
🏠 Albergue-Pensión O Logoso　📧 O Logoso, s/n
📞 +346 595 053 99　💲 12€　🛏 40 床　🍴 廚房｜
Wi-Fi｜可預約

◈ Hospital
🏠 Albergue O Casteliño　📧 Hospital, s/n
📞 +349 817 473 87　💲 12€　🛏 18 床　🍴 廚房｜
Wi-Fi｜可預約｜在旅客服務處旁

◈ Cee
🏠 Albergue A Casa da Fonte　📧 Rúa de Arriba, 36
📞 +346 992 427 11　💲 11€　🛏 42 床　🍴 廚房｜
Wi-Fi｜可預約｜3/1 ～ 11/15 營業

🏠 Albergue O Bordón　📧 Chans-Brens
📞 +346 559 039 32　💲 12€　🛏 24 床　🍴 廚房｜
Wi-Fi｜可預約

🏠 Albergue Moreira　📧 Rosalía de Castro, 75
📞 +346 208 915 47　💲 12€　🛏 14 床　🍴 廚房｜
Wi-Fi｜可預約｜3 月中 ～ 10 月營業

1. Corcubión 的聖馬可斯教堂外觀｜2. 小鎮也可見新古典與現代主義建築

🏠 Albergue Tequerón 👍　📧 Arriba, 31
📞 +346 661 195 94　💲 12 ～ 15€　🛏 8 床
🍴 廚房｜Wi-Fi｜可預約

◈ Corcubión
🏠 Albergue de peregrinos San Roque 👍
📧 Alto de San Roque　📞 +346 794 609 42
💲 樂捐　🛏 20 床　🍴 在離小鎮 1km 外的山丘上

🏠 Albergue Camiño de Fisterra
📧 Cruceiro de Valdomar, 11　📞 +346 291 141 22
💲 10€　🛏 14 床　🍴 廚房｜可預約

Etapa 4：Corcubión → Finisterre

🐚 路段指南

從聖馬可斯教堂離開，走 C. de las Mercedes，穿越 Plaza de Campo del Rollo 廣場，沿指標走在狹窄的步道上，沿步道前進，可看到 Cee 和 Corcubión 全景，接著抵達 O Vilar（2.4km）。右轉離開小鎮，經 Campo de San Roque 休息區並穿越 AC-445，沿指標左轉走小路，之後會接回 AC-445，前往 Playa de Estorde 海灘。繼續沿著 AC-445 和指標走，抵達 Sardiñeiro de Abaixo（4.6km）。

走在 AC-445 旁，右轉接 Rúa Nova 後，

抵達 Km 0.000 地標

走 Rúa Fisterra，朝同方向前進。接上 AC-445 後，會看見 La cala de Talón 海灣，繼續走 AC-445，抵達 Playa de Langosteira 海灘（8.5km）。此處已進入菲尼斯特雷（Finisterre）市郊。

沿著海灘走，抵達菲尼斯特雷市區（11km）。走 AC-445 經過聖母瑪麗亞教堂（Iglesia de Santa María das Areas）、聖卡洛斯城堡（Castelo de San Carlos）和方塊墓園後，抵達菲尼斯特雷海角和燈塔（Faro de Finisterre），以及 Km 0.000 地標（13.5km）。

菲尼斯特雷 To Do & Not To Do

To Do：看日落、日出

下午沿著 AC-445 前往菲尼斯特雷燈塔

La cala de Talón 海灣

與海角，準備迎接獨特的日落美景，這海岸因太陽西沉太醉人，因而有死亡海岸之稱。別忘在 Km 0.000 處拍張照，證明自己抵達世界的盡頭。日落和日出象徵著朝聖者們日出上路、日落歇息的朝聖人生，因此在世界盡頭的日落、日出，更有特殊的意義。帶罐啤酒吧！在傳說中世界的盡頭和朝聖者們享受一個美好的午後和日落，讓這趟遠征畫下完美的句點。

To Do：在海灘淨身

有朝聖者相信在 Praia de Langosteira 海灘游泳有淨身的效果，洗淨一路上的塵埃和疲憊，讓身心淨空，好迎接世界盡頭的到來。此外，到了菲尼斯特雷這個海灘小鎮，不玩水要幹嘛？除了 Praia de Langosteira 海灘外，Mar de Fóra 海灘因離市區較遠，因此觀光客較少，可沿木棧步道散步到此。海景一樣美，但更寧靜隱密。

Not To Do：燃燒與丟棄物品

朝聖者們口耳相傳，要在岩石十字架（Cruz de Piedra）前燒掉舊衣物、燒掉舊陋習，開始人生新篇章。但並無歷史記載此傳統的來源。朝聖者燒東西的傳統，已引發多場火災，還會危害環境和製造垃圾，因此已遭當地政府下令禁止。公營庇護所

負責人也強調不要燒東西，因為被警察逮到可是會吃罰單的！有些朝聖者選擇丟掉隨身某個舊物品或登山鞋，達到象徵的意義，但這樣同樣是製造垃圾，也屬於市政府禁止的行為。身處菲尼斯特雷時，好好重新審視自我內在，才是真正的重生。

🧭 沿途庇護所

◆ Finisterre

🏠 Albergue de peregrinos de Fisterra　✉ Real, 1　📞 +349 817 407 81　💲 6€　🛏 36 床　🍴 廚房　Wi-Fi │ 可在此庇護所免費換取 Finisterrana 證書，非投宿在此的朝聖者也可以換

🏠 Albergue de Paz　✉ Víctor Cardalda, 11　📞 +346 289 036 93　💲 12～15€　🛏 28 床　🍴 Wi-Fi │ 可預約│冬季視人潮決定營業日期

🏠 Albergue-Pensión Cabo da Vila　✉ A Coruña, 13　📞 +346 077 354 74　💲 12€　🛏 28 床　🍴 廚房│Wi-Fi │ 可預約│冬季需預約

🏠 Albergue-Pensión Finistellae　✉ Manuel Lago País, 7　📞 +346 378 212 96　💲 12€　🛏 20 床　🍴 廚房│Wi-Fi │ 可預約│4～10 月營業

1. 在世界盡頭 Km 0.000 迎接日落│2.Langosteira 海灘

🏠 Albergue Mar de Rostro　📧 Alcalde Fernández, 45
📞 +346 371 077 65　💲 10 ～ 12€　🛏 23 床
🍴 廚房｜Wi-Fi｜可預約｜3 ～ 11 月營業

🏠 Albergue do Sol e da Lúa　📧 Atalaya, 7
📞 +346 175 686 48　💲 11€　🛏 18 床　🍴 廚房｜
Wi-Fi｜可預約｜淡季需預約

DATA ▶ 菲尼斯特雷⇒聖地雅哥客運時刻表
📧 在公營庇護所 Albergue de peregrinos de Fisterra
外的客運站搭車，車程約 2.5 小時
🕐 週一～五 08:20、09:45、11:45、15:00、16:45、
19:00｜週末與假日 09:45、11:45、15:00、16:45、
19:00

路段公里數：29.5km •

Etapa 5：Finisterre → Muxía

🐚 路段指南

前往慕西亞需從抵達菲尼斯特雷的路開始走，朝著 Playa de Langosteira 海灘方向前進，但不進海灘。在 Cruceiro de Baixar 十字架處左轉，接 AC-445 沿指標走，第一座石碑在 Hotel Arenal 旁，保持同方向前進，抵達 San Martiño de Duio（1.7km）。

這幾年，走世界盡頭之路抵達慕西亞的朝聖者人數不斷增加。從菲尼斯特雷到慕西亞，沿途有死亡海岸美景伴隨，走過這一站，就完成了世界盡頭之路的全體驗。

這段路有自己特別的指標：從菲尼斯特雷到慕西亞是橘色箭頭，或箭頭搭配 M；回程則是綠色箭頭，或箭頭搭配 F。許多地方的標示可能有些混亂，但去程的方向感永遠保持向北，回程就是朝南。

綠色與橘色箭頭

Cruceiro de Baixar 十字架

沿途經 Escaselas (2.8km) 和 Hermedesuxo de Baixo (3.5km)，沿指標右轉抵達 San Salvador (4km)。之後數公里皆走在森林中，經過 Castrexe (8.5km)，接著抵達 Pardís (9.7km)。

請注意：在這段路中有交叉點：①保持同方向走，經 A Canosa (12km)，②跟著紅色箭頭左轉往海岸走，多走 1.1km 但有美麗海岸風景。保持同方向走吧！接著抵達 Lires (13.5km)，小鎮內有聖艾斯特班教堂 (Iglesia de San Estevo)，想去酒吧的話，要爬坡到鎮中心後沿指標右轉，遠離官方路段 100m，建議可以的話，就在此休息一下補充體力。**想在 Muxía 公營庇護所投宿的朝聖者們一定要在 Lires 蓋章，才符合入住的資格！**

穿越 Río Castro 河離開小鎮，沿指標走，經 Frixe (16km)、Guisamonde (18.5km)、Morquintián (20km)。**請注意**：十字路口遇

交叉點：①左轉走官方路線，②右轉沿柏油路指標走。左轉走官方路線吧！指標不太清楚，但保持同方向前進即可，接著抵達 Xurarantes (24.7km)。從此處起有許多黃色箭頭，指引你走小路往海岸走，但也可走公路路肩。左轉往海岸前進吧！接著沿 DP-5201，在海景陪伴之下，抵達慕西亞 (Muxía) (29.5km)。

位於死亡海岸上的慕西亞有著令人感到放鬆與寧靜的海景，與菲尼斯特雷的狂歡氛圍不同。憑朝聖者護照可在「慕西亞旅客服務處」(Oficina de Turismo) 免費換取慕西亞證書 (La Muxiana)，也可詢問各大庇護所是否能換取 (詳見 P.026)。

沿途庇護所

◆ **Lires**
🏠 Albergue As Eiras
✉ Lires, 82　📞 +346 622 618 18　💲 12€
🛏 22 床　📶 Wi-Fi　| 可預約

1. 前往慕西亞的第一座石碑在 Hotel Arenal 旁 | 2. 沿美麗的死亡海岸進入慕西亞小鎮 | 3. F 代表往菲尼斯特雷；M 代表往慕西亞

◆ **Muxía**

🏠 Albergue de Peregrinos de Muxía　✉ Enfesto, 18
📞 +346 102 643 25　💲 6€　🛏 32 床　🍳 廚房｜
若從菲尼斯特雷到慕西亞一定要在 Lires 蓋章，才能
在公營庇護所投宿

🏠 Albergue Bela Muxía　✉ Encarnación, 30
📞 +346 877 982 22　💲 12€　🛏 36 床　🍳 廚房｜
Wi-Fi｜可預約

🏠 Albergue da Costa　✉ Doctor Toba, 33
📞 +346 763 638 20　💲 12€　🛏 10 床　🍳 廚房｜
Wi-Fi｜可預約

🏠 Albergue Arribada 👍　✉ José María del Río, 30
📞 +349 817 425 16　💲 12€　🛏 42 床　🍳 廚房｜
Wi-Fi｜可預約

▶ **DATA** 慕西亞→聖地雅哥客運時刻表
🚌 搭車地點在港口的咖啡廳 Cafetería Don Quijote
前面，建議提早 10 分鐘到。車程約 2 小時
🕐 週一～五 06:45、14:30｜週六與假日 07:30、
14:30｜週日 07:30、18:45

🐚 **朝聖補給站** 🐚

慕西亞景點與活動

傳說中，聖母瑪麗亞搭乘石船抵達慕西亞
海岸，替傳教受挫的聖雅各打氣後留下石船
消失。這艘石船稱作「擺動石」(Pedra do
Abalar)，據信若能搬動它，此生的罪孽都
將洗清；石船的帆稱作「腎石」(Pedra dos
Cadrís)，據說鑽過腎石底部 9 次，朝聖者
的背痛就能不藥而癒，因此成為朝聖者到此
的必鑽行程；「船舵石」(Pedra do Timón)
則是聖母顯現之處，於是人們在這裡打造
了「聖母船聖殿」(Santuario de la Virgen
de la Barca)。慕西亞有羅曼式風格的聖母
瑪麗亞教堂 (Iglesia de Santa María)，位在
Monte Corpiño 山丘上並且被岩石保護著，
教堂主體和自然環境相互結合，構成一幅奇
妙的畫面。9 月的聖母繞境也是該鎮的重要宗
教慶典。

造訪 Km 0.000 石碑和燈塔、看過菲尼斯
特雷的日落，也鑽過慕西亞聖母船石後，恭
喜你，完成了世界盡頭之路！

1. 聖母船聖殿｜2. 聖母瑪麗亞教堂是當地奇景之一｜3. 傳說中的「腎石」記得鑽一下！

Santiago de Compostela 意為「繁星原野的聖地雅哥」，
是各大聖地雅哥之路的終點。
眾多不同建築風格的教堂與修道院，
建構舊城區無可取代的中世紀風景。
名列世界人文遺產的舊城區，
以工坊廣場為中心，延伸至主教座堂、
國營旅館、金塔納廣場與聖方濟修道院等，
都是西班牙的知名景點。 MAP P.003

聖雅各之城

聖地雅哥德孔波斯特拉

Santiago de Compostela

當走完聖地雅哥之路，抵達聖地雅哥主教座堂（Catedral de Santiago de Compostela）前面的工坊廣場（Plaza de Obradoiro）時，會看到所有朝聖者們興奮、感動落淚、互相擁抱的畫面，恭喜彼此終於完成這趟艱鉅的旅程，也可以好好探索這座城市了。

🐚 舊城區景點

聖地雅哥主教座堂為巴洛克式風格，充滿豐富細節的教堂立面是整個城市的象徵。由大師馬戴歐（Maestro Mateo）設計的榮耀門廊（Pórtico de la Gloria），在塵封數年後，於 2018 年重新對外開放，是不可錯過的建築傑作。仔細端詳主教座堂內細緻的建築細節，會有許多小驚喜。

金塔納廣場（Plaza de Quintana）是欣賞主教座堂東南側，或是聖地雅哥古城風采的好地方。主教座堂南側的立面，有巴洛克式的皇室門（Puerta Real），和只有聖年才開放的寬恕門（Puerta del Perdón）。

1214 年聖方濟亞西西（San Francisco de Asís）造訪聖雅各之墓時，把興建修道院的計畫，交託給追隨者哥多萊伊（Cotolay）。聖方濟修道院（Convento de San Francisco）的巴洛克式風格立面，以及簡樸、壯觀的教堂內部都很值得一看。2014 年是聖方濟亞西西造訪聖地雅哥 800 周年紀念，為此

1. 聖地雅哥主教座堂 ｜ 2. 聖方濟修道院 ｜ 3. 工坊廣場

還特地發行了「Cotolaya 證書」給參觀修道院的朝聖者。

華麗的聖馬汀修道院（Monasterio de San Martín Pinario）現為神學院、大學校區和飯店，也是許多朝聖者選擇過夜的地方。漂亮的聖地雅哥大學迴廊（Claustro de la Universidad de Santiago de Compostela），內部可見主教阿隆索三世（Alonso III）的雕像。

舊城區外的柳樹公園（Parque de Alameda）中有《兩個瑪麗亞》（Las dos Marías）雕像。這對終身未嫁的姊妹總是濃妝豔抹、奇裝

異服，每天下午 2 點準時對來往的大學生眨眼放電。逗趣的兩姊妹沖淡獨裁時期悲傷的社會氛圍，也頗受民眾歡迎，成為聖地雅哥的都市傳說。

🐚 參觀聖地雅哥主教座堂必辦事項

> 自 2019 年 2 月起，聖地雅哥主教座堂開始進行內部整修，以迎接 2021 聖年。內部整修期間，主教座堂只有銀匠門 (Puerta de Platería) 有開放，煙燻儀式則暫停，每日 12:00 朝聖者彌撒也移至聖方濟修道院。擁抱聖雅各和拜訪聖雅各之墓則不受施工影響。

擁抱聖雅各 (El abrazo al Apóstol Santiago)

這是從聖地雅哥之路開始保留至今的傳統。朝聖者經挑戰與洗禮，終於抵達主教座堂之後，會上前擁抱位於主祭壇中心的聖雅各神像，感謝祂一路的保護。至今依舊是熱門儀式，尤其在聖年或夏天時，會看到無止盡的隊伍，都是想更貼近聖雅各的朝聖者。**DATA** ⏰ 每日 09:30～13:30、16:00～19:30｜❓可從教堂內右側樓梯的通道走上去擁抱聖雅各

拜訪聖雅各之墓 (Sepulcro de Santiago)

拜訪聖雅各之墓是每個朝聖者的終極目標。銀製骨灰罈裡面據說裝著聖雅各及另外兩名門徒的骨灰。因為是 1 世紀的歷史文物所以朝聖者們只能隔著欄杆從遠處感

1. 聖馬汀修道院｜2. 聖地雅哥大學迴廊｜3. 逗趣的《兩個瑪麗亞》雕像｜4. 聖雅各之墓

受聖雅各。主祭壇下有個祈禱室，可從平面層主祭壇附近的小樓梯下去。

朝聖者彌撒 (Misa del Peregrino)

聖地雅哥之路上，尤其是法國之路許多城鎮教堂都有朝聖者彌撒，而聖地雅哥主教座堂所舉行的朝聖者彌撒，會聚集所有當日抵達聖地雅哥的朝聖者，更顯神聖莊嚴。▶DATA 非整修期間 ⊙ 週一～五 12:00、19:30 │ 週六 12:00、18:00、19:30 │ 週日及國定假日 12:00、13:15、18:00、19:30

燻煙儀式 (Botafumeiro)

聖地雅哥主教座堂最著名的宗教典禮。主教座堂內的銅製香爐是世界上最大的香爐之一。重 53kg，移動速度高達時數 68km。儀式由 8 位拉爐者 (Tiraboleiros) 將香爐拉至穹頂中心點的空中，搖動香爐如鐘擺般，讓薰香味布滿整個教堂，此時朝聖者發出不停歇地祈禱聲，此起彼落，直達上帝心中。

聖地雅哥主教座堂的銅製香爐

燻煙的使用源自 11 世紀，用途是將教堂裡朝聖者遺留下的汗味、酸臭味給蓋掉，也有治療朝聖者疲憊和疾病的用意。1499 年曾發生典禮進行中，因繩索斷裂，造成香爐飛出去的意外。20 世紀初有兩起意外：一位輔祭在典禮進行時沒估算好香爐繞行距離，而被香爐撞傷肋骨；另外一次是德國朝聖者距離香爐太近，而弄傷了臉和撞斷鼻梁。

▶DATA 燻煙儀式時間（非整修期間）

① 通常會在彌撒開始時，或是彌撒之後
② 若在節慶外的日期想看到燻煙儀式，許多朝聖者也會自掏腰包，預約付費點香。夏季、冬季價格不同，約 300€ 起
③ 以下為固定在 12:00 彌撒中舉行燻煙儀式的節慶日

月分	節慶名稱
1 月	1/6 主顯節 Epifanía del Señor
4 月	復活節 Domingo de Resurrección ★ 耶穌升天節 Ascensión del Señor ★
5 月	5/23 克拉維霍戰役紀念日 Aparición del Apóstol-Clavijo
6 月	五旬節 Pentecostés ★
7 月	7/25 聖雅各之日 Martirio de Santiago
8 月	8/15 聖母升天節 Asunción de María
11 月	11/1 諸聖節 Todos los Santos 基督普世君王節 Cristo Rey ★
12 月	12/8 聖母無染原罪節 Inmaculada Concepción 12/25 聖誕節 Navidad 12/30 聖雅各聖髑搬遷紀念日 Traslación del Apóstol Santiago

★每年日期不固定。

🌀 美食推薦

特色食物

在這裡除了吃得到加利西亞自治區常見的章魚料理外,最受歡迎的甜點就是「聖地雅哥蛋糕」(Tarta de Santiago),濃濃的杏仁香為其特色,配上咖啡加牛奶 (Café con leche),味蕾與心情都獲得放鬆。。

在此私心推薦一家名為 Menson El Bombero 的小餐館。氣氛溫馨,提供的每道料理都非常新鮮可口,服務也相當周到。套餐雖比一般餐廳貴大約 2€,但絕對值得 (因為真的很好吃)！▶ DATA 🖂 Rúa do Franco, 57 ｜ 📞 +346 771 323 46 ｜ 🕐 週二～日 13:00 ～ 16:00、20:30 ～ 23:00。週一休息｜ 🅕 Menson El Bombero ｜ 🗺 P.003

1. 有著濃郁杏仁味的聖地雅哥蛋糕 ｜ 2. Menson El Bombero 的菜單 ｜ 3. Casa Manolo 餐廳的章非常可愛～

朝聖者專屬優惠

聖地雅哥的國營旅館每天都會提供給 10 份免費午餐給前 10 名朝聖者,12:50 ～ 13:50 之間帶著朝聖者護照和朝聖者證書,至櫃檯詢問,就能試看運氣！

🌀 聖地雅哥庇護所

庇護所和飯店的選擇很多,在此介紹公營、教區庇護所和 6 間距離舊城區較近的私人庇護所。🗺 P.003

🏠 **Residencia de peregrinos San Lázaro**
📍 Vesada, 2 ｜ 📞 +349 815 714 88 ｜ 💲 7 ～ 10€
🛏 80 床 ｜ 🍳 廚房 ｜ Wi-Fi ｜ 可預約 ｜ 離主教座堂約 3km

🏠 **Albergue Fin del Camino** 📍 Rúa de Moscova, s/n
📞 +349 815 873 24 ｜ 💲 9€ ｜ 🛏 110 床 ｜ 🍳 廚房 ｜ Wi-Fi ｜ 可預約 ｜ 4 ～ 10 月中營業 ｜ 離主教座堂約 2km

🏠 **Albergue Seminario Menor** 👍
📍 Quiroga Palacios, 2 ｜ 📞 +349 815 685 21
💲 11 ～ 15€ ｜ 🛏 117 床 ｜ 🍳 廚房 ｜ Wi-Fi ｜ 可預約 ｜ 3 月中～ 10 月營業 ｜ 離主教座堂約 1km

🏠 **Albergue The Last Stamp** 📍 Preguntoiro, 10
📞 +349 815 635 25 ｜ 💲 15 ～ 20€ ｜ 🛏 62 床
🍳 廚房 ｜ Wi-Fi ｜ 可預約 ｜ 12/15 ～ 1/15 不營業

🏠 **Albergue Mundoalbergue** 📍 San Clemente, 26
📞 +346 964 487 37 ｜ 💲 16 ～ 18€ ｜ 🛏 34 床
🍳 廚房 ｜ Wi-Fi ｜ 可預約 ｜ 需要確認營業日期

🏠 **Albergue Blanco** 👍 📍 Galeras, 30
📞 +346 995 912 38 ｜ 💲 12 ～ 20€ ｜ 🛏 20 床
🍳 Wi-Fi ｜ 可預約

🏠 **Albergue Roots and Boots**
📍 Campo Cruceiro do Gaio, 7 ｜ 📞 +346 996 315 94
💲 15€ ｜ 🛏 48 床 ｜ 🍳 Wi-Fi ｜ 可預約

🏠 **Albergue Azabache** 📍 Acibechería, 15
📞 +349 810 712 54 ｜ 💲 14 ～ 18€ ｜ 🛏 20 床
🍳 廚房 ｜ Wi-Fi ｜ 可預約 ｜ 淡季需要預約

🏠 **Albergue Santiago Km.0** 📍 Carretas, 11
📞 +348 819 749 92 ｜ 💲 18 ～ 26€ ｜ 🛏 40 床
🍳 廚房 ｜ Wi-Fi ｜ 可預約 ｜ 2 月底～ 12 月營業

實用西語

生活類

哈囉。 ➡ Hola. | **早安。** ➡ Buenos días. | **午安。** ➡ Buenas tardes. | **晚安。** ➡ Buenas noches.

你好嗎？ ➡ ¿Cómo estás? ／ ¿Qué tal? | **我很好。** ➡ Estoy muy bien.

是的。 ➡ Sí. | **不是。** ➡ No. | **謝謝。** ➡ Gracias. | **非常感謝。** ➡ Muchas gracias.

再見。 ➡ Adiós. | **待會見。** ➡ Hasta luego.

超級市場 ➡ El supermercado | **雜貨店** ➡ La alimentación

藥局 ➡ La farmacia | **醫療中心** ➡ El centro de salud | **眼鏡行** ➡ La tienda óptica

餐廳 ➡ El restaurante | **咖啡廳** ➡ La cafetería | **酒吧** ➡ El bar

警局 ➡ La comisaría | **郵局** ➡ La Oficina de Correo

自我介紹類

我的名字是○○○。 ➡ Yo me llamo ○○○ . | **你叫什麼名字？** ➡ ¿Cómo te llamas tú?

你從哪個國家來？ ➡ ¿De dónde eres tú?

我來自台灣／我是台灣人（女生字尾直接加 a）。 ➡ Yo soy de Taiwán ／ Soy taiwanés(a)

我是朝聖者（女生字尾去 o 加 a）。 ➡ Yo soy peregrino(a).

我今年○○歲。 ➡ Yo tengo ○○ años. | **我會說一點西班牙語。** ➡ Yo hablo un poco de español.

您會說英文嗎？ ➡ ¿Habla usted inglés?

我的手機號碼是○○○。 ➡ Mi número de móvil es ○○○ .

數字類

1 ➡ Uno | **2** ➡ Dos | **3** ➡ Tres | **4** ➡ Cuatro | **5** ➡ Cinco

6 ➡ Seis | **7** ➡ Siete | **8** ➡ Ocho | **9** ➡ Nueve | **10** ➡ Diez

11 ➡ Once | **12** ➡ Doce | **13** ➡ Trece | **14** ➡ Catorce | **15** ➡ Quince

16 ➡ Dieciséis | **17** ➡ Diecisiete | **18** ➡ Dieciocho | **19** ➡ Diecinueve

20 ➡ Veinte | **21** ➡ Veintiuno | **22** ➡ Veintidós | **23** ➡ Veintitrés | **24** ➡ Veinticuatro

25 ➡ Veinticinco | **26** ➡ Veintiséis | **27** ➡ Veintisiete | **28** ➡ Veintiocho | **29** ➡ Veintinueve

30 ➡ Treinta | **31** ➡ Treinta y uno | **32** ➡ Treinta y dos | **39** ➡ Treinta y nueve

（y uno 為＋1，y dos 為＋2，y nueve 為＋9……40～90 的個位數皆以此類推）

40 ➡ Cuarenta | **50** ➡ Cincuenta | **60** ➡ Sesenta | **70** ➡ Setenta | **80** ➡ Ochenta

90 ➡ Noventa | **100** ➡ Cien

食物類

早餐 ➡ El desayuno | **中餐** ➡ La comida | **晚餐** ➡ La cena | **附、包含** ➡ Incluido | **增值稅** ➡ I.V.A

麵包 ➡ El pan | **潛艇堡** ➡ El bocadillo | **朝聖者套餐** ➡ El menú del Peregrino

請慢用！➡ ¡Que aproveche!/¡Buen provecho! | 麻煩買單！➡ ¡La cuenta, por favor!

我（非常）喜歡。➡ Me gusta (mucho). | 我愛死了。➡ Me encanta.

● 第一道菜 El primer plato

湯➡ La sopa | 蔬菜➡ La verdura | 沙拉➡ La ensalada | 義大利麵➡ La pasta

通心麵➡ El macarrón | 海鮮飯➡ La paella | 起司➡ El queso | 火腿➡ El jamón

● 第二道菜 El segundo plato

肉類➡ La carne | 牛肉➡ La ternera | 豬肉➡ El cerdo | 羊肉➡ El cordero

魚肉➡ El pescado | 雞肉➡ El pollo

● 甜點 Los postres

蛋糕➡ La tarta | 冰淇淋➡ El helado | 布丁➡ El flan | 水果➡ La fruta

● 飲料 Las bebidas

水➡ El agua | 礦泉水➡ El agua mineral | 飲用水➡ El agua portable

黑咖啡➡ El café solo | 咖啡牛奶➡ El café con leche

冷飲➡ El refresco | 可樂➡ Coca cola | 啤酒➡ La cerveza

生啤酒➡ La caña | 紅酒➡ El vino tinto | 白酒➡ El vino blanco | 粉紅酒➡ El vino rosado

麻煩幫我準備一杯咖啡加牛奶。➡ ¡Me pone un café con leche por favor!

可以幫我裝滿水嗎？➡ ¿Me puede llenar el agua?

住宿類

單人床➡ La cama individual | 上下舖床➡ La cama litera | 淋浴間➡ La ducha

洗衣機➡ La lavadora | 烘衣機➡ La secadora | 洗衣槽➡ La pila

庇護所管理員（男）➡ El hospitalero ／（女）➡ La hospitalera

我有預約，預約名字是○○○。➡ Tengo reserva, a nombre de ○○○ .

一個晚上。➡ Una noche.（數字可換）| 一個人。➡ Una persona.（數字可換）

身體不適及藥品急救類

我的頭／胃／肚子／背／膝蓋／肩膀痛。
➡ Tengo dolor de cabeza ／ estómago ／ tripa ／ espalda ／ rodilla ／ hombro.

水泡➡ La ampolla | 發燒➡ La fiebre | 感冒➡ La gripe | 床蟲➡ Los chinches

我被蟲咬。➡ Me picaron los chinches. | 伊布芬消炎藥➡ El ibouprofeno | 阿斯匹靈➡ La aspirina

OK 繃➡ La tirita | 水泡貼➡ El Compeed | 紗布、衛生棉➡ La compresa

重要貼身物品類

背包➡ La mochila | 護照➡ El pasaporte | 錢包➡ La cartera | 現金➡ El efectivo

信用卡➡ La tarjeta de crédito | 手機➡ El móvil | 預付卡➡ La tarjeta de prepago

兩孔插座（歐洲使用）➡ El enchufe | 充電線➡ El cable | 充電接頭➡ El cargador

世界主題之旅 127

聖地雅哥朝聖之路
Camino de Santiago

作　　者	區國銓 Benito Ou

總 編 輯	張芳玲
編輯部主任	張焙宜
發 想 企 劃	taiya 旅遊研究室
企 劃 編 輯	張芳玲、林云也
主 責 編 輯	林云也
封 面 設 計	賴維明
美 術 設 計	賴維明
地 圖 繪 製	陳淑瑩

太雅出版社
TEL：(02)2882-0755　FAX：(02)2882-1500
E-mail：taiya@morningstar.com.tw
郵政信箱：台北市郵政 53-1291 號信箱
太雅網址：http://taiya.morningstar.com.tw
購書網址：http://www.morningstar.com.tw
讀者專線：(04)2359-5819 分機 230

出 版 者	太雅出版有限公司
	台北市 11167 劍潭路 13 號 2 樓
	行政院新聞局局版台業字第五○○四號

總 經 銷	知己圖書股份有限公司
	106 台北市辛亥路一段 30 號 9 樓
	TEL：(02)2367-2044／2367-2047　FAX：(02)2363-5741
	407 台中市西屯區工業 30 路 1 號
	TEL：(04)2359-5819 FAX：(04)2359-5493
	E-mail：service@morningstar.com.tw
	網路書店 http://www.morningstar.com.tw

郵 政 劃 撥	15060393(知己圖書股份有限公司)

法 律 顧 問	陳思成律師
印　　刷	上好印刷股份有限公司　TEL：(04)2315-0280
裝　　訂	大和精緻製訂股份有限公司　TEL：(04)2311-0221

初　　版	西元 2019 年 07 月 10 日
定　　價	380 元

(本書如有破損或缺頁，退換書請寄至：台中市西屯區工業 30 路 1 號　太雅出版倉儲部收)

ISBN　978-986-336-251-7
Published by TAIYA Publishing Co.,Ltd.
Printed in Taiwan

國家圖書館出版品預行編目 (CIP) 資料

聖地雅哥朝聖之路 / 區國銓作 . -- 初版 . --
臺北市：太雅，2019.07
　面；　公分 . -- (世界主題之旅；127)
ISBN 978-986-336-251-7(平裝)

1. 朝聖 2. 旅遊 3. 西班牙

746.19　　　　　　　　　　108006324

編輯室：本書內容為作者實地採訪資料，書本發行後，開放時間、服務內容、票價費用、商店餐廳營業狀況等，均有變動的可能，建議讀者多利用書中網址查詢最新的資訊，也歡迎實地旅行或居住的讀者，不吝提供最新資訊，以幫助我們下一次的增修。聯絡信箱：taiya@morningstar.com.tw

填線上回函,送 "好禮"

感謝你購買太雅旅遊書籍!填寫線上讀者回函,
好康多多,並可收到太雅電子報、新書及講座資訊。

好康 1

好康 2

每單數月抽10位,送珍藏版
「祝福徽章」

方法:掃QR Code,填寫線上讀者回函,
就有機會獲得珍藏版祝福徽章一份。

填修訂情報,就送精選
「好書一本」

方法:填寫線上讀者回函,並提供使用本書後的修
訂情報,經查證無誤,就送太雅精選好書一本(書
單詳見回函網站)。

＊同時享有「好康1」的抽獎機會

聖地雅哥朝聖之路

t.cn/AiCj6QXl

＊「好康1」及「好康2」的獲獎名單,我們會
 於每單數月的10日公布於太雅部落格與太
 雅愛看書粉絲團。

＊活動內容請依回函網站為準。太雅出版社保
 留活動修改、變更、終止之權利。

太雅部落格 http://taiya.morningstar.com.tw

有行動力的旅行,從太雅出版社開始

活動辦法

- 於活動期間內，購買太雅旅遊書籍（不限品項及數量），憑該筆購買發票至太雅22週年活動網頁，填寫個人真實資料，並將購買發票和購買明細拍照上傳，即可參加抽獎。
- 每張發票號碼限登錄乙次，即可獲得1次抽獎機會。
- 參與本抽獎之發票須為正本(不得為手開式發票)，且照片中的發票上須可清楚辨識購買之太雅旅遊書，確實符合本活動設定之活動期間內，方可參加。
  *若電子發票存於載具，請務必於購買商品時告知店家印出紙本發票及明細，以便拍照上傳。

◎主辦單位擁有活動最終決定權，如有變更，將公布於活動網頁、太雅部落格及「太雅愛看書」粉絲專頁，恕不另行通知。